거짓을 이기는 믿음

JMS(정명석)의 교리에 대한 반증

거짓을 이기는 믿음

Ⅱ

JMS(정명석)의 교리에 대한 반증

초판 1쇄 발행 2020년 8월 7일
저자 김경천
편집 DesignSEN
교정 명은심(esbright@naver.com)
유통사 하늘유통(031-947-7777)
펴낸곳 기독교포털뉴스
신고번호 제 2016-000058호(2011년 10월 6일)
주소 우 16518 경기도 수원시 영통구 중부대로 335 삼부리치안 1동 1510호(원천동)
전화 010-4879-8651

가격 13,000원
이메일 unique44@naver.com
홈페이지 www.kportalnews.co.kr

이 도서의 국립중앙도서관 출판예정도서목록(CIP)은
서지정보유통지원시스템 홈페이지(http://seoji.nl.go.kr)와 국가자료종합목록시스템(http://www.nl.go.
kr/kolisnet)에서 이용하실 수 있습니다.
(CIP제어번호 : CIP2020029308)

저자 **김경천**

기독교포털뉴스 간

거짓을 이기는 믿음

II

JMS(정명석)의 교리에 대한 반증

기독교포털뉴스
www.kportalnews.co.kr

목 차

서 문

　하나님께 영광과 찬양과 감사를 올려드립니다. 저는 청소년 때부터 JMS에 빠지기 전 성경을 좀 확실히 알고 싶었습니다. 그러나 몇 번 질문했다가 '아는 것 갖고 구원받냐?', '교만하다'라는 소리를 들은 적이 있어서 괜히 본전도 못 찾고 낭패를 당한 적이 있었습니다. 그러다가 대학교 1학년 때(1980년도) 한 선배로부터, "성경을 2,000번 읽으신 분이 있다"는 말을 들었습니다. 그래서 찾아가서 만난 사람이 바로 정명석이었습니다.

　정명석은 제게 "내가 너를 꿈에서 보았다"고 했습니다. 마치 예수님께서 나다나엘에게 "네가 무화과나무 아래에 있는 것을 보았노라"(요 1:48)고 말하는 것 같았습니다. 그리고 눈을 깜빡깜빡하면서 저에 대한 환상을 본다고 했습니다. 그때 본 것을 말하는데 딱 맞는 것 같았습니다. 강의를 듣는데, 평소 제가 궁금했던 것들만을 뽑아놓고 가르쳐 주는 것 같았습니다. 저는 너무 좋아서 두 달 동안 집에도 안 가고, 정명석의 강의와 설교를 듣고 또 들었습니다.

　"태양아 멈추어라"를 통해서 성경과 과학이 하나로 풀리는 것 같았습니다. "엘리야와 까마귀 밥"을 통해서 하나님께서는 사람을 통해서 역사하시는 분이라고 알게 되었습니다. 그렇잖아도 까마귀가 어떻게 떡과 고기를 물어다 주었을까 궁금했는데 우상 숭배자를 까마귀라고 하니 딱 맞는 것 같았습니다. "홍수심판"을 통해서 성경에는 전체적인 심판으로 쓰여 있어도, 실제는 부분심판이었던 것으로 받아들이게 되었습니다. 저도 모르는 사이에 성경의 권위를 부인하는 사람으로 바뀌게 되었습니다. "계시론"을 통해서 이 시대에도 계시가 있다고 믿게 되었습니다. 계시론을 들은 후부터는 밤에 잘 때마다 꿈을 통해서 계시 받으려 하고, 하늘에 구름만 떠도 무슨 계시인가 바라보게 되었습니다. "부활론"을 통해 육신부활을 의심하고 있던 저는 영적인 부활이라고 믿게 되었습니다. "삼위일체론"을 통해서 정명석은 성령이 영의어머니라고 주장했습니다. 그것은 영의 아버지가 있으면 영의 어머니도 있어야 한다는 논리입니다. 그러나 그것은 명백히 잘못된 삼위일체론인데도 세상에 아무도 모르는 새 진리라고 생각하게 만들었습니다. 삼위일체론은 예수님이나 다시 오셔야 알 수 있을 것이라 생각했는데, 정명석을 통해 배우니 정명석이 메시아라고 받아들이게 된 것입니다. "두 감람나무와 두 증인"을 통해서 문선명과 정명석을 두 감람나무라고 배웠습니다. 성경의 예언이 내 눈 앞에서 성취된다고 생각하니 신기했습니다.

그때 기적도 일어났습니다. 서울 삼선교에 있는 '성향원'이라는 일제시대 때 지은 양로원 건물에서 무상거주하고 있었을 때였습니다. 그 건물주가 나가라고 하자, 정명석은 "눈 오라고 기도하자"고 했습니다. 그날 아침에 일어나 보니 눈이 내려 있었습니다. 그러자 집주인이 2주 정도 유예를 시켜주었고, 정명석이 "또 눈 오라고 기도하자"고 했는데 또 눈이 왔습니다. 예수님께서 "파도야 잔잔하라, 바람아 잔잔하라(막 4:39)" 하신 모습이 떠올랐습니다. 재림예수니까 똑같이 하는 것이라고 생각되었습니다. 조금 지나서 또 한 번은, 정명석이 설교 중에 "내가 태풍의 눈을 빼버릴 거여"라고 했는데 그 다음날 동생과 TV를 보고 있을 때, 아나운서가 "여러분, 북상하던 태풍의 눈이 빠졌습니다."라고 말하였습니다.[1]

저는 교리로 세뇌되었지, 신비주의로 세뇌되었지, 기적을 체험했지,

---

1) 그렇다고 정명석이 매번 눈과 비를 다스린 것은 아니다. 그 뒤로 야외에서 행사하다가, 또는 주일예배 드리다가 비 맞는 경우가 많았다. 그때는 되었는데, 왜 지금은 안 되는지 이해가 안 되었지만, 한번 믿은 이상 계속 믿을 수밖에 없었다. 비와 바람은 정명석의 통제 밖에 있었다.

제가 강의하면서 스스로 세뇌되었지…. 그래서 점점 더 정명석을 재림 예수라고 믿을 수밖에 없었습니다. 새벽마다 냉수마찰을 하면서 "아 브라함의 7,000배의 믿음을 주시옵소서"라고 기도했습니다. 그것은 정명석을 재림예수로 더 잘 믿게 해달라는 기도였습니다. 정명석을 잘 믿는 것이 하나님의 일이고, 그것이 예수님을 잘 믿는 것이라고 생각 했습니다. 저는 어느새 정명석으로부터 '믿음의 조상'이라는 타이틀도 얻게 되었습니다. 그리고 계속적으로 사람들이 밀려들어오면서 정명 석에 대한 믿음은 더욱 강해졌습니다.

초창기 때부터 정명석의 성 스캔들이 없었던 것은 아니었습니다. 정 명석은 그때마다 자기가 요셉처럼 누명을 썼다고 해명했습니다. 저는 그 말을 믿었고 피해자들의 말들은 악평(惡評)이라며 듣기를 거부했습 니다. 그러다가 1984년 대구 초대 교역자로 내려가게 되었습니다. 거 기에는 20명 정도의 자매들이 있었는데, 그 중의 몇 명의 자매들로부 터 정명석의 성 스캔들이 사실이라는 것을 알게 되었습니다. 저는 그 때도 정명석에 대한 믿음을 지켜냈습니다. 그런 것은 죄가 아니라고 생각했습니다. 왜냐하면 죄는 하나님이 결정하시는 것인데, 하나님의 허락된 행위라고 이해하였기 때문입니다. 저는 그 비밀을 지켜주고, 그 대가로 JMS단체에서 '믿음의 조상'으로 계속 추앙받을 수 있었습 니다. 지금 보니 범죄의 공생관계였습니다. 성범죄를 눈감아 주고, 그 런 것 없다고 거짓말하고, 누가 진실을 말하면 악평자라고 매도했습니 다. 저는 주님을 증거한다는 착각 속에 범죄행위를 구원행위로 이해했 던 것입니다.

1999년 방송이 터지자 정명석은 해외 선교를 빙자하여 해외로 도망 갔습니다. 그러나 저는 그때도 흔들리지 않았고, 오히려 예언이 성취 되었다며 믿음이 더 강해졌습니다. 1999년은 정명석의 역사론에 의하 면 무덤기간이 시작되는 해이기 때문입니다. 그러나 무덤기간이 2002

년 6월에 끝나기로 되어있었는데 끝나지 않았고, 정명석은 홍콩에서
붙잡혀 조사를 받던 중 중국으로 밀항했습니다. 정명석은 예수님이 자
기를 늘 지켜준다고 말했었는데, 2007년 중국에서 체포되어 1년 동안
조사를 받다가 범죄인인도조약에 따라 2008년 한국으로 압송되었습
니다.

그런데 재판을 받을 때, 검사가 "당신이 메시아냐?"고 묻자 정명석은
아니라고 했습니다. 그것은 예수님과는 다른 모습이었습니다. 게다가
교리도 바뀌기 시작했습니다. 그가 평소 주장했던 것과는 달리 '예수님
의 동정녀 탄생도 맞다', '예수님만 구세주이다', '예수님의 이름으로만
기도하라'고 했습니다. 갑자기 정체성의 혼란이 왔습니다. 여기저기서
자살하는 자매들이 속출했습니다. 정명석은 사명도 부정하고 교리도
수정하며 초호화 변호인단을 꾸렸음에도 불구하고 1심에서 6년 형을
받았던 것이, 2심에서 10년 형으로 불어나고 말았습니다.

역사론이 틀린 것입니다. 저는 마침 교역자도 그만둔 상태에 있었기
때문에, 정통교회를 둘러보기 시작했습니다. 그러면서 정명석의 교리
에 의심이 들기 시작했고, 점점 '내가 속았구나' 하는 생각이 들기 시
작했습니다. 정명석은 천사들도 사람들처럼 성별이 있다고 했으나, 예
수님은 사람이 부활하게 되면 천사처럼 결혼하는 일이 없다고 하셨는
데, 그 말씀이 자꾸 떠올랐습니다. 그것은 천사들은 성별이 없다는 뜻
으로, 천사의 성별이 없다면 정명석의 타락론은 거짓말이 되는 것이었
습니다.

저는 이렇게 조금씩 양심이 마비된 상태에서 벗어나기 시작했습니
다. 천국, 지옥 간증들도 다른 이단들에게도 비슷하게 있는 것들이었
습니다. 다른 교주들의 동영상을 보니 거기서도 자기가 태풍을 멈추었
다고 자랑하고 있었습니다. 그렇다고 쉽게 JMS를 이탈할 수는 없었습
니다. 만약에 정명석이 진짜라면 어떡하는가 하는 생각 때문이었습니

다. JMS단체에 있을 때 본 표적은 무엇인가? 그 단체 사람들의 천국 간증은 무엇인가? 계시를 받았다는 것은 무엇인가? 저는 한동안 기로에 서있었습니다.

이단의 교주들이 자랑하는 표적들이 대부분 거짓말이지만, 실제로 그런 일이 있다손 치더라도 그가 재림예수라는 증거는 될 수 없습니다. 예수님께서 직접 말씀하셨습니다. "거짓 그리스도들과 거짓 선지자들이 일어나 큰 표적과 기사를 보여 할 수만 있으면 택하신 자들도 미혹하리라"(마24:24). 그렇기 때문에 표적과 기사가 일어나도 그것이 증거는 아닙니다. 꿈과 환상은 안 믿는 사람도 꾸거나 볼 수 있고, 이단들에게서도 그런 현상들이 있을 수 있고, 타종교들에도 있습니다. 천국·지옥 간증도 사탄이 얼마든지 정보를 조작하여 천국을 보고 온 것처럼 속일 수 있습니다. "악한 자의 나타남은 사탄의 활동을 따라 모든 능력과 표적과 거짓 기적과 불의의 모든 속임으로 멸망하는 자들에게 있으리니 이는 그들이 진리의 사랑을 받지 아니하여 구원함을 받지 못함이라"(살후2:9~10).

저는 지금은 기록된 성경 외에는 믿지 않습니다. 예를 들어, 어떤 사람이 기도하여 빗물이 국수로 바뀌는 기적을 베푼다고 해도 믿지 않습니다. 기도해서 하늘에서 불을 내리는 슈퍼교주가 나타난다고 할지라도 믿지 않습니다. 지금은 오직 예수 그리스도만 믿습니다. 베들레헴에서 동정녀에게서 나신 예수, 십자가에서 죽으시고 무덤에서 부활 승천하신 예수, 하나님 우편에 앉으신 예수, 그분만을 그리스도라고 믿습니다.

이 책은 정명석의 교리의 잘못된 점을 밝히기 위하여 쓰였지만, JMS회원들만이 아니라, 타이단자들도 그 유사성을 거울삼아 교훈을 받을 수 있을 것입니다. 사람들은 악성종양이 무서운 줄 압니다. 그러나 정작 더 무서운 영적 악성종양인 이단에 대해서는 경계를 게으르게 합니다. 실로 이단은 악성종양과 같습니다(딤후 2:17). 악성종양은 육신을 죽이지만, 이단은 영혼을 지옥 유황불에 던집니다. 벗어나는 길은 예수님의 보혈밖에 없습니다. 예수 십자가의 보혈은 우리에게서 죄와 지옥이 건너가게 하는 유월절 어린양의 피인 것입니다.

한국이단상담소협회장이신 진용식 목사님과 전국의 이단상담소 소장님들과 이 기쁨을 나누고 싶습니다. 저에게 예수사랑으로 복음을 전해준 한상신 목사님께도 감사를 드리고, 이 책을 맡아서 출판해준 기독교포털뉴스의 정윤석 대표에게도 감사를 드립니다. 네이버 카페의 '가나안(jms를 떠나 예수 품으로)'의 회원들의 후원과 응원에 감사를 드립니다. 상록교회 교역자들과 성도님들과도 기쁨을 공유하고 싶습니다. 사랑하는 가족과 형제들이 저의 이단대처사역에 대해 걱정하기보다는 오히려 뿌듯하고 자랑스럽게 여겨 주었으면 하는 바람입니다.

2020년 7월, 안산상록교회에서 김경천

01
태양아 멈추어라
수10:12-14

여호와께서 아모리 사람을 이스라엘 자손에게 붙이시던 날에 여호수아가 여호와께 아뢰어 이스라엘의 목전에서 이르되 태양아 너는 기브온 위에 머무르라 달아 너도 아얄론 골짜기에서 그리할지어다 하매 태양이 머물고 달이 멈추기를 백성이 그 대적에게 원수를 갚기까지 하였느니라 야살의 책에 태양이 중천에 머물러서 거의 종일토록 속히 내려가지 아니하였다고 기록되지 아니하였느냐 여호와께서 사람의 목소리를 들으신 이 같은 날은 전에도 없었고 후에도 없었나니 이는 여호와께서 이스라엘을 위하여 싸우셨음이니라(수10:12~14).

  JMS의 "태양아 멈추어라"는 신입생이 들어왔을 때 기존의 인식관을 깨기 위한 입문용 강의이다. 기존의 인식관이란 일반 정통교인들의 성경관을 말한다. 사람에게 인식관이 중요한데 인식관이 잘못되어 있으면 보아도 보지 못하고 들어도 듣지 못하기 때문이라고 한다. "태양아 멈추어라" 교리는 성경의 권위를 부정하게 하고, 새 지도자의 출현이 필요하다고 느끼게 한다.

정명석의 주장

(1) 성경은 시대성으로 읽어야 한다.

이 사건은 지금으로부터 약3,500년 전에 일어났던 일로, 그 당시의 여호수아는 천동설 주관권의 사람이었다. 여호수아는 태양이 움직이는 것으로 알고 자신만만하게 "태양아 멈추어라!"고 기도했던 것이다. 가만히 있는 태양이 멈출 수 있는가? 이와 같이 성경은 어디까지나 시대성을 확실히 알고 해석해야 한다. 시대성을 무시해서는 이해할 수가 없다.[2]

(2) 태양이 멈춘 것도 아니고, 지구가 멈춘 것도 아니다.

태양은 원래부터 움직이는 것이 아니기에 여호수아의 기도로 태양이 멈추었다고 할 수 없다. 움직이지 않는 태양을 보고 멈췄다고 믿는 것은 죽은 믿음이다. 그렇다면 지구가 멈출 수 있는가? 지구가 멈추었다면 지구의 사람들이 존재하기가 매우 힘들었을 것이다. 지구는 자전속도가 시속1,669km/h이고, 공전속도가 10만7천km/h로 돌고 있다. 그런 엄청난 속도로 달리고 있는 지구가 갑자기 멈추었다면 별들과 충돌하거나 지구는 궤도를 벗어났을 것이다.

(3) 하나님도 법칙을 벗어나서 일하지는 않으신다.[3]

자연법칙을 세우신 하나님께서 스스로 법칙에서 벗어난 일을 하시지 않는다. 전지전능하신 하나님도 법칙을 벗어난 일은 못하신다.[4]

(4) 여호수아가 태양이 멈추게 해달라고 기도한 이유는 무엇인가?

---

2) 최성희, 『30개론 강의안』(서울: 명, 2002), 18.
3) 최성희, 『30개론 강의안』, 19.
4) 세계청년대학생JMS연맹, 『입문편』, 22. 이 책은 정명석의 강의를 편집한 것으로 초창기 때 강사들이 주로 사용하던 교재이다. 이 책은 출판년도, 출판사 등이 기재되지 않은 희귀본이다. 입문편, 초급편, 중급편, 고급편, 역사편이 있다. 이후에는 책 이름만 쓴다.

여호수아는 단지 그 전쟁에서 이기기 위하여 '시간이 필요'했던 것이다. 어두워지기 전에 이겨버려야 했다. 즉, 그때 필요했던 최고의 기적은 '빨리 끝내는 것'이었다.[5] 하나님은 여호수아의 기도에 어떻게 응답하셨는가? 우박으로 역사하여 빨리 끝나게 해주셨다.

> 그들이 이스라엘 앞에서 도망하여 벧호른의 비탈에서 내려갈 때에 여호와께서 하늘에서 큰 우박 덩이를 아세가에 이르기까지 내리시매 그들이 죽었으니 이스라엘 자손의 칼에 죽은 자보다 우박에 죽은 자가 더 많았더라(수10:11).

(5) 이 시대의 가나안 복지는 섭리역사(JMS)이다.

이 시대의 가나안 복지는 섭리역사(JMS)이다. 이스라엘의 12명의 정탐꾼은 가나안 땅을 악평(惡評)하고 가나안 복지에 들어가지 못했다. 그러므로 이 시대의 가나안 복지인 섭리역사(JMS)에 대해 악평하지 말아야 한다. 그리고 시간적 승리는 전쟁에서뿐만 아니라 우리의 일상생활에도 필요하다. 우리도 시간적 표적을 행하여 여호수아와 같은 영웅들이 되어야 한다.

반증

(1) 성경은 시대성으로 읽어야 하는가?
1)성경은 성경으로 해석해야 한다.

"성경은 시대성으로 읽어야 한다"는 정명석의 말은 한마디로 성경해석은 이 시대에 맞게 해석해야 한다는 의미이다. 그 말이 전혀 틀린

---

5) 최성희, 『30개론 강의안』, 19.

말도 아니고 일견 좋게 생각되기도 하지만, 그렇다고 하더라도 정명석처럼 내용 자체를 이 시대에 맞게 가공해서 믿어야 한다는 말은 아니다. '태양이 멈춘 것이 아니라, 우박이 와서 전쟁이 빨리 끝났다'고 말할 수는 없다. 성경해석에는 '성경은 자기 자신의 해석자다'라는 주된 원칙이 있다.[6] 이 말은 성경은 성경으로 해석한다는 뜻이다. 애매한 것은 명확한 다른 성경구절에 의해 해석한다. 성경을 성경으로 해석한다는 것은 성경의 한 본문을 다른 본문과 대립시켜서는 안 된다는 뜻이다. 또 모든 본문은 직접 접해 있는 문맥뿐 아니라 성경 전체의 문맥에 비추어 해석해야 한다. 정명석의 '시대성으로 읽어야 한다'는 주장은 성경의 기록 목적을 훼손시킨다. 정명석의 주장처럼 성경을 시대성으로 해석하면, 성경을 자의적(恣意的)으로 해석하게 되고, 성경의 명백한 기록을 무시하게 된다. 성경은 '시대성'으로 해석하는 것이 아니라, 성경으로 해석해야 한다.

2) 성경해석은 문자적으로 해야 한다.[7]

문자적 해석이란 성경을 적혀 있는 그대로 해석해야 한다는 의미이다. 문자적 해석이란, 오해를 불러일으킬 수 있기도 하지만, 모든 것을 다 문자적으로 해석하라는 말이 아니라, 비유는 비유로 보고, 시는 시로, 역사적 사건은 역사적 사건으로 그대로 받아들인다는 의미이다. 그러나 이단들은 성경의 명백한 역사적 사건들까지도 비유로 봐야 한다, 영적으로 봐야 한다, 혹은 시대성으로 봐야 한다고 하면서 본뜻을 왜곡한다. 그러나 그런 주장들은 자기 맘대로 해석하여 성경의 명백한 기록을 부인하는 것이고, 결국 성경을 부정하는 것이다.

---

6) R. C. Sproul, 『기독교의 핵심진리 102가지』 윤혜경 역 (서울: 생명의 말씀사, 2014), 54.
7) R. C. Sproul, 『기독교의 핵심진리 102가지』, 56.

3) 교훈적 본문에 비추어 해석해야 한다.

단순한 사실을 서술한 본문은 교훈적 본문에 비추어 해석해야 한다. 예를 들어 모리아 산에서 이삭을 바친 아브라함의 이야기는 하나님께서 "내가 이제야 네가 하나님을 경외하는 줄 아노라(창22:12)"고 하심으로써 그 전에는 아브라함이 참 믿음을 가졌는지 모르셨던 것으로 이해할 수 있다. 그러나 성경의 교훈적인 본문에 비추어 볼 때 하나님은 미리 아셨다는 것으로 해석할 수 있다.[8]

태양을 멈춘 사건도 마찬가지이다. 하나님은 천지를 말씀으로 창조하신 분이다. 창조주 하나님은 태양도 멈출 수 있고, 지구도 멈출 수 있는 전능하신 하나님이시다. 성경의 교훈적 본문들은, 하나님은 어떤 자연법칙이라도 초월하여 기적을 행하실 수 있는 분이라고 말하고 있다. 기적은 사람들에게나 기적이지 하나님께는 일상이다. 기적은 하나님의 운행법칙이다. 굼벵이는 땅바닥에 기는 것이 법칙이지만, 나방은 앉기도 하고 날기도 한다. 날아가는 것이 굼벵이에게는 기적이지만 나방에게는 일상인 것과 같다.

4) 성경해석은 논리법칙에 따른다.

예를 들어 모든 고양이에게 꼬리가 있다는 사실을 안다면, 어떤 고양이는 꼬리가 없다고 추론할 수 없다. 반대로 어떤 고양이에게 꼬리가 없는 것이 발견되었다면 모든 고양이는 꼬리가 다 있다고 말하면 안 된다.[9]

처녀가 아기를 낳을 수 없지만, 창세 이후로 처녀가 아기를 낳은 일이 없다고 말하면 틀린 말이다. 예수님은 처녀 마리아에게서 나셨기 때문이다. 마찬가지로 태양과 지구도 멈추지 않지만, 창세 이후로 멈

---

8) R. C. Sproul, 『기독교의 핵심진리 102가지』, 55.
9) R. C. Sproul, 『기독교의 핵심진리 102가지』, 56.

춘 적이 없다고 말하면 틀린 말이다. 여호수아 때 멈추었다고 기록되었기 때문이다. 성경에 명백히 기록된 사실을 부정하는 것은 성경의 역사성을 부정하는 것이다. 성경의 역사성이 부정되면 성경의 권위가 부정된다. 성경의 권위가 부정되면 더 이상 성경을 신뢰하지 않게 된다. 결국 무신론자와 같이 되는 것이다. 그래서 이단에 빠지면 스스로 성경을 멀리하게 되고, 교주의 말이 성경을 대신하게 된다.

(2) 태양이 멈춘 것과 우박이 내린 것은 다른 사건이다.

우박이 내린 것과 태양이 멈춘 것은 다른 사건이다. 우박으로 사람들이 많이 죽었다고 해서 그것이 태양이 멈춘 것이라고 주장할 수 없다.

그날 아모리 족속의 사람들은 이스라엘 백성의 칼로도 죽었고, 우박으로도 죽었다. 그때 여호수아가 태양과 달이 멈추게 해달라고 기도하자 하나님께서 응답하셨다. 성경은 우박이 내린 사건과 태양이 멈춘 사건을 별개의 사건으로 기록하고 있다. 그날 태양이 중천에 머물러 거의 온 종일 싸울 수가 있었다고 하였다. 우박 때문에 적군들이 많이 죽었다고 해서 그것이 바로 태양이 멈춘 사건이라고 말할 수는 없다. 성경은 태양이 중천에 머물러 속히 내려가지 않았다고 분명히 기록하고 있기 때문이다. 그 같은 날은 전에도 없었고 후에도 없었다고 하지 않았는가? 우박은 그 전에도 왔고, 후에도 오지 않았는가?

> 태양이 머물고 달이 멈추기를 백성이 그 대적에게 원수를 갚도록 하였느니라 야살의 책에 태양이 중천에 머물러서 거의 종일토록 속히 내려가지 아니하였다고 기록되지 아니하였느냐 여호와께서 사람의 목소리를 들으신 이 같은 날은 전에도 없었고 후에도 없었나니 이는 여호와께서 이스라엘을 위하여 싸우셨음이니라(수 10:13~14).

우박이 내린 것을 태양이 멈춘 사건이라고 한다면, 출애굽 당시 애굽 나라에 우박재앙이 있었는데(출9:24) 그때도 생각보다 우박재앙이 심했다면 태양이 멈춘 것과 같다고 말해야 한다. 우박으로 하나님께서 치신 일은 그 외에도 많이 있다. 이사야 선지자(사28:17, 30:30, 32:19), 에스겔 선지자 때도 있었고(겔13:11, 13:13, 38:22), 학개 선지자 때도 있었다(학2:17). 우박이 내릴 때마다 태양이 멈추었다고 말해야 하나, 성경은 그때마다 태양이 멈추었다고 말하지 않았다. 성경을 왜곡하는 자는, 스스로는 진리를 말하고 있다고 착각하겠지만, 강의할 때마다 거짓말을 하게 되는 것이다.

(3) 하나님은 자연법칙에 갇혀 있는 분이 아니다.

하나님은 우주만물을 창조하시고 자연법칙을 세우시고 다스리신다. 그러나 성경은 하나님께서 자연법칙을 벗어나서 초자연적으로 역사하신 경우들을 종종 기록하고 있다. 예수님의 처녀탄생과 육신부활, 그리고 오병이어 기적 등은 자연법칙을 초월해서 하나님의 전능(全能)하심을 보여주신 것이다. 자연법칙을 초월해서 역사하는 것이 하나님의 법칙이다. 사람들에게는 불가능해 보여도 하나님께는 초월성이 하나님의 법칙이다. 그러므로 하나님은 자연법칙 안에서 행하시든지, 밖에서 행하시든지 하나님 필요에 따라 행하신다. 그것이 하나님의 법칙이다.

> 슬프도소이다 주 여호와여 주께서 큰 능력과 펴신 팔로 천지를 지으셨사오니 주에게는 할 수 없는 일이 없으시니이다(렘32:17).
> 나는 여호와요 모든 육체의 하나님이라 내게 할 수 없는 일이 있겠느냐(렘 32:27).

개미가 달리는 기차를 세울 수 있는가? 불가능하다. 개미에게는 우주처럼 보일 것이다. 그러나 기관사에게는 스위치만 내리면 가능한 일이다. 굼벵이가 공중에 날아가는 비행기를 멈출 수 있는가? 그러나 조종사는 멈출 수 있다. 사람이 만든 것은 사람이 통제할 수 있다. 우주만물도 마찬가지이다. 우주만물을 창조하신 하나님께서는 태양과 지구도 통제 가능한 일종의 가전제품과 같은 것이다.

(4) 성경은 신앙고백적인 기록이다(요20:31, 요21:25).

성경은 주로 일차 원인을 말하는 경우가 많다. 우리는 식사 기도를 할 때도 우리가 수고해서 농사지었더라도 하나님께서 일용할 양식을 주셨다고 감사기도를 한다. 왜냐하면 땅, 물, 공기, 햇빛을 전부 하나님께서 주셨기 때문이다.

태양이 멈추었다는 기록은 신앙고백적 기록이다. 이 말은 그날의 승리를 천재지변이나 우연으로 돌리지 않고, '하나님께서 우리와 함께 하셨다, 그래서 승리할 수 있었다'고 고백하는 글이다. 성경의 기록은 태양이 움직인다든지, 지구가 도는 것이라든지 2차 원인을 말하는 것이 아니다. 그

날의 승리는 하나님께서 함께 하셨기 때문에 얻어진 것이라는 사실을 기록한다. 이스라엘 백성들은 칼날로 적들을 죽이고, 하나님께서는 우박을 내려 죽이시고, 게다가 태양을 중천에 오래 머물게 하여 원수를 다 물리칠 때까지 도와주셨던 것이다.

"태양아 멈추어라"는 기록은 하나님께서 태양을 멈추면서까지 이스라엘과 함께 싸워 승리를 주셨다는 것을 보도하는 것이다. 성경의 기록은 천동설을 주장하기 위해 기록한 것이 아니다. 태양이 도는가 아니면 지구가 도는가 하는 것은 관심 밖의 일이다. 성경에는 아직도 과학자들이 알지 못하는 과학적인 비밀들도 많이 있지만, 그렇다고 하더라도 성경의 일차적 관심은 사람들로 구원받게 하는 것이지, 과학적

지식을 밝히기 위한 책이 아니다. 성경은 독자들로 하여금 읽어서 구원받게 하는 책이다. 태양이 멈춘 이야기는 우리로 하여금 하나님께서 기도에 응답하셨다는 것을 알게 한다. 예수 믿고 천국을 향해 가는 오늘날의 성도들에게도 하나님께서 함께 하심으로 천국에 들어갈 수 있다는 사실을 거울처럼 보여준다. 그 일이 비록 태양이 멈추는 것처럼 어려운 일일지라도 하나님은 기적을 베풀어서라도 우리를 천국 가나안에 들어가게 하신다는 것을 설교하고 있는 것이다.

(5) 표현의 문제다.

21세기를 사는 현대인들은 지동설 시대에 살고 있으므로 지구가 돈다는 것을 알고 있다. 그렇지만 현대인들도 '태양이 뜬다', '태양이 진다'고 말한다. 심지어 방송에서조차 내일 아침 태양이 뜨는 시간은 몇시이고, 태양이 지는 시간은 몇 시라고 말하지 않는가? 그렇다고 해서 틀렸다고 누가 시비를 걸거나, 일일이 고쳐주지 않는다. 성경의 기록도 마찬가지이다. 눈에 보이는 현상을 따라 언급했기 때문이다.

오늘날 과학적, 역사적 엄밀성과 정확성을 기준으로 삼으면, 고대 기록들은 허점을 보이기 마련이다. 그러나 성경은 사물을 현상적으로 묘사한다. 즉 눈에 보이는 대로 묘사하는 것이다. 성경은 일출과 일몰에 대해 말한다. 물론 현대인은 태양이 실제로 떠오르거나 가라앉는 것이 아니라 지구가 자전한다는 것을 알고 있다. 그러나 과학문명 시대에 사는 우리도 일출과 일몰이라는 표현을 여전히 쓰는 것은 이것이 눈에 보이는 현상을 편리하게 묘사할 수 있는 방법이기 때문이다. 따라서 성경의 현상 묘사를 오류라고 몰아붙일 수는 없다.[10] 해가 뜨고 지고 멈춘다는 표현은, 천동설 시대나 지동설 시대나 여호수아 시

---

10)   Paul E. Little, 『이래서 믿는다』 김태곤 역 (서울: 생명의 말씀사, 2008), 103.

대나 지금이나 동일하다.[11]

(6) 이 시대의 가나안 복지는 JMS가 아니다.

이스라엘 백성들의 약속의 땅은 가나안이었다. 그렇다면 우리의 가나안은 어디인가? 각 이단들은 전부 자기네 이단단체가 이 시대의 가나안이라고 주장한다. 그러나 우리가 돌아갈 가나안은 어떤 단체도 아니고, 그들의 본부가 있는 어느 지역, 예를 들면, 금산, 과천, 봉천동, 청평 등 지상의 그 어떤 지역도 아니다. 하나님께서 우리에게 약속하신 가나안은 어디인가? 우리의 가나안은 바로 하늘나라이다.

> 그들이 나온 바 본향을 생각하였더라면 돌아갈 기회가 있었으려니와 그들이 이제는 더 나은 본향을 사모하니 곧 하늘에 있는 것이라 이러므로 하나님이 그들의 하나님이라 일컬음 받으심을 부끄러워하지 아니하시고 그들을 위하여 한 성을 예비하셨느니라(히11:14~16).

10명의 정탐꾼이 가나안 땅을 악평하였다. 백성들은 그들의 보고를 듣고 악평에 가담하였다. 하나님께서는 악평자들과 악평에 참여한 이스라엘 백성들을 가나안 땅에 들어가지 못하게 하셨다. 정명석은 "악평자는 가나안에 들어가지 못한다"고 귀에 못이 박히도록 주장한다. 그 말은 자기를 성범죄자라고 말하는 자는 이 시대의 가나안, 즉 JMS단체에 들어오지 못한다고 공갈하는 것이다. 그러나 정명석이 재림예수도 아니고, JMS단체가 천년왕국도 아니고, 가나안 땅도 아니다. 가나안은 우리가 돌아가야 할 하늘나라이다. 그러므로 정명석을 성범죄자라고 말하는 것은 악평이 아니다. 그것은 용기 있게 진실을 말한 것

11) 진용식, "태양아 멈추어라!" 강의안. 미간행.

뿐이다.

악평은, '예수님을 믿어도 천국에 들어가지 못한다', '새로운 구세주를 믿어야 구원 받는다', '예수님의 십자가는 원래 하나님의 뜻이 아니었다', '예수님은 동정녀 탄생한 것이 아니다', '예수님의 피는 특별한 피가 아니다', '예수님은 부활하지 못했다', '시대마다 메시아가 있다'고 말하여 예수님의 신성과 유일성을 부인하고 예수님을 보통 인간이라고 말하면서 평가절하하는 것, 그래서 믿는 사람들로 하여금 예수님을 떠나게 하는 것, 그것이 바로 악평이다. 예수님의 인성에 대해서만 말하고, 예수님의 신성은 부인하는 것, 그것이 바로 악평이다. 신앙생활을 잘하고 있던 사람들에게, 예수님에 대하여 오해하게 만들어 예수님을 버리고 세상으로 가게 한다든지, 다른 인간교주를 추종하게 하는 이단교리가 바로 악평이다. 예수님은 천국으로 가는 유일한 길과 문(門)이다. 따라서 예수님을 악평하는 자는 천국에 들어가지 못한다. 교주의 거짓말을 드러내는 것은 결코 악평이 아니다.

02

엘리야와 사르밧 과부의 기적

왕상17:8-16

여호와의 말씀이 엘리야에게 임하여 이르시되 너는 일어나 시돈에 속한 사르밧으로 가서 거기 머물라 내가 그 곳 과부에게 명령하여 네게 음식을 주게 하였느니라 그가 일어나 사르밧으로 가서 성문에 이를 때에 한 과부가 그 곳에서 나뭇가지를 줍는지라 이에 불러 이르되 청하건대 그릇에 물을 조금 가져다가 내가 마시게 하라

그가 가지러 갈 때에 엘리야가 그를 불러 이르되 청하건대 네 손의 떡 한 조각을 내게로 가져오라(왕상17:8~16).

정명석의 주장

(1) 어떻게 가루단지의 가루가 떨어지지 않을 수 있는가?

현실적으로 병 속이나 통 속을 가득 채우려면 반드시 주입구로부터 안으로 부어 넣어야 일정한 용량을 유지하면서 차는 것이 법칙이다. 문자 그대로 저절로 가루단지에 가루가 연속 생기고 병에 기름이 끊임없이 차는 역사가 일어났겠는가? 이런 일은 있을 수 없다. 문자 그

대로 해석해서는 안 된다.[12]

(2) 실상은 통의 가루와 기름은 엘리야의 노력의 소산물이었다.[13]

엘리야가 사르밧 과부의 집에 온 후로 사람들이 모여들었다. 엘리야는 모인 사람들에게 심정을 다해 외쳤고, 수고하고 노력하였다. 이렇게 하여 은혜 받은 사람들이 사르밧 과부의 집에 음식을 갖다 주었고, 그래서 그 집에 양식이 떨어지지 않았다.

(3) 엘리야의 기도로 죽은 아들이 살아나자 과부는 엘리야가 하나님의 사람임을 깨닫게 되었다.

왕상 17장 24절에 "여인이 엘리야에게 이르되 내가 이제야 당신은 하나님의 사람이시오 당신의 입에 있는 여호와의 말씀이 진실한 줄 아노라 하니라"고 하였다. 그런데 "이제야 알았다"는 말은, 가루단지와 기름통에서 진짜 기적이 일어났다면, 진작에 엘리야를 하나님의 사람으로 믿었을 것이나, 그렇지 못했다는 것이다. 왜냐하면, 가루단지의 기적이 없었기 때문이다.[14]

(4) 기적이란 시대 말씀을 듣고 하나님을 믿는 것이다.

하나님이 볼 때는 다른 것이 기적이 아니라, 영혼이 죽은 자들이 하나님을 믿고 살아나는 것이 가장 큰 기적이다. 사르밧 과부가 엘리야가 전한 시대의 말씀을 듣고서 큰 깨달음과 함께 하나님을 믿게 된 것이 오히려 놀라운 기적이었다.[15]

---

12) 『입문편』, 42.
13) 『입문편』, 43.
14) 『입문편』, 43.
15) 기독교복음선교회, 『강의안』, 46. 이 책은 출판사와 출판연도 등이 미상이나 근자(2019년)에 JMS회원들이 사용하는 강의안이다. 이후로는 『강의안』으로만 쓴다.

(5) 바알이냐? 여호와냐? 너희는 선택하라.

인생에서 반드시 나의 갈멜산 결투가 있어야 한다. 바알과 여호와 사이에서 결단하고 돌이키는 대 결투가 필요하다. 문자 그대로 믿는 것은 바알신앙과 같다. 자, 우리는 바알신앙과 생명의 길 중에서 어느 길을 택할 것인가?[16]

반증

(1) 성경을 부인하는 일이다(왕상17:8~16).

성경의 명백한 기록을 믿는 것이 하나님을 믿는 것이다. 성경의 기록을 부인하면서 어찌 하나님을 믿는다고 말할 수 있는가? 성경의 기록을 부인하는 것은 하나님의 말씀을 부인하는 것이다. JMS 측 사람들은 자기네들이 언제 성경을 부인했느냐고 반문할 것이다. 부인하면서도 부인하는 줄 모른다. 사람들이 언제 성경을 부인하게 되는가?

1) 기록된 말씀 밖으로 넘어갈 때 부인한다.

바울은 "기록된 말씀 밖으로 넘어가지 말라"(고전4:6, "Do not go beyond what is written.")고 경고했다. 사람이 기록된 말씀 밖으로 자꾸 상상력을 발휘하면서 넘어갈 때, 본문의 의도와는 상관없는 결과를 초래하게 되므로 결국 성경을 부인하게 된다.

2) 성경을 억지로 풀 때 부인한다.

베드로는 성경을 억지로 풀면 멸망을 자취하는 것이라고 하였다(벧

---

16) 『강의안』, 48~49. 정명석은 기독교를 바알신앙이라고 하고, 자기를 믿는 것이 생명의 길이라고 한다.

후3:16). 억지로 푼다는 것은 왜곡(distort)한다는 의미이다. 성경을 왜곡하는 것이 성경을 부인하는 것이다.

3) 성경은 더하거나 뺄 때 부인하게 된다(계22:18~19).

정명석은 성경을 더하고 빼서 자기가 주장하고 싶은 대로 주장한다. JMS뿐만 아니라 이단들의 공통점은 늘 성경을 말하나 성경의 기록을 믿지 않는다. 그것이 결국 성경을 부인하는 것이다.

(2) 엘리야가 공궤(供饋)하는가?[17] 과부가 공궤하는가?

정명석은 엘리야가 말씀을 전하고 병도 고쳐주면서 사람들에게 은혜를 끼쳤고, 사람들은 고마움을 느낀 나머지 감사의 표시로 밀가루와 기름을 주었고, 엘리야는 그것을 단지와 병에 부었다고 하였다. 즉 엘리야의 사역의 대가로 기름과 밀가루를 받아서 과부를 먹여살렸다고 말하고 있다. 그러나 성경은 과부가 공궤하였다고 말한다. 하나님이 엘리야를 보낸 것은 공궤 받게 하기 위해서이다.

> 여호와의 말씀이 엘리야에게 임하여 이르시되 너는 일어나 시돈에 속한 사르밧으로 가서 거기 머물라 내가 그 곳 과부에게 명령하여 네게 음식을 주게 하였느니라(왕상17:8~9).

(3) 과부는 엘리야를 하나님의 사람으로 알고 있었다.

과부가 엘리야를 하나님의 사람으로 알아보지 못했던 것이 아니다 (왕상17:18). 사르밧 과부는 엘리야가 과부의 아들을 살리기 전에도 엘리야를 하나님의 사람이라 불렀다.

---

17) 공궤(供饋): 윗사람에게 음식을 주다.

여인이 엘리야에게 이르되 하나님의 사람이여 당신이 나와 더불어 무슨 상관이 있기로 내 죄를 생각나게 하고 또 내 아들을 죽게 하려고 내게 오셨나이까(왕상17:18).

(4) 엘리야의 기적은 실제 기적이었다.

기적은 엘리사 때도 있었다(왕하4:2~6). 엘리사는 문을 닫고 모든 빈 그릇에 기름을 부어서 다 찰 때까지 부었다고 하였다. 정명석의 말처럼 다른 사람들이 계속하여 갖다 부은 것이 아니었다. 엘리사 때 가능한 일이라면 엘리야 때도 가능한 일이었다.

엘리사가 그에게 이르되 내가 너를 위하여 어떻게 하랴 네 집에 무엇이 있는지 내게 말하라 그가 이르되 계집종의 집에 기름 한 그릇 외에는 아무것도 없나이다 하니 이르되 너는 밖에 나가서 모든 이웃에게 그릇을 빌리라 빈 그릇을 빌리되 조금 빌리지 말고 너는 네 두 아들과 함께 들어가서 문을 닫고 그 모든 그릇에 기름을 부어서 차는 대로 옮겨 놓으라 하니라 여인이 물러가서 그의 두 아들과 함께 문을 닫은 후에 그들은 그릇을 그에게로 가져오고 그는 부었더니 그릇에 다 찬지라 여인이 아들에게 이르되 또 그릇을 내게로 가져오라 하니 아들이 이르되 다른 그릇이 없나이다 하니 기름이 곧 그쳤더라(왕4:2~6).

기적에는 두 가지가 있다. 육적인 기적과 영적인 기적이다. 육적인 기적으로는 앉은뱅이가 일어나 걷는 것도 기적이고(행3:1~10), 맹인이 보게 되는 것도 기적이다(요9:1~11). 영적인 기적으로는 행함이 없는 신앙이 고쳐지는 것도 기적이고, 또한 시대를 분별치 못하는 영적 맹인이 예수님을 알아보고 구원받는 것도 기적이다. 나사로같이 육신이 실제로 죽었다가 살아난 것도 기적이고(요11:1~44), 예수님의 제자들같이 영적으로 죽은 사람들이 예수님을 믿고 살아난 것도 기적이다. 그러나 정명석은 영적 의미의 기적만을 인정하는 측면이 있다.

모세가 지팡이를 던져 뱀을 만든 것이나 광야에서 만나를 먹인 것이나, 예수님께서 물로 포도주를 만든 것도 다 실제로 일어난 기적이었다. 영적인 의미의 기적만 강조하면 성경은 반쪽짜리 성경이 되고 성경의 역사성은 사라진다.

정명석은 성경의 기적은 부인하는 경향을 띠면서도, 막상 자기는 '서해안 밀물을 멈추었다', '기도를 하니 눈이 내렸다'고 하면서 엄청 기적을 강조하는 이중성을 띤다. 성경의 기적은 영적인 의미라고 깎아내리고 자기는 실제로 기적을 행하는 사람으로 부각시킨다. 신격화의 현장이다.

(5) 성경의 기록을 믿지 않는 것이 바알신앙이다.

바알을 믿는 것은 우상숭배이다. 무엇이 바알신앙인가? 정명석은 기독교인들의 문자대로 믿는 신앙을 바알신앙이라고 폄하한다. 그러나 성경의 기록을 믿지 않고 자기 맘대로 해석하여 엉터리로 믿는 것이 바알신앙이다. 성경의 기록을 믿는 것이 곧 생명의 길이다. 하나님 외에 다른 신을 섬기는 것이 우상숭배이다. 마찬가지로 예수님 외에 다른 구원자를 믿는 것이 바알신앙이다. 성경을 비유로 보고 다른 구원자를 따르는 것이야 말로 바알신앙이다.

03
인간론

교회사적으로 주류는 인간이 두 부분 곧 몸과 영혼으로 구성되어 있다고 생각한다. 이 견해를 이분설이라고 한다. 그러나 간헐적으로 비주류는 인간이 세 부분 곧 영과 혼과 몸으로 구성되어 있다고 주장하기도 하였다. 이것을 삼분설이라고 한다. 삼분설적 인간관은 희랍철학에서 유래하였다.[18] 정명석은 삼분설을 주장한다. 정명석의 삼분설은 JMS 사람들에게 인간 이해를 더 깊이 하게 되었다는 착각과 우월감을 갖게 한다.

정명석의 주장

(1) 인간은 육체, 혼체, 영체로 존재하고 있다. 고로 이 세 가지 몸이 인간의 존재체다.[19]

평강의 하나님이 친히 너희를 온전히 거룩하게 하시고 또 너희의 온 영과 혼과 몸이 우리 주 예수 그리스도께서 강림하실 때에 흠 없게 보전되기를 원하노라(살

---

18) Louis Berkhof, 『조직신학』 (서울: 크리스챤다이제스트, 1995), 401.
19) 기독교복음선교회, 『실제 보는 강의안』 (충남: 도서출판 명, 2012), 8~9.

전 5:23).

> 하나님의 말씀은 살아 있고 활력이 있어 좌우에 날선 어떤 검보다도 예리하여
> 혼과 영과 및 관절과 골수를 찔러 쪼개기까지 하며 또 마음의 생각과 뜻을 판단
> 하나니(히 4:12).

1) 육체

육체는 겉 사람이다. 눈에 보이는 존재이며 잡으면 만져지는 뼈와
살로 되어있는 것을 말한다.[20]

> 그러므로 우리가 낙심하지 아니하노니 우리의 겉 사람은 낡아지나 우리의 속
> 사람은 날로 새로워지도다(고후 4:16).
> 한번 죽는 것은 사람에게 정해진 것이요 그 후에는 심판이 있으리니(히 9:27).

2) 혼체

혼체는 마음, 정신, 생각의 실존체이다. 혼체는 머릿속의 생각이 하
나의 환상으로 보이듯이 그림자 같은 형체가 아니라 실제 혼의 몸으
로 존재하고 있다.[21] 꿈에 자기 모습이 나타난 것은 육체도 아니고 영
체도 아니다. 그 존재체가 바로 '혼체'이다. 혼은 자체가 형체가 있는
것이 아니고 자기 육신을 통해 나타난다. 바람은 눈으로 보이지 않지
만 바람에 풍선을 씌우면 그 형체가 보여 바람의 존재를 깨닫게 되는
것과 같다. 혼체는 육체와 영체를 연결하는 매개체 역할을 한다. 육적
단계는 영적 단계와 통할 수가 없다. 중간단계인 혼적 단계를 통해 영
적 단계를 배울 수 있다. 혼체는 육체와 영체를 연결하는 매개체 역할

---

20)   기독교복음선교회, 『실제 보는 강의안』, 8.
21)   기독교복음선교회, 『실제 보는 강의안』, 10.

을 한다.[22]

3) 영체
영체는 하나의 '인간 신'의 존재체이다.[23]

> 육의 몸으로 심고 신령한 몸으로 다시 살아나나니 육의 몸이 있은즉 또 영의 몸
> 도 있느니라(고전 15:44).

자기 육이 남자이면 자기의 영도 남자이고, 자기 육이 여자이면 자기의 영도 여자이다.[24] 자기 육체의 행위에 따라 영체가 아름답게 혹은 추하게 변한다.

영체의 특징은 아래와 같다.

*영원히 사는 존재이다.
*하나님과 교통하며 천국에 가는 유일한 존재이다.
*영은 정신과 육신의 행실에 의해 변화되고 성장한다.
*영은 자기 육과 닮아 있다.
*영은 시공간의 한계가 없고 그 능력은 무한하다. 영은 빛보다 400
 억만 배 빠르다. 빛은 우주 끝에서 끝까지 가는 데 150억 년 걸리

---

22) 기독교복음선교회, 『실제 보는 강의안』, 10~11. 정명석은 원래 이 교리를 삼분설이라는 이름으로 강의했다. 그 삼분설에는 영, 혼, 육이 있고, 혼은 마음이나 정신이라고만 했었다. 그러나 지금은 육체, 혼체, 영체로 분리되어 따로따로 존재하고 있다고 수정이 되었다. 꿈에 나타나는 몸이 혼체라는 것이다.
23) 기독교복음선교회, 『실제 보는 강의안』, 12.
24) 기독교복음선교회, 『실제 보는 강의안』, 12.

지만, 완전한 영이 되면 20분 만에 간다.[25]

(2) 인간만이 영을 소유하고 있다.

인생이 세상을 사는 목적은 창조자 하나님과 메시아를 믿고 자기 영을 구원하는 것이다. 영을 창조한 하나님과 성자 주님을 믿어 자기 영이 구원을 받으면 영원히 살고, 구원을 못 받으면 영원히 자기 영이 지옥에 가게 된다.[26]

(3) 죽음이란 끝이 아니라 영의 새로운 시작이다.[27]

육신이 끝나는 순간 육에 속한 모든 생각, 기억, 마음, 행위가 다 혼체를 통해 영으로 넘어가 바로 영의 삶이 시작된다.

> 한번 죽는 것은 사람에게 정해진 것이요 그 후에는 심판이 있으리니(히 9:27).

(4) 영 변화의 이치[28]

영은 혼자서는 완성될 수 없다. 열매는 나무를 통해 맺어지듯이, 영은 육신이 마음먹고 행한 것을 통해서 성장되고 완성된다. 자기 육신의 생각과 마음과 행위가 혼체를 통해 그대로 영에게 흡수되어 작용한다.

25) 기독교복음선교회, 『실제 보는 강의안』, 12~15
26) 기독교복음선교회, 『실제 보는 강의안』, 16. 여기서 정명석의 성자 주님은 우리가 생각하는 예수 그리스도가 아니라, 육신을 입어본 적이 없는 천상에서 원래부터 성자본체로 계시는 분이다. 그 성자본체가 신약 때는 예수님의 육체를 분체로 쓰셨고, 이 시대는 정명석의 육체를 분체(分體)로 사용하는 것이다. 그러므로 예수님은 성자 주님이 아니라, 성자 주님의 분체일 뿐이다.
27) 기독교복음선교회, 『실제 보는 강의안』, 16.
28) 기독교복음선교회, 『실제 보는 강의안』, 16.

인생들의 혼은 위로 올라가고 짐승의 혼은 아래 곧 땅으로 내려가는 줄을 누가 알랴(전3:21).

(5) 영의 운명

죽으면 육의 생명인 마음, 정신, 생각이라고 하는 혼이 영으로 그대로 옮겨가기 때문에 영이 천국에 가도, 지옥에 가도 육이 간 것과 같다. 육이 행한 모든 것을 혼이 영에게 다 가지고 가므로 그 행한 대로 천국이나 지옥에 가게 된다.[29]

결론

육신의 행실을 통해 신앙의 열매를 맺고, 그 신앙의 열매가 영의 성장이라는 열매를 맺고 그 영의 열매가 구원이다. 육의 행위에 따라 천국에 가고, 육의 행위에 따라 지옥에 간다.[30] 인생 100년 동안은 육을 통하여 자기 영을 하나님의 형체로 만드는 기간이다. 인생 100년은 육신을 통해 자기 영혼을 하늘나라 형체로 변화시켜 구원하는 기간이다.[31]

반증

(1) 영과 혼과 몸은 전인(全人)을 의미한다(살전5:23).

1) 데살로니가전서 5장 23절에 영(프뉴마, 靈)과 혼(프쉬케, 魂)과 육(소마, 肉)이 나온다. '연필과 볼펜'은 "과"로 연결된 두 개의 명사들로 분

---

29) 기독교복음선교회, 『실제 보는 강의안』, 18.
30) 기독교복음선교회, 『실제 보는 강의안』, 19.
31) 기독교복음선교회, 『실제 보는 강의안』, 18.

명히 독립된 별개의 실체이다. 정명석은 그와 같이 바울이 "영과 혼과 몸"이라고 했으니, 인간은 3분설이라고 주장한다.

그래서 삼분설이라면, 예수님께서 말씀하시기를, "네 마음(카르디아)을 다하며 목숨(프쉬케)을 다하고 뜻(디아노이아)을 다하여 주 너의 하나님을 사랑하라(마22:37)"고 하셨는데, 이것은 예수님께서 신명기 6장 5절의 "너는 마음을 다하고 뜻을 다하고 힘을 다하여 네 하나님 여호와를 사랑하라"는 말씀을 인용한 것이다. 여기서는 '마음, 목숨, 뜻'이라는 명사들이 3개나 나온다. 정명석의 논리대로라면, 몸까지 포함하면 4분설이라고 해야 한다.

누가복음 10장 27절에는 예수님께서 "네 마음(카르디아)을 다하며 목숨(프쉬케)을 다하며 힘(이스퀴스)을 다하며 뜻(디아노이아)을 다하여 주 너희 하나님을 사랑하고"라고 하셨다. 여기에는 "마음, 목숨, 힘, 뜻"이라는 4개의 명사가 나온다. 예수님께서 언급하신 네(세)개의 실체들과 바울이 살전5:23에 언급한 세 개의 실체들은 서로 같은 개념이 아니다. 두 구절들 사이에 공통적으로 발견되는 것은 단지 "혼"(프쉬케)뿐이다. 이렇게 볼 때, 일상 언어의 관습에 따라 표현한 것을 가지고 삼분설을 주장하는 것은 해석학적 오류를 범하는 것이다. 바울은 3분설이고, 예수님은 4분설 혹은 5분설인가?

데살로니가 전서 5장 23절에 나오는 영과 혼과 몸은 전인(全人)을 의미하는 세 명사로 볼 수 있다. 문맥 속에서 "온전히"와 "온"이란 표현들은 바로 그와 같은 주장을 지원하고 있다.[32] 여기서 "온"(홀로클레론)이란 단수형 형용사이다. 그리고 "보존되기를 원하노라"(테레데이에)는 기원형 동사 역시 단수이다. 술부(述部)가 단수라면 주부(主部)는 당연히 단수여야 한다. 주부에 해당되는 "영과 혼과 몸"이 의미하는 바는

---

32) 최홍석, 『인간론』(서울: 개혁주의신행협회, 2012). 197.

의미상 단수이기 때문에, 전인적인 의미를 지니는 것으로 이해할 수 있다. 본문의 강조점은 "전인"에 놓여있다고 할 수 있다. 사도 바울이 염원한 것은 주 강림하실 때에 데살로니가 성도들 한 사람, 한 사람이 온전히 주님 앞에 거룩한 자들로 설 수 있기를 기원했던 것이다.[33]

누가복음 10장 27절의 예수님의 말씀도 "마음, 목숨, 힘, 뜻"이라는 네 개의 실체를 마음에 두고 하신 말씀이 아니었다. 다만 전인(全人)을 염두에 두고 하신 말씀이었다. 마음과 목숨과 힘과 뜻이 각각 쓰였다고 해서 4분설이라 하지 않듯이, 영과 혼과 몸이 각각 쓰였다고 해서 3분설이라고 할 수 없다.

2) 히브리서 4장 12절은 삼분설을 말하는 것이 아니다.

> 하나님의 말씀은 어떤 검보다 예리하여 혼과 영과 및 관절과 골수를 쪼개기까지 하며 또 마음의 생각과 뜻을 판단하나니(히4:12).

정명석은 이 본문을 또한 삼분설의 근거로 내세운다. 정명석과 삼분설자들은 영과 혼이 쪼개어질 수 있는 것으로 생각한다. 그래서 영과 혼은 독립된 별개의 실체라고 주장한다. 그러나 이 본문을 하나님의 말씀이 인간 속에서 영과 혼을 분리시킨다는 의미로 해석할 수는 없다. "영과 혼을 찔러 쪼개기까지 한다"는 구절에서 "까지(to)"라는 전치사는 실제로 영과 혼을 나눈다는 말이 아니라 "나눌 정도까지"라는 뜻으로 보아야 한다. 영과 혼은 쪼개어질 수 있는 실체가 아니다. 하나님의 말씀이 검보다 예리하여 혼과 영을 나눌 수 있다고 하였는데, 혼과 영이 이미 나눠져 있다면(3분설의 주장처럼), 하나님의 말씀이 예

---

33)   최홍석, 『인간론』, 205~206.

리할 필요가 없다. 관절과 골수가 "과(καὶ)"로 연결된 두 명사이지만 한 육체로서 한 부분이듯이, 영과 혼도 두 명사로 쓰였지만 두 부분이라고 하지 않는다. 이는 전체 문맥 속에서 조망해 볼 때 도달하게 되는 결론이다.[34]

이는 인간의 영적인 요소를 각기 다른 각도에서 지칭한 것으로 결국한 영혼을 말하고 있는 것이다. 본문은 오히려 이분설을 말하고 있다. 혼과 영이라는 영혼과, 관절과 골수라는 육체이다. 영과 혼(영혼) vs 관절과 골수(육체).

성경을 해석할 때 애매한 구절은 더욱 명료한 구절들에 비추어 해석해야 한다. 부분이 전체의 빛 아래서 해석되어야 한다는 것은 성경해석의 건전한 규칙이다. 이렇게 볼 때, 예수님과 사도 바울의 진술 부분들을 살펴보면 인간이 세 부분으로 구성되어 있다는 가르침보다는 오히려 두 부분으로 이루어짐을 제시하고 있다는 것을 발견할 수 있다 (고전5:5, 7:34; 고후7:1; 엡2:3; 골2:5).

> 이런 자를 사단에게 내어 주었으니 이는 육신은 멸하고 영은 주 예수의 날에 구원 얻게 하려 함이라(고전5:5).

> 시집가지 않은 자와 처녀는 주의 일을 염려하여 몸과 영을 다 거룩하게 하려 하되(고전7:34).

> 그런즉 사랑하는 자들아 이 약속을 가진 우리가 하나님을 두려워하는 가운데서 거룩함을 온전히 이루어 육과 영의 온갖 더러운 것에서 자신을 깨끗하게 하자 (고후7:1).

---

34) 최홍석, 『인간론』, 197.

전에는 우리도 다 그 가운데서 우리 육체의 욕심을 따라 지내며 육체와 마음의 원하는 것을 하여 다른 이들과 같이 본질상 진노의 자녀이었더니(엡2:3).

이는 내가 육신으로는 떠나 있으나 심령으로는 너희와 함께 있어 너희가 질서 있게 행함과 그리스도를 믿는 너희 믿음이 굳건한 것을 기쁘게 봄이라(골2:5).

(2) 삼분설에 대한 이분설의 또 다른 논박은 성경에 자주 나타나는 '영'과 '혼'의 교호적 용례들에서 그 근거를 찾을 수 있다.

1) 영과 혼이 교호(交互)적으로 사용되었다.

내 영혼(프쉬케)이 주를 찬양하며 내 마음(프뉴마)이 하나님 내 구주를 기뻐하였음은(눅1:46~47).

사실 이 문맥에서 영혼(프쉬케)과 마음(프뉴마)이란 용어에 의해 지칭되는 실체는 서로 다른 것들이 아니라, 본질적으로 동일한 것으로 간주된다. 이 밖에도 이분설을 지지하는 구절들이 많이 있다.

2) 육과 혼, 육과 영

성경 어떤 곳에서는 인간 존재를 육과 혼(프쉬케)의 두 요소로 묘사하기도 하고(마6:25, 10:28), 또 다른 곳에서는 인간 존재를 육과 영(프뉴마)으로 진술하기도 한다(전12:7; 고전5:3~5; 7:34; 골2:5).

① 육과 혼으로 묘사한 용례

인간을 육(소마)과 혼(프쉬케)이라고 표현하였다.

그러므로 내가 너희에게 이르노니 목숨을 위하여 무엇을 먹을까 무엇을 마실까 몸(소마)을 위하여 무엇을 입을까 염려하지 말라 목숨(프쉬케)이 음식보다 중하지 아니하며 몸(소마)이 의복보다 중하지 아니하냐(마6:25).

몸(소마)은 죽여도 영혼(프쉬케)은 능히 죽이지 못하는 자들을 두려워하지 말고 오직 몸(소마)과 영혼(프쉬케)을 능히 지옥에 멸하시는 자를 두려워하라(마 10:28).

② 육(소마)과 영으로 묘사한 용례

인간을, 다른 곳에서는, 육과 영(루아흐-히, 프뉴마-희)이라고 하기도 하였다.

흙은 여전히 땅으로 돌아가고 영(루아흐)은 그 주신 하나님께로 돌아가기 전에 기억하라(전12:7).

내가 실로 몸으로는 떠나 있으나 영(프뉴마)으로는 함께 있어서 거기 있는 것 같이 이 일 행한 자를 이미 판단하였노라(고전5:3).

이런 자를 사단에게 내어주었으니 이는 육신은 멸하고 영(프뉴마)은 주 예수의 날에 구원 얻게 하려 함이라(고전5:5).

시집가지 않은 자와 처녀는 주의 일을 염려하여 몸과 영(프뉴마)을 다 거룩하게 하려 하되 시집간 자는 세상일을 염려하여 어찌하여야 남편을 기쁘게 할꼬 하느니라(고전7:34).

3) 죽을 때 무엇이 떠나는가?

인간의 죽음에 대해서 어떤 곳에서는 영이 떠나는 것으로 표현하기

도 하였고(시31:5; 눅23:46; 행7:59), 다른 곳에서는 혼이 떠나는 것
으로 묘사하기도 하였다(창35:18; 왕상17:21).

① 영(靈)이 떠난다고 한 용례

사람이 죽을 때 영이 떠난다고 한 성경구절이 있다. 영은 구약성경
에서 히브리어로 루아흐이고, 신약성경에서 희랍어로 프뉴마이다.

> 내가 나의 영(루아흐)을 주의 손에 부탁하나이다 진리의 하나님 여호와여 나
> 를 구속하셨나이다(시31:5).

> 예수께서 큰 소리로 불러 가라사대 아버지여 내 영혼(프뉴마)을 아버지 손에
> 부탁하나이다 하고 이 말씀을 하신 후 운명하시다(눅23:46).

> 저희가 돌로 스데반을 치니 스데반이 부르짖어 가로되 주 예수여 내 영혼(프뉴
> 마)을 받으시옵소서 하고(행7:59).

② 혼(魂)이 떠난다고 한 용례

사람이 죽을 때 혼이 떠난다고도 하였다. 혼은 히브리어로 네페쉬이
고 희랍어로 프쉬케이다.

> 그가 죽기에 임하여 그 혼(네페쉬)이 떠나려 할 때에 아들의 이름은 베노니라
> 불렀으나 그 아비가 그를 베냐민이라 불렀더라(창35:18).

> 그 아이 위에 몸을 세 번 펴서 엎드리고 여호와께 부르짖어 가로되 나의 하나님
> 여호와여 원컨대 이 아이의 혼(네페쉬)으로 그 몸에 돌아오게 하옵소서 하니(왕
> 상17:21).

아나니아가 이 말을 듣고 엎드러져 혼(프쉬케)이 떠나니 이 일을 듣는 사람이
다 크게 두려워하더라(고전5:5)

4) 인간의 곤고함이 영에 있다고도(창41:8; 요13:21), 혼에 있다고도
   하였다(시42:6; 요12:27).
① 영에 있다고 한 용례
애굽 왕 바로가 꿈을 꾸고 그 해석을 몰라 마음에 번민하였다. 그때
의 마음이 영을 뜻하는 루아흐이다.

아침에 그 마음(루아흐)이 번민하여 보내어 애굽의 술객과 박사를 모두 불러
그들에게 그 꿈을 고하였으나 그것을 바로에게 해석하는 자가 없었더라(창41:8).

예수님께서 가룟 유다에게 팔리실 것을 말씀하시면서 심령에 괴로워
하셨다고 하였다. 그때의 심령이 영을 뜻하는 프뉴마이다.

예수께서 이 말씀을 하시고 심령(프뉴마)이 괴로워 증언하여 이르시되 내가 진
실로 진실로 너희에게 이르노니 너희 중 하나가 나를 팔리라 하시니(요13:21).

② 혼에 있다고 한 용례
시편 42편 기자도 혼이 낙심된다고 하였고, 예수님께서도 자신의 죽
음을 예견하시며 혼이 괴롭다고 하셨다.

내 하나님이여 내 영혼(네페쉬)이 내 속에서 낙심이 되므로 내가 요단 땅과 헤
르몬과 미살 산에서 주를 기억하나이다(시42:6).

지금 내 마음(프쉬케)이 괴로우니 무슨 말을 하리요 아버지여 나를 구원하

여 이때를 면하게 하여 주옵소서 그러나 내가 이를 위하여 이때에 왔나이다(요 12:27).

5) 죽은 자들이 혼으로 불리기도 하고(계6:9, 20:4), 혹은 영으로 불리 기도 한다(히12:23).
① 혼으로 불린 용례
죽은 자들을 혼이라고 부르기도 한다.

　　다섯째 인을 떼실 때에 내가 보니 하나님의 말씀과 저희의 가진 증거를 인하여 죽임을 당한 영혼들(프쉬케)이 제단 아래 있어(계6:9).

　　또 내가 보좌들을 보니 거기 앉은 자들이 있어 심판하는 권세를 받았더라 또 내가 보니 예수의 증거와 하나님의 말씀을 인하여 목 베임을 받은 자의 영혼들 (프쉬케)과 또 짐승과 그의 우상에게 경배하지도 아니하고 이마와 손에 그의 표 를 받지도 아니한 자들이 살아서 그리스도로 더불어 천년 동안 왕 노릇하니(계 20:4).

② 영들로 불린 용례
죽은 자들을 영으로 부르기도 한다.

　　하늘에 기록한 장자들의 총회와 교회와 만민의 심판자이신 하나님과 및 온전 케 된 의인의 영들(프뉴마)과…(히12:23).

이처럼 성경은 인간에 대해 "몸과 혼", 혹은 "몸과 영"이라는 두 개 의 구성요소를 말한다. 그러므로 삼분설보다는 이분설이 인간 구성에 있어 더 성경적인 지지를 받고 있다.

　이상에서 이분설자들은 영과 혼이 두 개의 서로 다른 독립된 실체들을 가리키는 것이 아니고, 하나의 동일한 영적 실체를 지칭하는 두 용어일 뿐이라는 결론을 내리고 있다.[35] 서로 다른 실체들을 가리키는 것이 아니라 같은 실체를 가리키는 두 용어일 뿐이라는 결론은 매우 타당한 것으로 보인다.

　데살로니가전서 5장 23절에서는 프쉬케를 혼으로 번역하였고, 그래서 영(프뉴마)과 혼(프쉬케)과 몸(소마)으로 번역하였다. 그러나 마태복음 22장 37절에서는 프쉬케를 목숨으로 번역하였다. "네 '마음(카르디아)'을 다하고 네 '목숨(프쉬케)'을 다하고 '뜻(디아노이아)'을 다하여 너의 하나님을 사랑하라." 그러므로 프쉬케는 혼으로도 목숨으로도 번역이 가능하다.

　데살로니가 교인들 중에는 '예수님이 갑자기 오시리라'는 말씀을 오해한 사람들이 많았다. 그들은 이 땅에 이미 임하여 완성을 향해 가고 있는 하나님 나라 안에서의 성실한 삶보다는 다가올 종말을 고대하며 들떠 있었다(살후2:2, 3:11). 그들은 그들 자신들의 생전에 예수님께서 '당장에 오실 것'으로 기대하였다. 그러나 기다리던 사람들 가운데 예수님이 오시기 전에 죽는 경우가 발생하기 시작했다. 그래서 바울은 "살아남아 있는 우리(살전4:17)"라는 표현을 썼다. 바울은 들떠있던 사람들을 진정시키며 위로와 격려를 할 필요성을 느꼈다.

　데살로니가전서 5장 23절은 사도 바울이 데살로니가 교인들에게 예수님께서 영광의 심판주로 오실 때에 그들의 '영과 몸' 곧 '목숨'이 그때까지 잘 보존되어있기를 원한다는 격려와 소망을 말한 것이다. 혹은 "평강의 하나님이 친히 너희를 온전케 하시리라"를 강조하고 싶었을 뿐이다. 왜냐하면 바울은 다른 곳에서 인간이 두 부분(육체와 영혼)

---

35)　최홍석, 『인간론』, 200.

으로 되어있다고 말하고 있기 때문이다(롬8:10, 고전 5:5, 7:34, 고후 7:1, 엡2:3, 골2:5).

(3) 인간 본성의 구성 요소에 관한 성경의 가르침

성경에 기록된 인간 본성에 관한 언급은 명백히 이분법적이지만, 한 편으로는 인간의 본성을 하나의 통일체로 보기도 한다. 모든 인간의 행위는 전인적이다. 육이 죄를 짓는 것이 아니라 인간이 죄를 짓는 것 이다. 인간이 죄를 지으면 육만 죄짓는 것이 아니고, 영과 육이 다 함 께 죄짓는 것이다. 흔히들 육은 악하고 영은 선하다고 이분법적으로 생각하나, 성경적으로 보면 그렇지 않다. 죄짓는 것은 육도 더러워지 고 영도 더러워지는 것이다. 속죄 받음과 구원은 영과 육이 다 깨끗해 지는 것이다.

> 너희가 진리를 순종함으로 너희 영혼을 깨끗하게 하여 거짓이 없이 형제를 사 랑하기에 이르렀으니 마음으로 뜨겁게 사랑하자(벧전1:22).

> 그런즉 사랑하는 자들아 이 약속을 가진 우리는 하나님을 두려워하는 가운데 서 거룩함을 온전히 이루어 육과 영의 온갖 더러운 것에서 자신을 깨끗하게 하자 (고후7:1).

구원받는 것은 영혼만이 아니라 몸과 영혼이 아울러 그리스도 안에 서 구원받는 것이다. 주 하나님이 땅의 흙으로 사람을 지으시고, 그의 코에 생명의 기운을 불어넣으시니, 사람이 생명체가 되었다(창 2:7). 이 구절은 인간이 두 요소로 구성되어 있음을 의미하면서도 그 유기 적 통일성을 강조한다.

(4) 영체에 대하여

1) 영도 성별(性別)이 있는가?

영은 성별이 없다. 성경을 해석할 때 예수님의 해석을 가장 우선시해야 한다. 특히 예수님께서 직접 언급하신 것은 달리 해석해서는 안 된다. 예수님께서는 부활 이후에는 성별이 없다고 말씀하셨다. 부활이 없다고 하는 사두개인들이 예수님께 부활에 대해 질문하였을 때 대답하신 내용에 포함되어 있다.

사두개인들은 일곱 형제들이 전부 한 여자와 결혼하였는데 한 명도 자식이 없이 다 죽었다면 그 여자가 부활 후에는 누구의 부인이 되겠느냐는 질문을 하였다. 예수님께서는 "너희가 성경도, 하나님의 능력도 알지 못하는 고로 오해하였도다. 부활 때에는 장가도 아니 가고 시집도 아니 가고 하늘에 있는 천사들과 같으니라(마22:29~30)"고 하였다. 천사들이 결혼하지 않는다는 말은 천사들은 성별이 없다는 뜻이다. 부활한 사람들도 천사들과 같다고 하였으니, 사람의 영도 성별이 없다는 의미이다.

2) 영의 속도는?

정명석은 "영이 빛보다 400억만 배 빠르다"고도 하였고, "완전한 영이 되면 우주 끝까지 20분 만에 간다"는 말도 하였다. 이는 성경에 없는 것으로 다 허무맹랑한 말이다. 마치 날아가는 새를 보며 '저 새의 깃털이 몇 개다'라고 말하는 것과 같다. 정명석 자신도 "영은 시공간의 한계가 없고 그 능력은 무한하다"[36]고 주장하지 않았는가? 시공간의 한계가 없다고 하면서 20분 걸린다는 말은 또 무엇인가? 이와 같이 사람이 잘 모르면서 대답하려면 금방 이 말 했다 저 말 했다 하게 된

다. 거짓말을 하는 사람들의 특징 중 하나는 일관성이 없다는 것이다.

영은 4차원의 존재이므로 시공(時空)을 초월하는 존재이다. 육신은 시간적 존재이므로 나이를 먹고 공간의 지배를 받지만 영은 시공의 지배를 받지 않는다. 그러므로 영이 빛보다 400억만 배 더 빠르다거나, 영이 우주 공간을 통과하는 데 20분 걸린다는 말은 아무런 의미가 없는 말이다. 정명석은 계시를 받아서 알게 되었다고 주장하지만, 확인할 수도 없고 그런 것을 알았다고 해도 무슨 유익이 있는가? 영적 지식이 있어야 구원받는다고 하던 영지주의자들의 행태와 같은 것이다. 우리가 죄 사함 받고, 구원받는 것과는 아무런 상관이 없다. 오히려 사람들로 하여금 예수님을 못 보게 할 뿐이다.

3) 영의 구원은?

정명석은 영적인 세계에 대하여 말을 많이 하고, 영적인 지식들이 있어야 구원받을 것처럼 말한다. 그리고 육체가 선한 행실을 많이 해야 영체가 하늘나라의 영으로 변화 받아 하늘나라에 들어간다고 말한다. 그러나 영에 대한 지식이 있어야 구원받는 것이 아니라 예수 그리스도를 믿어야 구원받는 것이다. 그리고 우리의 행실은 우리의 영혼을 구원하지 못한다. 다만 우편 강도와 같이 예수를 믿어 구원받는 것이다.[37] "너희는 그 은혜에 의하여 믿음으로 말미암아 구원을 받았으니 이것은 너희에게서 난 것이 아니요 하나님의 선물이라 행위에서 난 것이 아니니"(엡2:8~9).

그렇다면 지금은 누가 우편 강도이고, 누가 좌편 강도인가? 예수를 믿고 자기 영혼을 예수님께 부탁하는 사람은 우편 강도와 같고, 자기 행위로 자기 영혼을 구원하려는 사람은 좌편 강도와 같다. 우편 강도

---

37) 성경기록에는 구원받은 강도가 우편 사람인지 좌편 사람인지 정확하게 나와 있지는 않지만 통상적으로 우편일 것이라고 표현한다.

는 구원받은 사람들의 표상이고, 좌편 강도는 구원받지 못한 사람들의 표상이다. 아직도 자기 행위로, 자기 영혼을 빛난 영으로 만들어 구원받으려 하는가?

우리의 영은 우리의 행실로 인해 변화하는 것이 아니라, 하나님께서 친히 변화시켜 주시는 것이다. 데살로니가전서 5장 23~24절을 천천히 꼼꼼히 읽어보자. 우리를 거룩하게 만드는 것은 누구인가? 하나님이신가? 아니면 내 자신인가?

> 평강의 하나님이 친히 너희를 온전히 거룩하게 하시고 또 너희의 온 영과 혼과 몸이 우리 주 예수 그리스도께서 강림하실 때 흠 없게 보전되기를 원하노라 너희를 부르신 이는 미쁘시니 그가 또한 이루시리라(살전5:23~24).

우리의 영과 혼과 몸을 거룩하게 하는 것은 우리의 행실이 아니고, 하나님이 친히 거룩하게 하시는 것이다. 바울은 평강의 하나님께 친히 데살로니가 성도들을 온전히 거룩하게 해달라고 기원하였다. (May God himself, the God of peace, sanctify you through and through.) 그러므로 우리가 온전히 거룩해지는 것은 우리의 행위가 아니라 하나님이 이루시는 것이다. "너희를 부르시는 이는 미쁘시니 그가 또한 이루시리라"(살전5:24).

(5) 혼체가 있는가?

정명석은 꿈에 보이는 자기 존재체가 혼체라고 하였다. 즉, 마음에 형체가 있다는 말이다. 혼은 지, 정, 의를 나타내는 정신적 작용이라고 하면서 그 혼이 독립적으로 활동하는 형체가 있다는 것이 말이 되는가? 마음이 형체가 있다는 것은 엉뚱하기 그지없다. 정명석은 바람과 풍선을 예로 들었는데, 풍선은 고무로 되어있어서 바람을 감싸지만, 마음에는 마음을 담을 실체가 있을 리가 없다. 혼체가 있다는 말은 그저 상상의 산물일 뿐이다. 육은 차원 높은 영과 직접적으로 통할 수 없다는 말도 성경적으로 맞지 않는다. 그것은 희랍의 이분법적 사고이다. 성경은 육체와 영혼이 너무나 밀접하게 연합되어 있기 때문에 하나의 본성, 하나의 인격을 이루며 영육의 주체도 하나의 자아라고 본다.[38] 그러므로 혼체는 없다.

(6) JMS교와 영지주의, 그리고 통일교

JMS교는 모태(母胎), 지태(地胎), 영태(靈胎)라는 설명을 통해서 '육신과 마음으로 영혼을 성장시키라'고 한다. 육신의 생각과 행실로 영혼을 하늘나라의 영으로 만들게 된다고 한다. 또한 '사람의 근본이 영이다', '인생의 창조목적 중의 하나가 이 세상에서 자기 영혼을 온전하게 만드는 것'이라고 한다. 이것은 영지주의 주장과 비슷하다.

성경은 영지주의 주장과 달리 몸의 중요성을 강조한다. 사람의 육신에 있는 호흡이 끊어지면 신령한 몸으로 부활한다고 했을 뿐, 영이 탄생한다고 하지 않았다.

영지주의는 '영적 지식(gnosis)'을 통해 구원이 이뤄진다고 주장한다. 영지주의자들이 공통적으로 주장하는 것은 이원론에 입각하여 모든 물질적 실체는 악(惡)하다고 파악하는 것이다. 영지주의는 영이 육신이라는 감옥에 갇혀 있다고 보고, 그 영혼을 육체로부터 자유롭게 함으로써 구원이 이뤄진다고 하였다.

JMS교에서도 몸의 부활이 아닌 영의 부활을 주장하거나, 자기의 행위로 영을 천국 급의 완전한 영으로 발전시켜야 한다거나, 교주에 대해서는 이미 영적으로 자유로운 존재이기에 인간의 법률로 그를 정죄

---

38) 최홍석,『인간론』(서울: 개혁주의신행협회, 2012), 238.

할 수 없다고 주장한다.

영지주의자들이 추구하는 궁극적인 목적은 최상의 존재인 하나님과 연합하는 것이다. 그래서 더 이상 추구할 것이 없는 완전한 영적인 상태에 이르는 것이 그들의 목표이다. 그들은 이것을 구원이라고 하는데, 이러한 신비한 지식을 가진 자는 완전한 성숙에 이를 수 있고, 특별한 지식을 수용할 수 있는 자들은 엘리트들이 된다. 이렇게 해서 더 높은 영적 지식을 가진 자들만이 이 세상으로부터 자유롭게 된다. 이런 주장들은 JMS의 주장과 유사하다.

통일교는 사람을 육인체와 영인체가 있다고 보는 이원론이다. 그러나 그 육인체에는 육심(肉心)과 육체가 있고, 영인체에는 생심(生心)과 영체가 있다고 한다.[39] 그것은 엄밀히 말해 4분설이라고 할 수 있다.

JMS교에서도 영혼을 영인체, 육신을 육인체라고 하여 통일교의 용어를 차용하여 쓴다. 그러나 JMS교는 통일교의 영의 마음인 생심을 없애고, 육의 마음인 혼(육심)만을 말함으로써 삼분설을 주장하였다. 그리고 정명석은 과거의 삼분설에서는 영과 혼의 단절을 육신의 죽음이라 하였으나, 최근에는 혼과 육의 단절을 육신의 죽음이라고 수정하였다. 수정했다는 것 자체가 잘 모른다는 방증이 된다.

(7) 인간 100년은 인간을 구원할 수 있는가?

정명석은, "인간 100년은 자기의 영을 완성시켜 구원받는 기간"이라고 하였다. 그 말은 자칫 인간들이 인간 스스로의 선행으로 구원을 쟁취할 수 있다는 착각을 하게 한다. 그러나 인간은 100년을 살고, 아니 1,000년을 산다 해도 자기를 구원할 수 없다. 사람은 자기의 선행이나 공로나 어떤 조건으로라도 자기를 구원할 수 없다. 구원할 수 있다고

---

39) 세계기독교통일신령협회, 『원리강론』 (서울: 성화사, 2006), 65~66.

말하는 자는 성경을 부인하는 자이고, 그는 거짓말쟁이가 된다.

> 모든 사람이 죄를 범하매 하나님의 영광에 이르지 못하더니(롬3:23).

그렇다면 죄인 된 인간들이 어떻게 하여야 의롭게 되어 구원받을 수 있을까? 예수님께서 십자가에 달리실 때, 우편 강도는 예수님을 믿고 순식간에 구원받았다. 윤리 도덕적으로 선하지 못했던 우물가의 여인도, 물욕(物慾)의 대명사인 세리 삭개오도 예수를 믿고 구원받았다. 그러므로 인간은 하루를 살더라도 예수를 믿으면 구원받지만, 100년을 살고 심지어 1,000년을 살더라도 자신의 노력과 선행으로는 자신을 구원할 수 없다.

> 그러므로 율법의 행위로 그의 앞에 의롭다 하심을 얻을 육체가 없나니 율법으로는 죄를 깨달음이니라(롬 3:20).

오직 주 예수 그리스도를 믿음으로만 구원받을 수 있다. 이것이 성경의 가르침이다.

> 그런즉 자랑할 데가 어디 있느냐 있을 수가 없느니라 무슨 법으로냐 행위로냐 아니라 오직 믿음의 법으로니라 그러므로 사람이 의롭다 하심을 얻는 것은 율법의 행위에 있지 않고 믿음으로 되는 줄 우리가 인정하노라(롬3:27~28).

인간은 죄인이고, 스스로 죄를 해결할 수 없다. 구원은 일평생 선하게 살아서 그 열매로 구원을 받는 것이 아니다. 구원은 하나님의 은혜로 그 믿음으로 받는 것이다(엡2:8). 기간이 문제가 아니다. 자기의 노력으로 해결되는 것이 아니다. 성경은 우리의 구원이 "너희에게서 난 것이 아니요 하나님의 선물이라(엡2:8)"고 천명하고 있다.

(8) 삼분설은 희랍철학의 영향

희랍철학에 의하면 영은 합리적 요소이고 육체는 물질로서 비합리적 요소이다. 그리하여 둘은 상반되고 상호 모순되므로 둘이 합하여 조화할 수 없다. 그러므로 영에도 가깝고 육체에도 가까운 중간적인 혼이 중간에 서서 양자를 결합하고 조화한다고 한다. 이런 중간적인 존재인 혼이 영과 육체를 조화한다는 것이 삼분설이다.

이런 주장은 전능한 창조주의 창조 교리에 어긋난다. 전능한 창조주는 처음부터 영혼과 육체가 잘 조화하도록 창조하셨다. 창조주가 물질과 영이 조화하기 어렵도록 창조하실 수가 없다. 영혼과 육체 간의 부조화 문제는 창조 자체에서 기인한 것이 아니고 죄로 인해서 생긴 일이다. 물질은 악하고 비합리적이어서 합리적인 영혼과 조화할 수 없다는 것은 선한 창조를 부인하는 것이다. 이런 삼분설은 인간의 주체를 둘로 나누는 것이 되고 성경의 가르침에 위배된다. 인간은 자신이 하나의 주체임을 의식한다. 또 희랍사상에 의하면 육체는 영혼의 합리적 작업을 방해하는 감옥이고 무덤이다. 그러므로 영혼이 육체에서 벗어나는 것이 구원이다.

그러나 성경의 가르침에 의하면 육체는 영혼과 모순되거나 상충하는 것이 아니다. 영혼과 육체는 둘이 연합하여 하나의 인간의 인격을 구성한다. 따라서 육체는 인간의 인격에 필수적으로 귀속한다. 육신이 없고 영혼만 있는 인간, 육신만 있고 영혼이 없는 인간은 생각할 수 없다. 삼분설은 희랍철학의 영향이지 성경의 가르침이 아니다.[40]

---

40) 서철원,『서철원 박사의 교의신학 III 인간론』, (서울: 쿰란출판사, 2018), 120~121.

결론

데살로니가전서 5장 23절과 같은 예외적인 언급은 성경의 통상적인 표현법에 비추어서 해석하는 것이 건실한 주석의 원리이다. 영과 혼이 나란히 언급되었다고 해서 두 개의 실체를 가리킨다고 할 수 없다. 마태복음 22장 37절에는 마음, 목숨, 뜻이라는 세 단어가 나오고, 누가복음 10장 27절이나 히브리서 4장 12절 등에는 4개의 단어들이 나온다. 그러나 그 숫자만큼의 실체를 갖고 있다고 말하지 않는다.

데살로니가전서 5장 23절에서 바울은 영과 혼이 다르다는 것을 말하고자 함이 아니라, "평강의 하나님이 친히 너희를 온전케 하시리라"는 표현을 강조하고 싶었을 따름이다.[41] 바울은 다른 곳에서 인간이 두 부분으로 구성되어있다고 말하고 있기 때문이다(롬8:10, 고전5:5, 7:34, 고후7:1, 골2:5).

히브리서 4장 12절의 말씀은 내적 인간을 꿰뚫는 하나님의 말씀이 인간의 영과 혼이 마치 두 개의 실체라도 되듯이 양자를 분리한다는 의미가 아니라, 단지 마음의 생각과 의도를 나누고 있을 뿐이다. 따라서 인간은 몸과 영이라는 두 요소를 가진 존재이다. 하나님께서 사람을 만드실 때 흙으로 육체를 만드시고 생기를 불어넣어 살아있는 존재가 되었다고 하였다. 사람은 흙과 생기(루아흐), 즉 육체와 영혼으로 이루어졌다. 인간구성에 있어서 이분설은 신구약에 걸쳐 폭넓은 지지를 받고 있다. 에스겔 37장에서도 마른 뼈에 생기(루아흐)가 들어갔을 때 죽은 뼈들이 살아났다고 하였다. 사람은 뼈와 생기, 즉 육체와 영혼이 결합되었을 때 비로소 사람이다.

현대과학자들은 영혼의 존재는 전적으로 부정하고 사람은 육체뿐이라고 일분설을 주장한다. 그러나 희랍철학에 영향 받은 영지주의와 대

---

41) Louis Berkhof, 『조직신학 상』, (서울:크리스챤다이제스트, 1995), 405.

부분의 이단들은 삼분설을 주장한다. 그러나 성경은 인간구성에 대해서 물질적 존재인 육(肉)과 비물질적 존재인 영(혹은 혼) 사이의 전인적인 통일성을 강조하면서도, 명백히 이분설적으로 묘사하고 있다.

인간에게는 영혼만 중요하지 않다. 육신도 또한 중요하다. 영혼 없는 육신, 또는 육신 없는 영혼, 이렇게는 살아있는 인간이라 할 수 없다. 육신과 영혼이 너무나 밀접하게 연결되어 있기 때문에 하나의 본성, 하나의 인격을 이루며 영육의 주체도 하나의 인격이다.[42] 성경이 제시하는 인간의 구조적 본성은 인격의 단일성과 구조적 이원성을 동시에 견지해야 한다.[43] 인간은 영과 육의 유기적 통일체이다.

42) H. Bavinck, Gereformeerde Dogmatiek, Ⅱ.601; 최홍석, 『인간론』,(서울: 개혁주의 신행협회,2012), 238에서 재인용.
43) 최홍석, 『인간론』, 239.

04
홍수심판

홍수심판은 역사적 사실인가? 허구인가? 사실이라면 전체 심판인가? 부분 심판인가? 정명석은 부분 심판이었다고 주장한다.

정명석의 주장

정명석은 창세기의 노아 홍수심판이 전체 심판으로 기록되었으나 실상은 부분 심판이었다고 주장한다. 부분 심판의 근거로 다음과 같은 증거를 제시했다.

(1) '천하'라는 단어의 의미

> 내가 홍수를 땅에 일으켜 무릇 생명의 기운이 있는 모든 육체를 천하에서 멸절하리니 땅에 있는 것들이 다 죽으리라(창6:17).

> 물이 땅에 더욱 넘치매 천하의 높은 산이 다 잠겼더니(창7:19).

성경에 "천하"라는 단어가 나온다고 해서 진짜로 천하를 말한 것은 아니라는 것이다. 예를 들면 예수님 시대에 가이사(Caesar)가 명령하여 '천하로 호적하라'고 했는데, 그때에 가이사가 지구촌 온 천하를 다스려 각 나라 사람들이 다 호적을 하였겠는가?[44]

> 그 때에 가이사 아구스도가 영을 내려 천하로 다 호적하라 하였으니(눅2:1).

이 '천하'라는 의미는 알고 보면, 그 민족 주관권이나 그 신앙의 주관권을 말했던 것이다. 사도행전 2장 5절에도 '경건한 유대인들이 천하 각국으로부터 와서 예루살렘에 머물러 있더니' 했다. 하지만 그 당시 유대인들은 지구촌 온 세계에 흩어져 살지도 않았다.

> 그 때에 경건한 유대인들이 천하 각국으로부터 와서 예루살렘에 머물러 있더니(행2:5).

그와 같이 노아 홍수심판 때도 천하를 물로 덮었다고 한 말은 노아가 살던 주관권, 메소포타미아 지역을 두고 천하라고 하고, 그곳을 물로 덮었다는 말이다. 실제로 온 세상을 물로 덮은 것은 아니다.[45]

(2) 공의의 하나님(죄형법정주의의 하나님)

하나님은 법을 주시지도 않고 심판하시는가? 법이 없다면 심판도 없다. 전 세계를 물로 심판하시려면 노아가 전 세계로 돌아다니면서 홍수심판에 대한 경고 메시지를 전했어야 했다. 그때는 노아의 주관권 안에만 복음이 퍼져 있었다. 고로 이들 주관권에만 하나님이 홍수심판

44) 기독교복음선교회, 『실제 보는 강의안』 (충남 : 도서출판 명, 2012), 51.
45) 기독교복음선교회, 『실제 보는 강의안』, 51.

을 하셨다는 것이다.[46)](#)

(3) 방주의 크기와 양식 문제

지구상에 밝혀진 동물의 종류가 약 17,600종인데 노아 때 한 쌍씩만 잡아넣었어도 35,000마리나 된다. 그 많은 동물들이 어떻게 배 안에 들어갈 수 있었으며, 홍수 기간 동안 먹여 살릴 수가 있었단 말인가?[47)](#)

(4) 지질학적인 문제

과학자들의 조사에 의하면 지구촌에 메소포타미아 지역만 퇴적층이 죽어있다고 발표했다. 전체심판이라면 왜 메소포타미아 지역만 퇴적층이 죽어있을까? 퇴적층이란 흙으로 된 지층이다. 그러므로 노아가 살고 있었던 메소포타미아 지역만 물로 심판했던 것이 확실하다.[48)](#)

(5) 삼색 인종의 문제

전체 심판으로 노아 식구만 살아남았다면 단일 인종이어야지 어찌하여 흑인종, 황인종, 백인종의 3색 인종이 나오게 되었는가? 이는 전체 심판이 아님을 말해준다.[49)](#)

(6) 얼음 속 맘모스 발견

2007년 시베리아에서 4만 년 전의 맘모스가 얼음 속에서 그대로 발견되었다. 홍수심판이 전체 심판이었다면 물이 차 있었을 때에 그 얼음이 다 녹아서 얼음 속에 그대로 맘모스 뼈와 형체가 얼어붙어 있을

---

46) 기독교복음선교회, 『실제 보는 강의안』, 51~52.
47) 기독교복음선교회, 『실제 보는 강의안』, 52.
48) 기독교복음선교회, 『실제 보는 강의안』, 52.
49) 기독교복음선교회, 『실제 보는 강의안』, 54.

리가 만무하다.[50]

(7) 홍수 후 네피림 후손의 출현

뿐만 아니라 노아 홍수심판 후에도 네피림들이 많이 활동하며 살았다. 만일 전체 심판이라면 이 네피림들은 어디로 피했다가 살았단 말인가? 키가 커서 물에 잠기지 않고 살아났을까? 이치에 맞지 않는 이야기다.[51]

> 당시에 땅에는 네피림이 있었고 그 후에도 하나님의 아들들이 사람의 딸들에게로 들어와 자식을 낳았으니 그들은 용사라 고대에 명성이 있는 사람들이었더라(창6:4).

> 거기서 네피림 후손 아낙 자손의 거인들을 보았나니 우리는 스스로 보기에도 메뚜기 같으니 그들이 보기에도 그와 같았을 것이니라(민13:33).

(8) 물의 양 문제

홍수심판이 전체 심판이 되려면 현재 지구상의 물의 8배가 더 있어야 한다. 전 세계의 산을 다 덮으려면 에베레스트 산도 덮어야 하는데 그 물이 어디에서 와서 지구에 차고 넘쳤다는 말인가? 그 물은 또 어디로 사라졌단 말인가?[52]

(9) 기상학적인 문제

기상학적으로 볼 때 지구 전체에 동시에 비가 내릴 수 없다. 전 세

---

50) 기독교복음선교회, 『실제 보는 강의안』, 54.
51) 기독교복음선교회, 『실제 보는 강의안』, 54.
52) 기독교복음선교회, 『실제 보는 강의안』, 54.

계에 비가 오려면 지구 전체가 구름으로 덮여야 하는데, 그러기 위해서는 지구 전체가 저기압 상태가 되어야 한다. 이는 있을 수 없는 일이다. 고기압이 있으면 반드시 저기압이 상대적으로 존재한다.[53]

결론은 전체 심판이 아니라, 부분 심판이다. 즉, 그 주관권 내의 심판이라는 것이다.

2. 반증

(1) "천하"라는 단어의 의미
창세기에 쓰인 천하와 누가복음과 사도행전에 쓰인 천하의 의미가 다르다. 누가복음 2장 1절에서 로마황제 아우구스투스가 '천하로 호적 하라'고 한 것은 전 세계 사람들로 호적 하라는 의미가 아니라 로마제국 내의 사람들에게 하라고 한 것이다. 그러므로 '천하'라는 단어보다 '로마제국'으로 번역하는 것이 더 정확한 번역이다.

> 그때에 가이사 아구스도가 영을 내려 천하로 다 호적 하라 하였으니(눅2:1).

> At that time the Emperor Augustus ordered a census to be taken throughout the Roman Empire.(로마제국; HOLY BIBLE).
> In those days Caesar Augustus issued a decree that a census should be taken of the entire Roman world.(전 로마세계; NIV).

---

53) 기독교복음선교회,『실제 보는 강의안』, 54.

가이사 아구스도가 말한 "천하"는 헬라어 원어 성경에는 "오이쿠메네(*οικουμενη*)"라는 단어이다. 이것은 '지구상의 육지 부분' 특히 '로마제국'을 가리키는 단어이다.[54] 그러나 창세기 노아심판에 쓰였던 "천하(미트하트 하 샤마임)"는 실제 '하늘 아래' 전체를 의미하는 단어이다. 하늘의 '샤마임'은 '높이 있는 것'으로 구름이 떠다니는, 눈에 보이는 창공뿐만 아니라 천체가 회전하는 더 높은 하늘을 언급한다.[55] 그러므로 창세기의 천하는 하늘 아래 전체를 말하는 것이고, 누가복음과 사도행전의 천하는 로마제국 내의 영토를 말한 것이다.

성경의 몇몇 구절에서 보편적 용어들(천하, 각국, 모든, 다)이 어느 한정적인 지역을 의미한 것으로 사용된 적이 있다고 해서, 노아 홍수심판 때의 "모든(much, many)"이라는 말 대신에 "많은"이라는 단어로 대치할 자유가 우리에게 있는가? 분명히 없다. "다"는 "다(all)"를 의미하며, "모든"은 "모든(every)"을 의미하는 경우들이 당연히 있기 때문이다. 그래서 문맥이 의미를 결정하지만,[56] 창세기의 대홍수는 명백하게 "다(all)"를 의미한다. "물이 땅에 더욱 넘치매 천하의 높은 산이 다 잠겼더니"(창7:19).

(2) 죄형법정주의에 대하여

죄형법정주의란 '죄와 형벌은 법으로 정한다'는 것으로, 달리 말하면 '법률이 없으면 범죄도 없고 형벌도 없다(Nullum crimen, nulla poena sine praevia lege poenali)'는 근대 형법의 기본원리이다.[57] 그러나 역사적으로 하나님께서 심판하신 것을 보면 꼭 그런 것만은 아

---

54) 라형택 편찬, 『스트롱코드 히·헬 원어사전』 (서울: 도서출판 로고스, 2012), 742.
55) 라형택 편찬, 『스트롱코드 히·헬 원어사전』, 477.
56) 존 위트콤, 헨리 모리스 공저. 『창세기 대홍수』, 이기섭 역 (서울: 성광문화사, 1992). 61.
57) https://ko.wikipedia.org/wiki

니다.

1) 소돔과 고모라 성(城)을 멸하실 때

소돔과 고모라 성을 멸하실 때, 소돔과 고모라 성 주민들에게 "하나님께서 이 성을 멸하시려고 하니 탈출하라"고 경고 하셨는가? 아니었다. 하나님께서는 천사를 통해 롯(Lot)에게만 말씀하시고 심판을 감행하셨다.

2) 애굽의 장자를 죽이실 때

출애굽을 위하여 애굽과 바로 왕에게 내린 마지막 재앙은 사람이나 동물이나 막론하고, 초(初) 태생(胎生)을 죽이는 재앙이었다. 그때 하나님께서는 애굽 사람들에게는 이 사실을 숨기시고, 이스라엘 백성들에게만 문에 양의 피를 바르라고 알리셨다. 만약 정명석의 주장대로 법을 주신 다음에 심판하시는 하나님이시라면 애굽 백성에게도 양을 잡아서 문설주와 문 인방에 바르라고 경고 메시지를 전했어야 한다. 그러나 하나님께서는 그들에게는 비밀로 하시고 심판을 감행하셨다.

3) 사실, 노아 홍수심판 때 구원의 메시지가 전체적으로 전달되지 않았다는 말도 없다. 어떤 식으로든지 심판의 경고를 전하셨을 수도 있다. 설령 없다손 치더라도 그렇기 때문에 부분 심판이라고 주장할 수 없다.

(3) 방주의 크기와 양식(糧食) 문제
1) 방주의 크기 문제

창세기 6장 15절에 의하면 노아의 방주 규격이 나온다. "장(長)이 삼백 규빗, 광(廣)이 오십 규빗, 고(高)가 삼십 규빗"이었다. 바벨론인들은 약 50.3cm에 해당하는 "왕실"규빗을 가지고 있으며, 애굽인들은 약

67.5cm와 44.7cm에 해당되는 긴 규빗과 작은 규빗을 가지고 있다. 반면에 히브리인들은 51.8cm에 해당되는 긴 규빗(겔40:5)과 약 44.5cm에 해당하는 보통 규빗을 가지고 있었음이 분명하다.[58]

창세기 6장에 언급된 규빗은 44.5cm보다 더 길 수도 있으나 작은 규빗을 우리의 계산 근거로 삼아 보자. 이에 따르면 방주는 길이 133.35m, 폭 22.23m, 높이 13.34m였다. 방주는 3층이었으므로(창 6:16), 방주의 총 수용 면적은 대략 8,890㎡(대학 표준 농구장 20개분의 면적에 해당된다)이며, 총 용적은 39,540㎥이다. 방주의 총톤수는 약13,970톤인데, 이는 오늘날 대양을 항해하는 대형 금속제 선박의 범주에 들어가는 것이다.[59]

그러나 혹자는 노아와 그 세 아들들이 어떻게 그렇게 큰 배를 만들수 있느냐고 의심한다. 정명석도 초기에는 그렇게 말하였다.[60] 그러나 노아와 그 세 아들들만 피고용인의 도움 없이 방주를 만들었다는 말도 없다. 그리고 옛날 사람들이라고 건축술이나 조선기술이 천박(淺薄)할 거라고 속단해서는 안 된다. 애굽의 피라미드, 바벨론의 지구라트, 잉카문명의 마추픽추 등도 불가사의(不可思議)하지만 분명 그것들도 다 옛 사람들의 건축기술로 만들어졌다는 것이다. 하물며 하나님의 계시를 받고 움직였던 노아가 만들지 못했을 것이라고 말해서는 안 된다.

우리는 사실 방주의 육중함에 주목할 필요가 있다. 사실 이것이 논쟁의 핵심이다. 노아가 그와 같은 방대한 규모의 선박을 축조한 이유가 단순히 지역 홍수를 피할 목적뿐이었다는 것은 납득하기 어려운

---

58) R.B.Y. Scott, 『성경의 도량형』The Biblical Archaeologist, Vol. XXII,No.2(1959.5),22~27. 존 위트콤, 헨리 모리스, 『창세기 대홍수』이기섭 역, p.10에서 재인용.

59) 존 위트콤, 헨리 모리스, 『창세기 대홍수』, 11.

60) 정명석은 조그만 거룻배 정도로 생각했다. 노아가 1만5천 톤 정도 되는 큰 배를 산꼭대기에 지었을 리가 없다고 말하였다.

것이다. 액면 그대로 진지하게 창세기의 기록을 받아들인다면 부분 심판(지역 심판)이라는 주장을 받아들일 수 없다.[61]

2) 동물들을 종류별로 한 쌍씩 어떻게 다 실을 수 있었을까?

홍수가 나도 죽지 않는 물고기류와 양서류는 빼고 계산해 보자. 동물 분류학자들마다 의견이 약간씩은 다르지만 대략 다음과 같다. 포유류 4,000종, 조류 8,600종, 파충류 6,500종이다. 모두 합치면 19,100종이다. 거기다가 한 쌍씩 방주에 들어갔으니까 계산하면 38,200마리가 된다. 그런데 코끼리도 있고, 고양이도 있고, 쥐도 있고 그 크기는 동물의 종(種)만큼 다양하다. 중간 정도의 크기로 양(羊)이 적당하다. 양을 기준으로 해서 이 모든 동물들을 계산해보니 양 38,200마리 정도의 부피가 된다. 그러니까 노아 방주에 양 38,200마리를 실을 수 있느냐, 없느냐를 확인하면 되는 것이다. 놀랍게도 방주의 크기는 양 125,000마리까지 들어갈 수 있는 공간이었다. 들어간 양들의 부피에 3배 이상 더 실을 수 있는 크기였다.[62]

3) 양식 문제

그 많은 동물의 양식을 어떻게 마련할 수 있었겠느냐? 그러므로 전체 심판일 리가 없다고 주장하는 것은 하나님의 전능성을 믿지 못하기 때문이다. 우리가 성경을 읽을 때 '하나님은 하실 수 있다(창18:14, 눅1:37)'는 믿음이 있어야 한다.

이스라엘 민족이 광야를 지날 때 40년 동안 그들은 농사도 짓지 않고 먹을 것도 축적하지 않았지만 하나님께서 하늘에서 만나를 내려서

61) 존 위트콤, 헨리 모리스, 『창세기 대홍수』, 11~12.
62) 김명현 글. 크레마인드 그림. 『대홍수와 노아 방주』(서울: 성경과학선교회. 2012), 150~157.

먹이셨다. 그들이 고기가 먹고 싶다고 했을 때 하늘에서 메추라기를 내려 먹게 하셨다. 모세조차도 바다의 고기를 다 잡은들 어떻게 그런 일이 있겠느냐고 의심했지만,[63] 결국 하나님의 말씀대로 되었다. 예수님께서도 오병이어로 오천 명을 먹이고 오히려 열두 광주리가 남게 하셨다. 그리고 가나 혼인 잔칫집에서 포도주가 떨어졌을 때 물로 포도주를 만드셨다. 그 하나님께서 노아 방주의 동물들을 위해서는 못하셨을 것이라 주장하는 것은 맞지 않다. 정명석은 오병이어 기적도 떡이 아니라 말씀이라고 하면서 믿지 않기 때문에, 당연히 노아 방주에서의 양식도 안 믿어지는 것이다. 그러나 하나님은 다 하실 수 있다.

　과연 동물들은 어떻게 지냈을까? 8명의 사람들이 어떻게 수만 마리의 동물들에게 음식을 제공했을까? 창세기 8장 1절에 '하나님이 노아와 그와 함께 있는 모든 들짐승들과 가축을 기억하사'라고 하였다. 하나님께서 동물들을 굶어 죽게 하려고 모아들이지는 않았을 것이다. 방주는 3층으로 되어 있었고, 층마다 칸막이가 되어 있었다(창6:14). 그러므로 동물들은 칸막이 우리 안에 들어가 있으니 뛰어다니지 못했을 것이다. 보통 동물은 갇혀 있으면 움직임이 적어지고, 거기에 날씨까지 추우면 겨울잠과 같이 오래 자게 된다. 보통 곰이나 개구리만 겨울잠을 자는 것으로 알고 있지만 아니다. 온도를 낮추고, 어둡게 하고, 먹이를 적게 주면서 갇힌 공간 안에 놔두면 겨울잠을 자는 현상이 관찰되었다고 한다.[64] 그러므로 홍수 기간 중에 동물들은 겨울잠을 자는 형태로 존재하지 않았을까 하는 추론도 가능하다. 하나님께서 동물들에게 깊은 잠을 자게 하셨다면 음식제공 문제는 더 이상 문제가 되지

---

63)　모세가 이르되 나와 함께 있는 이 백성의 보행자가 육십만 명이온데 주의 말씀이 한 달 동안 고기를 주어 먹게 하겠다 하시오니 그들을 위하여 양 떼와 소떼를 잡은들 족하오며 바다의 모든 고기를 모은들 족하오리까?(민11:21~22)
64)　김명현, 『대홍수와 노아방주』, 161~162.

않는다.

4) 동식물의 이동속도

어떤 사람들은 대홍수 이후 몇 년 동안 어떻게 동물들이 전 세계로 이동, 분산하게 되었겠느냐고 묻는다. 그러나 몇몇 연구 결과는 동물들이 큰 대륙과 산, 심지어 광막한 바다까지 놀라운 속도로 횡단하며 이동할 수 있음을 보여주고 있다. 한 예로 크라카우타우 섬의 화산 폭발 당시 동물들은 완전히 멸종하였다. 그런데 25년 후에는 수종의 포유동물과 도마뱀 등이 이 섬의 새로운 식구가 되었다. 그리고 지금은 많은 동식물들이 이 섬에 살고 있다. 어떻게 이와 같은 동물들이 바다를 건너 이곳에 도착했는지는 아직도 풀리지 않는 수수께끼이다. 1980년에 폭발한 세인트헬렌스 화산도 좋은 예이다. 대폭발이 있은 후 3년도 되지 않아 이 지역에 원래 살고 있던 식물종의 90%가 회복되었다. 동물들도 급속히 회복되었다.[65]

(4) 삼색 인종문제

정명석은 삼색 인종 문제와 홍수 후 네피림 족속이 발견된 것은 노아 홍수심판 때에 노아 가족 외에도 다른 사람들이 (부분 심판이었기 때문에) 살아남았었다는 증거라고 주장한다.

먼저 삼색 인종 문제에 대하여 살펴보면, 노아는 흑색, 황색, 백색 아들을 가질 수 없다는 것이다. 어떻게 한 아버지 아래서 삼색 인종이 태어날 수 있다는 말인가? 이것은 홍수심판이 부분 심판이었다는 강력한 증거처럼 제시되고 있다. 그러나 카브넌트 신학교의 래어드 해리스(R. Laird Harris)가 이 점에 관하여 큰 도움이 될 만한 논평을 했다.

---

65) 양승훈, 『창조와 격변』(서울: 예영 커뮤니케이션, 2006), 473~474.

노아의 세 아들들이 흑인, 황인, 백인이었다는 의견을 받아들일 필요는 없다. 만일 그들이 그러했다면, 그들의 부인은 어떠했겠는가? 오히려 우리는 이 여섯 사람들에게 있던 모든 유전인자가 현대 인류에게 분류되었다고 말하고 싶다. …셈은 곱슬머리와 황색 피부의 유전인자, 함은 백색 피부와 몽고계통 눈의 유전인자를 가졌을 수도 있다. 그러나 우리가 언급해야할 것은, 유전인자는 신체적 특질로 나타나든지 아니 나타나든지 간에 모두 그들에게 있었다는 것이다.[66]

그러므로 노아에게서 삼색 아들들이 태어났다는 말이 아니라, 그 아들들에게 있었던 유전인자들이 오늘날처럼 세분화하여 표출되었다는 말이다.

(5) 맘모스 문제

거대한 양의 맘모스가 발견된다는 것은 오히려 홍수심판에 의한 대격변설을 지지하는 증거물이다. 시베리아와 알래스카 일대에 500만 구 이상의 맘모스 화석이 있을 것이라 추정하고 있다. 거대한 동물인 맘모스가 시베리아에서 살았다는 것도 이상한 일이지만 이 맘모스를 해부해 보니 맘모스가 먹던 음식이 나왔는데 이것은 화산재가 섞여 있는 아열대 식물임이 밝혀졌다. 이것은 맘모스가 살 당시의 시베리아는 지금과 같은 추운 지방이 아니라 따뜻한 지방이었음을 이야기해주고 있다. 이와 같은 증거들은 궁창 위의 물을 생각하지 않으면 설명하기가 어렵다.[67]

---

66)   R. Laird Harris, "Radical Dispersion" Journal of the American Scientific Affiliation, Vol. 7, No. 3(1955, 9), p.52. 존 위트콤, 헨리 모리스 공저. 『창세기 대홍수』, 48~49에서 재인용.

67)   노희천 글, 임 수 그림, 『노아의 홍수 역사적 사실인가?』 (서울: 두란노, 1992), 78~80.

수증기 덮개 층이 비가 되어 내려왔을 때, 극지방의 기온 하강은 즉
각적이고 중요한 기후 반응을 일으켰을 것이다. 그래서 대홍수 기간의
중간 또는 후기 단계에 "영구 동결대(凍結帶)"로 알려진 북극과 아(亞)
북극의 영구적 동결 토질이 광범위하게 형성되었던 것이다.

북극 지방의 이 동결된 흙탕 속에 수많은 포유동물의 화석이 파묻혀
있음을 볼 때, 이들은 분명히 갇혀 있는 경우이며, 어떤 경우에는 연
한 부분이 썩기 전에 부분적으로 동결되었다. 이들 포유동물과 이들이
들어있는 충적층의 동결 현상은 분명히 기후의 급격한 변화를 설명해
주고 있다.[68] 찰스워드(J.K Charlesworth)는 다음과 같이 언급한다.

맘모스와 기타 동물들의 그 수많은 엄청난 떼들(아시아 북단에 있는
뉴시베리아 섬들에서 66종의 동물 중 맘모스, 울리 무소, 사향소, 사
이가 영양, 순록, 범, 북극 여우, 육식 족제비, 곰 및 말이 산출되었다)
은 그들의 생존을 위한 숲과 초원과 대초원 지대를 필요로 하는 것이
며……이들은 1년 내내 얼음 같은 바람이 불고 눈보라치는 겨울이 계
속되며, 땅은 동결 상태에 있는 툰드라지대의 이끼만 있는 현재와 같
은 기후에서는 생존할 수 없다.[69]

그런데 가장 큰 수수께끼는 이런 온갖 종류의 생물들이 언제, 왜, 어
떻게, 그렇게도 순간적으로 무수히 죽음을 당하여, 짓이겨져서, 끔찍
한 상태로 얼어붙었는가 하는 데 있다.[70] 우리는 이 수수께끼에 대한
해답이 바로 창세기 대홍수에 있다고 믿는다.

---

68) 존 위트콤, 헨리 모리스 공저. 『창세기 대홍수』, 322~323.
69) J.K.Charlesworth "The Quaternary Era" Vol. Ⅱ, (London, Edward Arnold Co.,
    1957), 650. 존 위트콤, 헨리모리스 공저, 『창세기 대홍수』, 323에서 재인용.
70) 존 위트콤, 헨리 모리스 공저, 『창세기 대홍수』, 327.

(6) 물의 양의 문제

1) 구름은 대홍수 강우의 전부가 아니다.

성경에 묘사된 바와 같은 40일간 계속된 전 지구상의 강우는 그 강우 발생 원인이 오늘날의 상황과는 전혀 다른 작용에 기인하였을 것이다. 현재 대기 중의 모든 수증기가 비가 되어 땅에 쏟아진다 해도 겨우 5cm 미만의 두께로 지면을 덮을 뿐이다.[71] 과학적인 계산을 통해 40일 동안 쉬지 않고 비가 온다고 해도 약200m를 넘기기 힘들다고 한다.[72] 이 정도만 되어도 웬만한 것들은 다 무너지고 물속에 잠기기는 하겠지만 수천m나 되는 높은 산들이 잠기기에는 턱없이 부족하다. 성경은 대홍수의 원인을 '큰 깊음의 샘들이 터지며 하늘의 창문들이 열려(창7:11)'라고 하였다.

2) 큰 깊음의 샘들이 터지며(창7:11)

전 세계를 뒤덮은 홍수는 밑에서 터져 올라온 물도 한몫을 담당했다. 현재도 전 세계의 땅속에는 상당한 양의 지하수가 있다. 홍수 전에 땅 밑으로 10km 깊이에 지하수 층이 있었다고 본다. 노아가 600세 되는 해에 지진으로 땅이 갈라졌고 밑으로 땅이 주저앉게 된다. 그래서 밑에 있던 지하수는 엄청난 압력을 받으면서 터져 나오게 된 것이다. 마치 비 오는 날 보도블록을 밟으면 물이 튀어 오르는 것과 같은 것이다.[73]

3) 하늘의 창문들이 열리고(창7:11)

---

71) C.S. Fox: Water (New York, Philosophical Library, 1952), 최근 측정 자료에 의하면, 미국 상공 대기 중의 물은 평균 2cm뿐이라고 한다. 존 위트콤, 헨리 모리스 공저. 『창세기 대홍수』, 136에서 재인용.
72) 김명현 글. 크레마인드 그림, 『대홍수와 노아 방주』, 108.
73) 김명현 글. 크레마인드 그림, 『대홍수와 노아 방주』, 106~112.

창세기 1장 7절에 궁창 아래의 물과 궁창 위의 물이 있다고 하였다. 궁창 아래의 물은 지상의 물이고, 궁창 위의 물은 대기권에 지구를 감싸고 있었던 수증기 층을 의미한다. 노아 홍수심판 때에 그 궁창 위의 물이 쏟아졌던 것이다. 그것을 "하늘의 창문이 열려(창7:11)"라고 했던 것이다. 현존하는 대기권에서는 이와 같은 궁창 위의 물은 없고 다만 오존층만이 지구를 둘러싸고 있다. 그렇다면 태초의 대기권은 현재의 대기권과는 달랐다는 이야기다. 그렇다면 현존하는 대기권에는 존재하지 않는 궁창 위의 물은 그 당시의 기후계와 생태계에 어떤 영향력을 미쳤을까?

먼저 이 궁창 위의 물은 지표(地表)로 날아오고 있는 고(高)에너지를 지닌 고주파 방사선을 완전히 제거해 주는 역할을 했을 것이다. 고주파 방사선은 인간의 세포를 파괴하고 급격한 노쇠현상을 일으킨다. 그리하여 홍수심판 이후 궁창 위의 물이 사라지게 되자 인간들의 수명이 급격하게 줄어들게 된 것이다. 한편 궁창 위의 물은 태양으로부터 저주파 열선을 흡수하고 산란시키며 재 반사(反射)시켜 전 지구상에 열선을 골고루 분산시키는 역할을 하였을 것이다.

그러나 궁창 위의 물이 사라진 현재는 이와 같이 열선이 골고루 분산되지 못하기 때문에 열선을 많이 받는 적도 지방은 뜨겁고, 적게 받는 극지방은 춥게 되었다. 그러나 궁창 위의 물이 있을 경우에는 지구상에 온실 효과를 일으켜 전 지구상에 걸쳐 27°C 정도의 일정한 온도를 지닌 아열대 기후가 형성되었을 것이다.[74]

그렇다면 과연 궁창 위의 물이 존재했다는 증거가 있는가? 창세기 2장 6절에 보면, "안개만 땅에서 올라와 온 지면을 적셨더라"라고 기록이 되어있다. 안개는 바람이 없어야 형성이 되며, 바람은 기압차에 의

---

74) 노희천 글, 임 수 그림,『노아의 홍수는 역사적 사실인가?』, 52~56.

해서 생기고, 기압차는 온도차에 의해 발생한다. 그러므로 안개만 땅에서 올라왔다는 이야기는 지구상에 온도차가 별로 없어 큰 바람이 없었다는 사실을 말해준다. 그래서 노아 이전에 살았던 사람들은 대부분 900세 이상 장수하며 살 수 있었던 것이다. 현재의 대기 조건으로는 과거 인간이 900살 이상 살았다는 것이 도저히 믿을 수 없는 일이지만, 온도의 급격한 변화가 없는 사시사철 따뜻한 기후에 해로운 고주파가 제거된 창세의 생태계에서 살았다면 가능한 일이었던 것이다. [75)]

4) 그 물은 지금 다 어디로 갔는가?

만일 지구에서 바닷물을 빼고 땅 부분만을 탁구공처럼 매끈하게 만든 다음 태평양, 대서양, 인도양, 북극해, 남극해의 바닷물을 부으면 어떻게 될 것인가? 그렇게 되면 수면이 2,500m의 두께로 전 지구를 덮을 수 있다. [76)] 그렇다면 대홍수 때 지구를 덮었던 그 많은 물은 어디로 갔는가? 그것은 간단하다. 지각변동으로 인해서 지구 표면은 높고 낮은 곳이 생겼다. 물은 높은 곳에서 낮은 곳으로 모이게 되었다. 바닥이 울퉁불퉁하면 그 물들이 낮은 쪽으로 몰리는 원리와 같다. 그래서 오늘날의 대양이 발생하게 되었다. 지구촌의 모든 사람들을 한 곳에 모으면 어느 정도 넓이의 땅이면 가능할까? 제주도 정도의 넓이의 땅 정도라면 다 들어갈 수 있다고 한다. [77)] 그러므로 지금 지구상에 있는 물 가지고서도 노아 가족 외에 전체를 심판하는 데는 부족함이 없었다.

(7) 네피림 문제

정명석은 홍수심판 전에 네피림이 있었고(창6:4), 홍수심판 후에 가

---

75)   노희천 글. 임수 그림, 『노아의 홍수는 역사적 사실인가?』, 52~66.
76)   김명현 글. 크레마인드 그림, 『대홍수와 노아 방주』, 111~112.
77)   김명현 글. 크레마인드 그림, 『대홍수와 노아 방주』, 99.

나안 땅에 가보니 네피림 후손이 있었다(민13:33)고 했으니 노아 8명 식구 외에도 다른 사람들이 살아남았다는 증거가 아니겠느냐고 주장하였다. 그러나 창세기 6장 4절의 네피림과 민수기 13장 32절의 네피림은 같은 종족이 아니다.

네피림은 어떤 특정한 종족의 이름을 나타내는 고유명사가 아니라, 거인이나 용사라는 뜻이다.[78] 그러니까 창세기 6장 4절은 노아 홍수심판 전에 하나님의 아들들과 사람들 사이에서 태어난 키가 큰 거인들(네피림)이 살고 있었다는 것이고, 민수기 13장 32절은 이스라엘 12명의 정탐꾼이 가나안 땅에 갔을 때, 그들은 거기서 키가 큰 거인들(네피림)을 보았다는 말이다. 그들이 키가 크다는 공통점이 있다고 해서 같은 종족이라고 말할 수 없다. 아프리카 사람들 중에 키가 큰 종족이 있고, 유럽 사람들도 키가 큰 종족이 있다. 그러나 키가 크다는 것이 같은 종족이라는 근거가 될 수 없는 것과 같다.

그렇다면, 네피림 후손 아낙 자손이란 무슨 말인가? 네피림의 후손이라고 하지 않았는가? 그러나 다른 번역본의 성경을 보면, 그냥 거인이란 의미로 쓰였음을 알 수 있다.

> 또 우리는 그곳에서 거인족이라고 옛날부터 소문난 그 아낙 사람의 후손들을 보았단 말이오. 그 사람들이 어찌나 크던지 우리는 스스로가 보기에도 메뚜기 같았소. 그러니 그 큰 사람들이 우리를 보면 어떠하겠소? (민13:33, 현대어 성경)

> 또 우리가 거기서 거인들을 보았는데, 거인들에게서 태어난 아낙 자손들이라. 우리들의 눈에도 우리가 메뚜기들 같았으며 그들의 눈에도 우리가 그와 같았을 것이라 하더라(민13:33, 한글KJV).

---

78) http://terms.naver.com/entry.nhn?docId=2391086&cid=50762&category Id=51387

아낙 자손은 누구인가? 아낙 자손은 가나안 땅의 초기 원주민들이었다. 가나안 땅은 노아의 손자(함의 아들)인 가나안의 이름에서 따온 지명이다.[79] 그러므로 가나안 땅에 살았던 아낙 자손도 당연히 노아의 후손이었다.

(8) 그 밖의 증거들

1) 한자(漢子)는 의미를 지니고 있는 상형문자이다. 한자로 배 船(선)자는 배 舟(주)에다 여덟 八(팔)과 입 口(구)가 형성되어 있다. 여기에 있는 입 구(口)자는 사람의 입을 말하지만 사람의 숫자를 셀 때도 사용된다. 그러므로 배 船(선)자는 8명이 방주에 탔음을 나타내고 있다.[80] 배와 8명은 무슨 상관관계인가? 노아 방주가 답이다(벧전3:20).

2) 인디언들이 많이 살았던 미국의 미시간 지방 일대에서 발견된 석판들 중에 5부분으로 나누어진 석판이 있다. 첫 번째 부분에는 일그러진 태양 아래 한 노인이 경배하는 모습이 있고, 두 번째 부분에는 큰 비가 내리고 있으며 물에 빠져 허우적거리는 사람들의 모습이 있다. 세 번째 부분에는 물 위에 떠 있는 큰 배가 있고, 40주야를 나타내는 네모진 40칸이 좌우에 있으며 나뭇잎을 물고 있는 새 한 마리가 있다. 네 번째 부분에는 둥근 태양과 함께 큰 배에서 동물들이 쌍쌍이 내려오고 네 남자들이 만세를 부르는 모습이 있고, 마지막 부분에는 무지개가 나타나 있다. 궁창 위의 물로 인한 빛의 산란에 의해 태양이 일그러져 보이다가 궁창 위의 물이 사라짐으로써 둥근 태양이 보인다는 사

79) http://kcm.kr/dic_view.php?nid=21014&key=2&kword=&page=. 이스라엘 민족이 이 땅을 정복하기 전에 이곳에 살던 원주민 기르가스, 아모리, 가나안, 브리스, 헷, 히위, 여부스 등의 원주민 7족속이 노아의 손자 가나안(창 10:15)의 후손들에게서 시작한다.
80) 노희천 글. 임 수 그림,『노아의 홍수는 역사적 사실인가?』, 102; 김명현 글. 크레마인드 그림,『대홍수와 노아 방주』, 52.

실을 생각해 볼 때 이 석판은 노아의 홍수를 정확하게 잘 나타내 보이고 있다.[81]

3) 러시아 말로 '셈야(семья)'라는 말이 있다. '가족'을 뜻하는 단어인데 '셈(семь)'은 '7'을 뜻하고, '야(Я)'는 '나'를 뜻한다. 즉 8명을 가족이라고 부르는 것이다. 러시아인들도 가족을 왜 8이라고 부르게 됐는지는 모른다고 한다.[82] 역시 노아와 그 가족들이 답이다.

4) 전설의 보편성

애굽 전설: 신들이 한번은 홍수로 세상을 정결하게 했다. 여기에서 피신한 사람은 몇 명의 목자들뿐이었다.

헬라 전설: 듀칼리온은 신들이 세상의 큰 죄악으로 인하여 홍수를 보내려 한다는 계시를 받고 방주를 만들었다. 이 방주는 파르나수스 산에 멈추었다. 그는 비둘기를 두 번 내보냈다.

힌두 전설: 마누는 계시를 받고 배를 만들어, 그만이 모든 피조물을 멸망시킨 홍수에서 피신했다.

중국 전설: 중국 문명의 창시자 파헤(Fa-He)는 인간이 하늘에 배반하여 홍수를 보낸다는 계시를 받고 그의 아내와 세 아들과 세 딸을 데리고 피신했다.

영국 전설: 드루이즈의 전설에 의하면 인간을 죄악 때문에 멸망시키려고 보낸 홍수에서 큰 배로 구조된 한 의로운 족장으로부터 인간 세계는 재건되었다.

폴리네시아: 큰 홍수가 있었는데 8명만이 피신했다.

바벨론, 앗수르, 애굽, 바사, 힌두, 헬라, 중국, 프리기아, 피지 섬, 에

---

81) 노희천 글. 임 수 그림, 『노아의 홍수는 역사적 사실인가?』 103~106.
82) 김명현, 『대홍수와 노아 방주』, 56.

스키모, 아메리카 인디언, 인도, 브라질, 페루 등 셈 족이든 아리안 족이든 후란 족이든 간에 전 인류는 세계를 휩쓴 홍수의 전설을 가지고 있다.[83]

이때에 단 한 가족은 제외되었고 그 후에 모든 민족이 분열될 때 그 조상들은 이 잊을 수 없는 사실을 기억했다. 이 모든 신화는 어떤 사건이 실제로 있었다는 가정을 가능케 한다. 이런 보편적인 신앙은 인간의 본능에서 생겼다기보다는 노아의 홍수심판에 기인(起因)한 것이었다고 밖에는 볼 수 없다.

(9) 홍수심판에 대한 성경기록의 목적

1) 홍수의 도덕적 목적

홍수는 방주 밖에 있던 전 인류를 멸망시켰음에 틀림없다. 왜냐하면 성경은 홍수의 목적이 사악하고 타락한 인류를 쓸어버리는 데 있다고 명백히 진술하고 있기 때문이다. 이 홍수의 목적은 인류의 일부만을 멸망시키는 것으로는 성취될 수가 없기 때문이다.[84]

2) 주 예수 그리스도의 증거

예수 그리스도께서 언급하신 홍수-멸망에 관한 문맥을 관찰함은 매우 중요하다. 소돔의 멸망과 그리스도의 재림 시 불경건한 자들의 멸망이 나란히 언급되고 있다.

> 노아의 때에 된 것과 같이 인자의 때에도 그러하리라 노아가 방주에 들어가던 날까지 사람들이 먹고 마시고 장가들고 시집가더니 홍수가 나서 그들을 다 멸망시켰으며 또 롯의 때와 같으리니 사람들이 먹고 마시고 사고팔고 집을 짓더니 롯

---

83)   헨리 H. 할레이 저, 『최신 성서핸드북』, 98~99.
84)   존 위트콤. 헨리 모리스 공저, 『창세기 대홍수』, 19.

이 소돔에서 나가던 날에 하늘로부터 불과 유황이 비 오듯 하여 그들을 멸망시켰
느니라(눅17: 26~30).

홍수가 나서 그들을 다 멸하기까지 깨닫지 못하였으니 인자의 임함도 이와 같
으리라(마24:39).

이런 사실은 대단히 의미심장한데, 우리는 "다(모두)"라는 용어가
홍수로 멸망된 자들에 관하여 사용되고 있다는 것을 주목해야 한다.[85]
소돔과 고모라 성이 멸망할 때 심판을 면해서 살아남은 사람이 롯의
가족 외에 더 있다든지, 노아 홍수심판 때 노아 가족 외에 살아남은 사
람들이 있었다면 재림 때도 하나님의 심판을 피할 수 있다는 잘못된
희망을 주는 것이다. 예수님은 그런 의미로 노아 홍수심판을 예로 든
것이 아니다.

그러므로 우리는 예수 그리스도께서 사용하신 "다(모두)" 멸망시켰
다는 단어를 그대로 받아들여야 한다. 그렇지 않다면 그 경고의 메시
지는 효력을 상실하게 된다.

3) 대홍수 이후 노아와 맺으신 하나님의 무지개 언약

대홍수가 인류학적 측면에서 세계적이었음을 부인하는 사람들이 직
면하는 가장 어려운 문제 중의 하나는 홍수가 끝난 후 하나님께서 노
아와 맺으신 언약이다. 왜냐하면, 만일 대홍수가 인류의 일부만을 멸
망시켰다면 대홍수를 피할 수 있었던 사람들은 무지개 약속에 포함되
지 않았기 때문이다.[86]

하나님께서 세 번이나 반복하여 다시는 홍수로 "생물"과 "모든 혈기

---

85) 존 위트콤. 헨리 모리스 공저, 『창세기 대홍수』, 23.
86) 존 위트콤. 헨리 모리스 공저, 『창세기 대홍수』, 24.

있는 자"를 결코 멸하지 않겠다고 하신 약속을(창8:21, 9:11,15) 상기하여 본다면, 인류의 일부만이 홍수로 멸절되었다는 견해를 받아들일 수가 없다.

만일 노아와 맺으신 하나님의 언약이 이왕에 모든 것을 의미한다면, 이는 전 인류와 더불어 맺으신 언약이 되지 않으면 안 되는 것이다. 그러나 성경은 거듭 언급하여 하나님께서 노아와 그의 아들들과 더불어 이 언약을 맺으셨다고 한다(창9:1~17). 그러므로 인류 전체는 노아 가족의 자손이며, 홍수는 홍수 이전 시대의 전 인류를 멸절시킨 것이다.[87]

4) 베드로의 증거

노아의 가족이 대홍수의 유일한 생존자들이었는지 아닌지에 관하여 성경 학도들의 마음에 망설이는 의문이 남아있지 않게 하기 위하여, 사도 베드로도 이 문제에 대하여 단호히 언명한 바 있다.

그들은 전에 노아의 날 방주를 준비할 동안 하나님이 오래 참고 기다리실 때에 복종하지 아니하던 자들이라 방주에서 물로 말미암아 구원을 얻은 자가 몇 명뿐이니 겨우 여덟 명이라(벧전3:20).

옛 세상을 용서치 아니하시고 오직 의를 전파하는 노아와 그 일곱 식구를 보존하시고 경건치 아니한 자들의 세상에 홍수를 내리셨으며(벧후2:5).

성경이 교훈하고자 하는 것은 홍수가 방주 밖에 있던 모든 인류를 쓸어버리셨으며, 방주 밖에 있던 자들은 아무도 경건한 자가 없었으

---

87) 존 위트콤. 헨리 모리스 공저, 『창세기 대홍수』, 25.

며, 홍수는 하나님께서 그런 불경한 자들을 쓸어버리기 위하여 보내셨다는 것이다.[88]

결론

노아 홍수심판은 역사적 사실로 받아들여야 한다. 만약에 홍수의 범위가 부분적이었다면 방주는 전혀 필요성이 없는 것이다. 그 이유는 방주를 만들 동안 타 지역으로 이동하면 그만이었고, 피난 갈 시간도 충분했기 때문이다. 무엇보다도 예수님께서 홍수가 역사적 사건임을 인정하시고 주님의 재림에 대한 거울로써 인용하셨다. "노아의 때와 같이 인자의 때에도 그러하리라(눅17:26)."

그러므로 노아의 전체 심판을 부인하면 예수님의 재림 때의 심판에 대한 경고도 왜곡된다.

---

88)　존 위트콤. 헨리 모리스 공저, 『창세기 대홍수』, 23.

05
정명석의 나이계산

정명석은 창세기에 나오는 조상들의 나이를 실제 나이로 보지 않는다. 그때는 지금과 같은 나이 계산법을 쓰지 않아서 그렇게 많은 것처럼 계산되었다고 주장한다. 그의 주장을 먼저 살펴본 후 반증한다.

정명석의 주장

(1) 노아 시대의 나이 계산법

노아가 배를 만든 기간은 120년이었고, 홍수가 시작되었을 때의 나이는 600세였다. 이 숫자를 어떻게 봐야 할까?

시90:10은 "우리의 연수가 칠십이요 강건하면 팔십이라"고 하였다. 그러나 구약의 사람들은 왜 나이가 지나치게 많은가? 정명석은 주님께서 1달을 1년으로 계산하라고 가르쳐 주셨다고 한다.[89] 그때는 1달을 1년으로 보았다는 것이다.

아담　　　　　930세,　930÷12=77.5　　　　　77세

---

89)　기독교복음선교회, 『실제 보는 강의안』, 55.

므두셀라	969세, 969÷12=80.75	80세
노아	950세, 950÷12=79.17	79세

그러므로 노아가 배를 만든 기간은 10년이고, 홍수가 났을 때의 나이는 50세였다.[90]

방주건조 기간 120년,	120÷12=10	10년
홍수 났을 때의 노아 나이,	600÷12=50	50세

(2) 아담은 16세 때, 하와는 14세 때 타락하였다.

버스가 운행도중 사고가 나듯이, 아담과 하와도 성장하는 도중에 타락하였다. 아담은 현재 나이로 치면 16세이고, 하와는 14세 때 타락하였다. 하와는 소생기 7년, 장성기 7년, 완성기 7년이다. 아담은 소생기 8년, 장성기 8년, 완성기 8년이다. 그래서 아담이 16세 때, 하와가 14세 때 이성관계를 맺은 것이다.[91]

반 증

(1) 노아 방주 건조기간에 대해서
1) 1년이 1개월인가?
성경에 1년이 1개월이라는 근거가 없다. 성경의 연대계산은 한 번도

---

90) 기독교복음선교회, 『실제 보는 강의안』, 55.
91) 세계청년대학생MS연맹, 『고급편』(nd), 150. 이 책은 출판사, 출판년도가 불명확한 책이다. 그러나 전반기 강사용으로 쓰던 책이다. 전반기란 1978년도부터 1999년까지를 말한다. 입문편, 초급편, 중급편, 고급편으로 나뉘어져 있다.

년(年)을 월(月)로 계산한 적이 없다. 42개월을 42년으로 계산하지 않는다. 그리고 3년 6개월은 3년 6개월일 뿐, 그것을 달로 환산하여 42년으로 계산하지 않는다. 성경은 잣대와 같아서 항상 일정해야 한다. 고무줄처럼 늘였다 줄였다 읽어서는 안 된다.

2) 노아의 방주 건조기간이 120년이라고 단정 지을 수 없다.
노아가 600세 때 홍수심판이 시작되었다.

> 노아가 육백 세 되던 해 둘째 달 곧 그 달 열이렛날이라 그 날에 큰 깊음의 샘들이 터지며 하늘의 창문들이 열려 사십 주야를 비가 땅에 쏟아졌더라(창7:11).

노아 방주의 건조기간이 120년이 되려면 노아가 480세 때부터 배를 만들기 시작했어야 한다. 그런데 노아가 배를 만들라는 명령을 들었을 때는 아내는 물론 세 아들들을 낳고 심지어 세 명의 며느리들까지 다 얻고 난 후였다.

> 내가 홍수를 땅에 일으켜 무릇 생명의 기운이 있는 모든 육체를 천하에서 멸절하리니 땅에 있는 자들이 다 죽으리라 그러나 너와는 내가 내 언약을 세우리니 너는 네 아들들과 네 아내와 네 며느리들과 함께 그 방주로 들어가고(창 6:18~19).

그러므로 오백 세 때부터 배를 건조하기 시작했어도 600세까지 100년을 넘지 않는다. 그런데 창세기 5장 32절에서 "노아는 오백 세 된 후에 셈과 함과 야벳을 낳았더라"고 하였다. 노아가 오백 세 때부터 세 명의 아들을 낳고, 그 아들들이 다 성장하여 다 결혼하였다면 20~40년 정도를 제해야 한다. 그러므로 방주의 건조기간은 120년이 아니라, 80년~100년 정도로 볼 수 있다.

정명석은 성경에 방주를 만드는 기간이 120년이라고 확정된 것으로 알고 말했으나, 정작 120년 동안 배를 만들었다는 기록은 없다. 다만 120년이라는 기간은 "그들의 날은 백이십 년이 되리라(창6:3)"에서 나온 것으로 홍수심판 후 인간들의 수명이 대폭 줄어들 것임을 예고하는 말씀이었다.

(2) 정명석의 나이 계산에 대해서

1) 득남했을 때의 나이를 따져보니

그때에는 1개월을 1년으로 계산했단 말인가? 그렇다면 자식들을 낳았을 때의 나이들을 가지고 계산해 보자. 아담이 셋(seth)을 낳은 때가 130세 때였다(창5:3). 정명석의 주장대로 나이를 계산해 보자.

아담이 셋(Seth)을 낳은 나이는 130÷12=10.83이다. 아담이 10세 때 아들을 낳을 수 있는가? 게다가 셋(Seth)은 아담의 세 번째 아들이다. 이미 가인이 동생 아벨을 죽이고 난 후에 얻은 아들이었다(창4:25). 가인과 아벨은 제사를 드렸던 성인들이었다. 아담이 세 번째 아들을 10세 때 낳았다면, 가인과 아벨은 -40세 때, -30세 때에 낳았어야 한다. 그게 가능한가?

년을 달로 고치면 이런 문제가 생기는 것이다. 계속하여 다른 사람들의 죽었을 때의 나이와 득남했을 때의 나이를 12로 나누기 해보자.

게난은 죽었을 때의 나이가 910÷12=75.8세이고, 득남했을 때의 나이는 70÷12=5.8세이다. 마할랄렐은 죽었을 때 895÷12=74.5세이고, 득남했을 때의 나이는 65÷12=5.4세이다. 5세 때 아기를 낳을 수 있는가? 계속하여 다른 사람들의 죽은 나이와 아들을 낳았던 나이를 살펴보자.

	죽은 나이	1/12	득남한 나이	1/12
아담	930	77.5	셋130(창5:3)	10.8
셋	912	76	105	8.7
에노스	905	75.4	90	7.5
게난	910	75.8	70	5.8
마할랄렐	895	74.5	65	5.4
야렛	962	80.1	162	13.5
에녹	365	30.4	65	5.4
므두셀라	969	80.7	187	15.5
라멕	777	64.7	182	15.1
노아	950	79.1	600(홍수심판 때)	50
			1,656년	

셈	500	41.6	100	8.3
아르박삿	438	36.5	35(창11:12)	2.9
셀라	433	36	30	2.5
에벨	464	38.6	34	2.8
벨렉	239	19.9	30	2.5
르우	239	19.9	32	2.6
스룩	230	19.1	30	2.5
나홀	148	12.3	29	2.4
데라	205	17	130	10.8
아브라함	175	14.5	75	6.2
			525년	

　홍수 이전의 사람들의 득남한 나이를 12로 나누어 계산해 보니, 셋은 8세 때, 에노스는 7세 때, 게난과 마할랄렐, 에녹은 5세 때 아들들을 낳은 것이 된다. 득남한 나이만 따져서 그렇고 딸까지 포함하면 더 적은 나이에 낳았을 수도 있다. 이것이 가능한가? 이같이 성경을 억지로 풀다 보면 거짓말쟁이가 되고 만다.

2) 구약시대를 4,000년이라고 말할 수 있는가?
　1년을 1개월로 환산하면 구약시대를 4,000년이라고 말할 수 없다. 노아 때까지 1,656년이다. 그것을 달로 치면 1,656개월이다. 1,656

개월은 138년에 불과하다(1,656÷12=138년).

그러면 아담부터 노아 때까지의 기간이 1/12로 줄어들어 구약시대가 4,000년이라고 말할 수 없다. 겨우 2,000년이 조금 넘을 뿐이다. 그리고 홍수 후 노아의 손자(셈의 아들) 아르박삿은 438세까지 살았다고 했는데, 1/12로 계산할 것인가? 그냥 나이로 보아야 하는가? 그리고 계속 점차로 수명이 줄어들어 에벨은 464살까지 살았으나 노아의 6대손 벨렉은 239세를 살았고 노아의 11대손 아브라함은 175세까지 살았다. 이와 같이 점차적으로 수명이 줄어든 것을 감안하면, 정명석은 누구 때까지 1개월을 1년으로 보고 계산했다고 말하는 것인가? 점차로 줄어들었기 때문에 그렇게 볼 수 없다. 그러므로 성경의 나이는 실제 나이로 보는 것이 옳다.

(3) 아담과 하와의 나이
1) 아담과 하와의 타락 나이

정명석은 아담과 하와가 지금의 나이로 보자면 아담이 16세, 하와가 14세 때 성교하여 타락했다고 하였다.[92] 그렇다면 아담과 하와가 첫 경험한 나이를 정명석의 나이계산법으로 따져보자.

아담 16세 × 12 = 192세
하와 14세 × 12 = 168세

아담은 192세 때, 하와는 168세 때 성교한 것이 된다. 성경에는 아담과 하와가 동침하여 가인과 아벨을 낳은 때의 나이는 나오지 않아 알 수 없으나 세 번째 아들인 셋(Seth)을 낳은 때는 130세 때라고 하였다

---

92)   정명석은 선악과가 여자 성기를 비유한 것이라고 주장한다. 아담과 하와가 선악과를 따먹은 것은 둘이 성교한 것이고, 그 성교한 것을 타락의 원인으로 푼다.

(창5:3). 셋째를 130세 때 낳았다면 첫째인 가인은 130세보다 훨씬 더 젊었을 때 낳았을 것이다. 농사일을 하던 장남 가인이 양을 치던 차남 아벨을 죽인 후 삼남인 셋(Seth)을 아담이 130세 때에 낳았다고 했기 때문이다. 아담은 100세 전후로 가인을 낳았을 것으로 추측할 수 있다.

정명석이 주장한 아담의 첫 경험은 192세 정도이나, 성경을 통해서 알 수 있는 것은(삼남이 130세 때 생겼으므로) 그보다 훨씬 적은 나이였다. 그러므로 아담이 16세에 첫 경험을 했다는 정명석의 주장은 성경적 근거가 전혀 없다.

2) 아담과 하와가 2살 차이라면?

정명석은 아담의 갈비뼈로 하와를 만드셨다는 것을 비유라고 주장한다. 그 갈빗대는 남자의 정자 하나를 비유한 것이 확실하다고 푼다.[93] 그 말은 아담의 정자로 하와를 만들었다는 말이 된다. 그러나 남자가 두 살 때에 정자를 생성할 수 있는가? 그것이 가능한가? 말이 안된다. 정명석은 평소 법칙의 하나님을 주장하였다. 그것은 '하나님도 법칙을 벗어나면 못 하신다'는 뜻이다. 그렇다면 이것은 법칙적으로 가능한가? 가능하지 않다. 그렇다면 아담 이외의 다른 사람들이 살고 있었다고 주장할 것인가? 그것은 이중아담론으로서 이단들의 공통메뉴이다. 이중아담론은 성경을 부인하는 것이다. 성경은 아담을 최초의 인간으로 말씀하고 있기 때문이다.

그리고 하나님께서는 아담과 하와를 여섯째 날에, 같은 날 창조하셨다. 아담과 하와는 창조된 시간은 다를지라도, 두 살 차이라고 말할 수 없다.

---

93)   정명석, 『비유론』(서울: 도서출판 명, 1998), 87.

결론

구약의 1년은 그냥 1년이다. 노아가 배를 만든 기간은 정확하게는 알수 없어도(120년이라고 확언할 수 없기 때문에), 120년을 120개월로 계산하여 10년이라고 말하는 것은 명백한 오류이다. 단, 배 만드는 기간을 폭 넓게 적용한다면 120년이라고 보더라도 크게 틀리지는 않을 것이다.

베드로전서 3장 20절의 "노아의 날 방주를 준비할 동안 하나님이 오래 참고 기다리실 때에"서 힌트를 얻을 수 있다.[94] 하나님이 마음에 한탄하시고 결심하신 때부터[95] 방주를 만드는 기간으로 포함한다면 몇 년 동안이라고 정확하게 말할 수 없다. 그러나 정명석처럼 배를 만드는 기간을 120년이라고 설정해 놓고, 1년을 1개월로 해석한 후 10년이라고 말하는 것은 터무니없는 거짓말이다. 노아의 홍수심판은 성경의 기록대로 노아가 600세 때 시작되었다(창7:7). 노아시대의 나이는 기록된 대로 실제 그 나이로 보아야 한다.

정명석은 왜 의도적으로 방주의 건조 기간과 노아의 나이를 대폭 줄이려고 하는가? 그것은 성경의 권위를 무너뜨리고, 재림에 대한 심각한 오해를 불러일으켜서 자기를 재림예수로 믿게 하기 위함이다. 기록된 성경을 불신하게 만들고, 자기를 성경의 권위보다 높게 만들려고 하는 것이다.

배를 만드는 기간이 정확하게 120년은 아닐지라도, 정명석의 말처럼 120개월, 즉 10년은 아니다. 그리고 홍수가 시작된 것도 50세 때가 아니라 성경대로 600세가 맞다. 그래야 죽은 나이뿐 아니라, 득남했을 때의 나이 계산도 다 맞다. 성경에 기록된 나이는 그대로 보아야 한다.

---

94) 벧전3:18 그들은 전에 노아의 날 방주를 준비할 동안 하나님이 오래 참고 기다리실 때에 복종하지 아니하던 자들이라

95) 창6:6~7 땅위에 사람을 지으셨음을 한탄하사 마음에 근심하시고 이르시되 내가 창조한 사람을 내가 지면에서 쓸어버리되…

06
계시론

하나님은 불가해한 존재이시다. 인간으로서는 하나님을 알 도리가 없다. 다만 하나님의 영만이 하나님을 알 수 있다. 계시는 하나님께서 인간에게 자신에 관한 지식을 전달하여, 이것으로 하나님을 알게 하고, 하나님을 예배하게 하며, 하나님과 교통하며 살 수 있는 길을 열어 보여주신 것을 말한다.

일반 정통교회는 그 계시가 바로 성경으로 집대성되었기 때문에 더 이상의 계시는 없다고 주장한다. 그러나 정명석은 이 시대는 성경 외에 새로운 계시가 필요하고 자기는 그 계시를 받은 사람이라고 주장한다.

정명석의 주장[96]

(1) 계시의 개념
1) 하나님은 계시를 통해서 하나님의 감추인 비밀을 선포하신다.

---

96) 세계청년대학생MS연맹, 『중급편』, 424~447; 최성희, 『30개론 강의안』, 150~157.

> 주 여호와께서는 자기의 비밀을 그 종 선지자들에게 보이지 아니하시고는 결코
> 행하심이 없으시리라(암3:7).

사도 바울도 에베소서 3장 3절에서 "곧 계시로 내게 비밀을 알게 하신 것은 내가 이미 대강 기록함과 같으니"라며 계시를 통해서 하나님의 비밀을 알게 되었다고 했다. 그러므로 지금도 성경의 온갖 비밀을 풀어헤치고 또 유무형 세계 우주 만물의 근본 비밀을 밝히려면 오직 하나님이 신령한 계시로 깨우쳐 주셔야만 가능하다.

2) 계시를 통하여 하나님은 뜻을 전달하신다.

아브라함 때는 하나님께서 사자들을 보내어 뜻을 말씀하시고, 사사 시대 때는 사사들을 통해서 뜻을 말씀하시고, 제사장들을 통해서도 뜻을 말씀하시고, 선지자 시대에는 선지자들을 통해서 뜻을 말씀하셨다. 신약시대에는 예수님을 통해서 하나님의 신이 직접 강림하여 뜻을 말씀하셨다. 이와 같이 지금도 계시를 받아야 하나님의 뜻을 알 수 있다.

3) 계시를 통해 하나님은 대화를 하신다.

부모가 자식에게 말하는 것같이 하나님이 사람에게 말씀하는 것이 계시이다. 부모가 자녀에게 그때그때 할 말이 있듯이 계시는 하나님과 사람 사이의 그때그때의 대화이다.

(2) 계시의 종류
1) 특별계시

특별계시는 하나님이 신으로 직접적으로 말씀하신 것이다. 직접 음성으로 나타나실 때가 있고, 성경을 읽을 때 하나님으로부터 묵시가 오기도 한다.

① 음성
하나님께서 음성으로 직접 말씀하시는 경우이다.

> 하나님이 노아에게 이르시되 모든 혈육 있는 자의 강포가 땅에 가득하므로 그 끝 날이 내 앞에 이르렀으니 내가 그들을 땅과 함께 멸하리라(창6:13).

> 하나님이 떨기나무 가운데서 그를 불러 가라사대 모세야 모세야 하시매 그가 가로되 내가 여기 있나이다…(출3:4~12).

> 여호와께서 사무엘을 부르시는지라…(삼상3:1~10).

> 땅에 엎드려져 들으매 소리 있어 가라사대 사울아 사울아 네가 어찌하여 나를 핍박하느냐 하시거늘(행9:4).

> 그날 밤에 주께서 바울 곁에 서서 이르시되 담대하라 네가 예루살렘에서 나의 일을 증거한 것 같이 로마에서도 증거하여야 하리라 하시니라(행23:11).

② 성경
성경을 읽으면서 누구든지 특별계시를 받을 수 있다.

2) 자연계시
하나님이 직접 음성을 들려주는 것이 아니라 만물을 통하여 깨우쳐 주시는 것이다. 간접계시이다. 나무, 새, 구름, 바람, 식물, 동물 등 자연 만물을 통하여 계시를 주신다.

> 창세로부터 그의 보이지 아니하는 것들 곧 그의 영원하신 능력과 신성이 그 만

드신 만물에 분명히 보여 알게 되나니⋯(롬1:20).

여호와께서 가라사대 네가 수고도 아니하였고 배양도 아니하였고 하룻밤에
났다가 하룻밤에 망한 박넝쿨을 네가 아꼈거든 하물며⋯(욘4:10).

계시 중에 징조라는 것이 있다. 큰 사건이 일어나기 전에 미리 작은
사건을 통해 암시해주시는데 그것이 징조이다.

3) 초자연계시
① 꿈
하나님은 사람이 잠잘 때 그 꿈을 통해서 계시를 주시기도 한다(창
20:6, 28:10~16, 31:10~13, 37:9; 민12:6; 단2:2; 마2:12).
이와 같이 하나님은 구약 때 많은 꿈으로 보여주시고 신약 때도 많
은 꿈으로 보여주시면서 역사하셨다.

② 환상
환상은 어느 순간 영안이 열려서 어떤 현상이나 사건을 보게 되는
것을 말한다.

하나님이 가라사대 말세에 내가 내 영으로 모든 육체에게 부어 주리니 너희의
자녀들은 예언할 것이요 너희의 젊은이들은 환상을 보고 너희의 늙은이들은 꿈을
꾸리라(행2:17).

그때에 다메섹에 아나니아라 하는 제자가 있더니 주께서 환상 중에 불러 가라
사대 아나니아야 하시거늘 대답하되 주여 내가 여기 있나이다 하니(행9:10).

그 외에도 행10:3, 11:5, 16:9, 18:9; 사29:7; 고후12:1 등에 나와 있다.

③ 비몽사몽

비몽사몽은 기도 중 혹은 순간적으로 꿈도 생시도 아닌 가운데 현실처럼 생생하게 무언가를 보는 것이다.

> 시장하여 먹고자 하매 사람이 준비할 때에 비몽사몽간에(행10:10. 개역한글).

> 후에 내가 예루살렘으로 돌아와서 성전에서 기도할 때에 비몽사몽간에(행 22:17 개역한글).

④ 이상

이상은 환상이나 꿈, 혹은 상상이나 생각과는 달리, 뭔가가 눈으로 보는 것도 아닌데 뇌 속으로 다 보이면서 스쳐 지나가는 것을 말한다.

> 오직 은밀한 것을 나타내실 자는 하늘에 계신 하나님이시라 그가 느부갓네살 왕에게 후일에 될 일을 알게 하셨나이다 왕의 꿈 곧 왕이 침상에서 뇌 속으로 받은 이상이 이러하니이다(단2:28).

> 그 후에 내가 내 신을 만민에게 부어 주리니 너희 자녀들이 장래 일을 말할 것이며 너희 늙은이는 꿈을 꾸며 너희 젊은이는 이상을 볼 것이며(욜2:28).

4) 계시 분별법

정명석은 사탄도 계시를 이용하여 거짓 계시를 줄 수 있다고 인정한다. 그렇다면 사탄의 계시인가 아니면 하나님의 계시인가를 어떻게 분

별하는가? 정명석은 분별법으로 다음과 같은 조건을 충족해야 한다고
하였다.

①"먼저 하늘로부터 계시를 받고 ②그 내용이 성경에 있어야 하고
③실체로 사실이 증명되어야 하고 ④끝으로 중심자(정명석–필자 주)
에게 확인을 받아야 한다."[97]

반증

(1) 계시는 종결되었다 – 계시의 종결성

성경이 집대성된 후 더 이상 계시는 없다. 성경 66권의 가장 마지막
책이 요한계시록이고, 요한계시록의 가장 마지막 장이 22장이고, 그
가장 마지막 부분에 "이것들 외에 더하거나 빼지 말라"고 천명하셨다
(계22:18~19). 그러므로 누가 계시를 받았다는 말에 절대로 미혹되거
나 흔들려서는 안 된다. 더 이상 계시가 없다고 말씀하시고 또 새로운
계시를 하신다는 것은 예수님께서 거짓말하신 것밖에 되지 않는다.

이 시대는 더 발달되어서 더 많은 계시가 필요하다는 정명석의 말은
거짓말이다. 그때그때 실시간으로 계시해 준다는 것도 사실이 아니다.
더 이상의 계시는 없다. 이미 성경에 우리의 구원과 삶에 관한 원리가
다 계시되어 있기 때문이다.

> 내가 이 두루마리의 예언의 말씀을 듣는 사람에게 증언하노니 만일 누구든지
> 이것들 외에 더하면 하나님이 이 두루마리에 기록된 재앙들을 그에게 더하실 것
> 이요 만일 누구든지 이 두루마리의 예언의 말씀에서 제하여 버리면 하나님이 이

---

97) 『중급편』, 446.

두루마리에 기록된 생명나무와 밎 거룩한 성에 참여함을 제하여 버리시리라(계 22:18~19).

(2) 다른 복음은 없다 – 복음의 유일성

예수 그리스도를 통한 구원 외에 다른 방법으로 구원을 받는다고 말하는 것이 다른 복음이다. 그러나 성경은 다른 복음을 통한 구원은 없다고 말씀한다. 심지어 사도들이나 하늘로부터 온 천사라도 예수님의 십자가 복음 외에 다른 복음을 전한다면 저주를 받으라고 하였다. 복음의 유일성이다.

그리스도의 은혜로 너희를 부르신 이를 이같이 속히 떠나 다른 복음을 따르는 것을 내가 이상하게 여기노라 다른 복음은 없나니 다만 어떤 사람들이 너희를 교란하여 그리스도의 복음을 변하게 하려함이라 그러나 우리나 혹은 하늘로부터 온 천사라도 우리가 너희에게 전한 복음 외에 다른 복음을 전하면 저주를 받을지어다(갈1:6~9).

(3) 다른 예수, 다른 영, 다른 복음은 용납하지 말라.

초대교회 시대 때부터 다른 예수, 다른 영, 다른 복음을 추종하는 일이 있었다. 그러기에 사도 바울은 예수님 외에 다른 사람을 따르는 것은 하와가 뱀의 말을 듣고 미혹되어 진실함과 깨끗함에서 떠나 부패하게 되는 것과 같다고 하였다. 그러므로 누가 계시 운운한다고 그들을 따라 가는 것은 영적 간음이다. 새 그리스도도 없고, 새 복음도 없고, 새 계시도 없다.

내가 하나님의 열심으로 너희를 위하여 열심을 내노니 내가 너희를 정결한 처녀로 한 남편인 그리스도께 드리려고 중매함이로다 그러나 나는 뱀이 그 간계로 하와를 미혹한 것 같이 너희 마음이 그리스도를 향하는 진실함과 깨끗함에서 떠나 부패할까 두려워하노라 만일 누가 가서 우리가 전파하지 아니한 다른 예수를 전파하거나 혹은 너희가 받지 아니한 다른 복음을 받게 할 때는 너희가 잘 용납하는구나(고후11:2~4).

(4) 성경은 예수 그리스도만을 증거한다.

계시를 받았다고 하면서 새 인물을 소개하거나 자기가 바로 '새 주님'이라고 하는 사람들이 있는데 그들이 바로 적그리스도요, 거짓 선지자들이다. 그런 사람들이 새 계시의 필요성을 적극 주장하는 것이다. 그러나 성경은 오직 예수 그리스도만을 증거한다. 어떤 이들은 성경공부를 하자고 하면서 왜 예수님이 아닌 다른 사람에 대해서 자꾸 가르쳐 주는가? 그들이 바로 이단이다.

너희가 성경에서 영생을 얻는 줄 생각하고 성경을 연구하거니와 이 성경이 곧 내게 대하여 증언하는 것이니라(요5:39).

(5) 사탄도 광명한 천사로 가장하여 계시할 수 있다.

어떤 계시를 받았다고 해서 하나님의 계시라고 장담할 수 없다. 사탄도 계시를 줄 수 있기 때문이다. 사탄이 예수님을 시험할 때도 천하 만국의 영광을 보여주며 미혹했다고 하였다. 사탄이, 신앙이 어린 자들에게 거짓 계시를 보여주며 미혹할 것이라는 것은 불 보듯 뻔한 일이다.

사탄도 자기를 광명의 천사로 가장하나니 그러므로 사탄의 일꾼들도 자기를 의의 일꾼으로 가장하는 것이 또한 대단한 일이 아니니라 그들의 마지막은 그 행위대로 되리라(고후11:14).

(6) 꿈을 믿을 수 있는가?

정명석의 설교에는 자기가 꿈꾼 내용이 많이 포함되어 있다. 필자도 JMS에 빠져있는 동안 꿈을 많이 꾸었다. 그러나 맞는 것도 있었지만 대부분이 별 의미 없는 것들이었고, 틀리는 경우가 많았다.

예를 들면, 필자는 1999년 1월 초, 정명석이 고소된다고 꿈꾸었는데, 그 꿈이 며칠 후 방송이 터지면서 현실 가운데 이루어졌다. 필자는 그 꿈이 맞았기에 정명석이 고소되어도 그를 재림예수라고 믿을 수밖에 없었다. 그러나 정명석이 재판을 받을 때 무죄로 나온다고 꿈꾸었는데, 무죄가 아니라 10년 형이 떨어졌다. 꿈이 틀린 것이다. 정명석도 자기가 무죄로 나온다고 꿈꾸었다고 하였으나 틀렸다. 정명석은 영적인 의미였다고 말을 돌렸다. 다른 사람들도 무죄로 나온다고 꿈꾼 사람들이 많았으나 다 틀렸다.

필자의 결론은 신앙생활을 하는데 꿈을 중심으로 삼지 말아야 한다는 것이다. 기록된 성경은 하나님과 대면하는 것과 같이 확실하다. 기록된 성경을 중심으로 삼지 않고, 자꾸 꿈 이야기를 하는 것은 그리스도인들로 하여금 예수님을 잊게 하고, 심지어 헛된 자만심을 불어넣어 예수님을 배신하게 만든다. 예레미야 선지자는 다음과 같이 말하였다.

> 내 이름으로 거짓을 예언하는 선지자들의 말에 내가 꿈을 꾸었다 꿈을 꾸었다고 말하는 것을 내가 들었노라 거짓을 예언하는 선지자들이 언제까지 이 마음을 품겠느냐 그들은 그 마음의 간교한 것을 예언하느니라 그들이 서로 꿈 꾼 것을 말하니 그 생각인즉 그들의 조상들이 바알로 말미암아 내 이름을 잊어버린 것 같이 내 백성으로 내 이름을 잊게 하려 함이로다(렘23:25~27).

> 여호와의 말씀이니라 보라 거짓 꿈을 예언하여 이르며 거짓과 헛된 자만으로 내 백성을 미혹하게 하는 자를 내가 치리라 내가 그들을 보내지 아니하였으며 명

령하지 아니하였나니 그들은 이 백성에게 아무 유익이 없느니라 여호와의 말씀이니라(렘23:32).

(7) 참 선지자와 거짓 선지자를 구분하는 방법

거짓 선지자도 능력과 기적을 행할 수 있다. 능력과 기적을 행하는 것이 참 선지자의 기준이라고 할 수 없다. 모세가 지팡이로 뱀을 만들자 이집트의 술사들도 뱀을 만들었고, 모세가 여러 기적을 행할 때 이집트의 술사들도 그를 따랐기 때문이다. 그리고 마태복음 24장 24절에도 "거짓 그리스도들과 거짓 선지자들이 일어나 큰 표적과 기사를 보여 할 수만 있으면 택하신 자들도 미혹하리라"고 하였다. 데살로니가후서 3장 9~10절에도 "악한 자의 나타남은 사탄의 활동을 따라 모든 능력과 표적과 거짓 기적과 불의의 모든 속임으로 멸망하는 자들에게 있으리니 이는 그들이 진리의 사랑을 받지 아니하여 구원함을 받지 못함이라"고 하였다. 그렇다면 어떻게 분별할 수 있는가? 다음에 몇 가지를 제시한다.

1) 열매가 좋은가?

누가 선지자인가? 선지자는 계시를 받는 사람이다. 그런데 행실의 열매가 가시와 엉겅퀴와 같은 것들이라면 그는 거짓 선지자이다. 계시를 받는 선지자 노릇을 하면서 나쁜 행실을 맺는다면 거짓 선지자이다.

거짓 선지자들을 삼가라 양의 옷을 입고 너희에게 나아오나 속에는 노략질하는 이리라 그들의 열매로 그들을 알지니 가시나무에서 포도를, 또는 엉겅퀴에서 무화과를 따겠느냐 이와 같이 좋은 나무마다 아름다운 열매를 맺고 못된 나무가 나쁜 열매를 맺나니 좋은 나무가 나쁜 열매를 맺을 수 없고 못된 나무가 아름다운 열매를 맺을 수 없느니라(마7:15~17).

2) 다른 신을 섬기자고 하는 것인가?

어떤 선지자가 있다고 치자. 그가 꿈꾸는 대로 맞고, 그가 말한 대로 이적과 기사가 일어난다고 치자. 그렇다고 하더라도 하나님 외에 다른 신을 섬기자고 한다면 그는 가짜이다. 표적과 기사를 행함으로써 거짓 선지자는 다른 신을 따르도록 유도하는 본색을 드러낸다.[98] 구약에서도 꿈과 예언이 맞아도, 심지어 기적이 일어나도 다른 신을 섬기자고 한다면 거짓 선지자였다.

> 너희 중에 선지자나 꿈꾸는 자가 일어나서 이적과 기사를 네게 보이고 그가 네게 말한 그 이적과 기사가 이루어지고 너희가 알지 못하던 다른 신들을 우리가 따라 섬기자고 말할지라도 너는 그 선지자나 꿈꾸는 자의 말을 청종하지 말라 이는 너희의 하나님 여호와께서 너희가 마음을 다하고 뜻을 다하여 너희의 하나님 여호와를 사랑하는 여부를 알려 하사 너희를 시험하심이라(신13:1~3).

신약에서도 자기가 꿈꾸었다고 하면서, 또는 자기가 기적을 일으켰다고 말하면서, 이제는 예수님 말고 자기를 믿어야 구원받는다고 한다면 그는 적그리스도이다.

3) 예언한 것이 성취되었는가?

자칭 선지자라 하는 사람이 하나님으로부터 계시를 받았다고 하면서 어떤 일에 대해서 예언을 했다고 치자. 그런데 그 예언한 일에 증험함도 없고 성취함도 없었다면 그는 가짜라는 것이다. 확률적으로 많이

---

98)   O. Palmer Robertson, 『선지자와 그리스도』, 한정건 역 (서울;개혁주의신학사, 2013), 119.

맞아도 가짜다. 참 선지자는 100% 맞아야 한다. 열왕기서 전체에는 스무 번이나 되는 예언이 기록되어 있으나 다 이루어졌다. 하나님은 틀릴 수가 없기 때문이다. 미래에 대한 예언의 성취는 자신이 선지자라고 주장하는 모든 사람에게 적용해야 할 평가기준이다.[99] 예언이 성취됨이 없이는 그가 하나님으로부터 보냄을 받은 선지자로 인정받을 수 없다. 정명석은 전쟁 예언도 틀렸고, 대통령 당선 예언도 여러 번 틀렸다. 특히 대통령 선거는 자기가 하늘나라에서 보고 왔다고 했는데 틀렸다. 도대체 무슨 천국을 갔다 왔다는 것인가? 미가야 선지자는 아합 왕이 전쟁에 나가서 죽을 것을 미리 알았다. 미가야는 천국의 하나님 회의를 보고 알았다고 하였다(왕상22:1~28). 결국 미가야가 말한 대로 다 이루어졌다. 그는 참 선지자였기 때문이다.

> 만일 선지자가 있어 여호와의 이름으로 말한 일에 증험함(take place)도 없고 성취함(come true)도 없으면 이는 여호와께서 말씀하신 것이 아니요 그 선지자가 제 마음대로 한 말이니 너는 그를 두려워하지 말지니라(신18:22).

4) 종교가 섞였는가?

하나님을 믿는다는 것은 하나님만을 믿는다는 것이다. 이스라엘 백성들은 우상숭배를 해서 하나님을 격노케 하였다. 그런데 이스라엘 백성들이 하나님을 완전히 버린 것이었을까? 아니다. 그들은 하나님도 믿고 바알도 믿었는데, 그것이 바로 우상숭배다. 우상숭배라고 하면 흔히 다른 신만을 섬긴 것으로 알지만, 물론 그런 경우도 있었지만, 대개는 하나님도 믿고 다른 신도 아울러 믿는 경우가 많았는데, 그것이 바로 우상숭배인 것이다. 하나님께서는 그것에 대해 질투하시고 노발

---

99) O. Palmer Robertson, 『선지자와 그리스도』, 122.

대발하셨다. 종교혼합주의가 우상숭배다. 구약의 스바냐 선지자는 하나님을 믿으면서 동시에 말감[100]을 섬기는 유다 백성들을 멸하겠다고 하였다.

> 또 지붕에서 하늘의 뭇별에게 경배하는 자들과 경배하며 여호와께 맹세하면서 말감을 가리켜 맹세하는 자들과 여호와를 배반하고 따르지 아니한 자들과 여호와를 찾지도 아니하며 구하지도 아니한 자들을 멸절하리라(습1:5-6).

지금 우리 주변에 있는 이단들도 마찬가지이다. 자기네들도 예수님을 믿는다고 말한다. 그러나 그것은 예수님을 초림주로서 믿는 것이고, 자기네 교주를 재림주로 믿는다는 뜻이다. 그것이 바로 우상숭배인 것이다. 예수님을 믿는다는 것은 예수님만을 믿는 것이다. 예수님도 믿고, 자기 선생도 믿는 그것이 바로 우상숭배다. 머리가 하나이듯, 하나님도 한 분이시고, 주님도 한 분인 것이다(딤전2:5).

> 하나님은 한 분이시오 또 하나님과 사람 사이에 중보자도 한 분이시니 곧 사람이신 그리스도 예수라(딤전2:5).

5) 선행(先行)하는 계시와 일치하는가?

참 선지자와 거짓 선지자를 구별하는 또 하나의 평가기준은 그의 예언이 선행하는 계시의 말씀과 일치하는가를 살피는 것이다.[101] 어떤 선지자가 계시를 받았다고 하더라도 검증의 과정이 필요했다. 구약의 선지자들은 모세의 율법을 검증기준으로 삼았다. 계시를 받았다고 하는데 십계명과 다른 내용이거나, 배치되는 내용이라면 부결되었

---

100) 히브리어 Malkam; 영어 Molek
101) O. Palmer Robertson, 『선지자와 그리스도』, 125.

다. 모세의 율법은 후배 선지자들의 계시의 규범적 역할을 수행했던 것이다. 선지서에서 하나님의 명령을 지키라는 구절은 모세의 율법을 가리킨다.[102]

> 너희는 너희의 하나님 여호와를 따르며 그를 경외하며 그의 명령을 지키며 그의 목소리를 청종하며 그를 섬기며 그를 의지하며(신13:4).

지금도 마찬가지이다. 혹자가 계시를 받았다고 하는데, 십자가의 복음과 다르고, 예수님의 말씀과 다르다면 거짓 선지자이다. 예를 들어 어떤 사람이 새 시대의 계시 말씀이라면서, "십자가는 실패였다"고 말한다면 그는 가짜이다. 왜냐하면 십자가는 하나님의 뜻이라고 성경에 기록되어 있기 때문이다. 그리고 "천사도 성별이 있다"고 한다면 그역시 가짜이다. 왜냐하면 예수님께서 "부활 때는 장가가고 시집가는 일이 없고 하늘의 천사들과 같다"고 말씀하셨기 때문이다(마22:30). 이는 명백하게 천사는 중성임을 알리는 말씀이다. 그리고 예수님의 육신부활을 부정하면 이 또한 가짜이다. 예수님은 육신의 부활을 명백하게 말씀하셨기 때문이다. 정명석은 선행(先行)하는 예수님의 말씀과 달라도 많이 다르고, 벗어나도 한참 벗어났다.

6) 거짓말을 하는가?

흰색을 검다고 하고, 검은 색을 희다고 말하면 그는 가짜이다. 명백한 사실을 거짓말로 덮으려 하면 죄에 죄를 더하는 것이다. 하나님은 진실되고 참되신 반면, 사탄은 거짓말쟁이다(요8:44). 거짓말은 사탄의 속성이다. 이단들은 그들의 교리자체가 거짓말이지만, 실제 윤리

---

102) O. Palmer Robertson, 『선지자와 그리스도』, 125.

도덕적으로도 거짓말을 일삼는 경우가 많다. 이단의 교주들은 교리 자체가 거짓말이므로 강의할 때마다 거짓말을 하게 된다. 인간 교주들은 사탄의 종으로서, 거짓 선지자이고 거짓 그리스도들이다.

> 너희는 너희 아비 마귀에게서 났으니 너희 아비의 욕심대로 너희도 행하고자 하느니라 그는 처음부터 살인한 자요 진리가 그 속에 없으므로 진리에 서지 못하고 거짓을 말할 때마다 제 것으로 말하나니 이는 그가 거짓말쟁이요 거짓의 아비가 되었음이라(요8:44).

어떤 선지자가 하나님께서 재앙을 내리려고 하시는 사람들에게 "평안하다 재앙이 임하지 아니하리라"고 예언하면 거짓 선지자이다. 예를 들어 어떤 계시 받는 자가 이단 단체에게 "너희는 하나님의 신부니라" 또는 "너희는 가장 높은 천국에 가게 된다"고 예언한다면 그 사람은 가짜이다. 이단에 빠진 사람들이 그런 말을 자꾸 듣다보면 헛된 자만에 사로잡혀 멸망당하면서도 구원받는 길이라고 착각하게 된다.

> 만군의 여호와께서 이와 같이 말씀하시되 너희에게 예언하는 선지자들의 말을 듣지 말라 그들은 너희에게 헛된 것을 가르치나니 그들이 말한 묵시는 자기 마음으로 말미암은 것이요 여호와의 입에서 나온 것이 아니니라 항상 그들이 나를 멸시하는 자에게 이르기를 너희가 평안하리라 여호와의 말씀이니라 하며 또 자기 마음이 완악한대로 행하는 모든 사람에게 이르기를 재앙이 너희에게 임하지 아니하리라 하였느니라 누가 여호와의 회의에 참여하여 그 말을 알아들었으며 누가 귀를 기울여 그 말을 들었느냐(렘23:16~18).

> 이 선지자들은 내가 보내지 아니하였어도 달음질하며 내가 그들에게 이르지 아니하였어도 예언한즉 그들이 만일 나의 회의에 참여하였더라면 내 백성에

게 내 말을 들려서 그들을 악한 길과 악한 행위에서 돌이키게 하였으리라(렘 23:21~22).

(8) 성경만이 신앙의 근거가 된다.

모세의 형 아론과 누나 미리암이 모세가 구스 여인을 취한 것에 대해 비난하였다. 하나님께서는 모세를 다음과 같이 변호하셨다.

> 이르시되 내 말을 들으라 너희 중에 선지자가 있으면 나 여호와가 환상 (visions)으로 나를 그에게 알리기도 하고 꿈(dreams)으로 그와 말하기도 하거니와 내 종 모세와는 그렇지 아니하니 그는 나의 온 집에 충성됨이라 그와는 내가 대면하여 명백히 말하고 은밀한 말로 아니하며 그는 또 여호와의 형상을 보겠거늘 너희가 어찌하여 내 종 모세 비방하기를 두려워 아니하느냐(민12:6~8).

아론과 미리암이 모세를 비난하면서, "하나님께서 어찌 모세와만 말씀하시겠는가? 우리와도 말씀하시지 않는가?(민12:2)"라고 말하였다. 그 말에 대해서 하나님께서는 "너희 중에 선지자가 있다면 환상으로 보여주기도 하고, 꿈으로 말씀하기도 하지만, 모세와는 그렇게 하지 아니하고 직접 대면하여 명백히 말하고 은밀한 말로 하지 않는다(민12:6~8)"고 하셨다. 꿈과 환상은 해석을 필요로 하는 간접계시이다. 대면하는 것은 해석이 필요 없는 직접계시이다. 그러므로 직접계시는 간접계시보다 우월하다. 그래서 모세에게는 꿈이나 환상계시가 없다. 직접 대면하여 보고 들었기 때문이다.

모세는 하나님과 직접 대면하여 계시를 받았다. 그렇다면 우리는 어떻게 해야 하나님의 음성을 들을 수 있는가? 기록된 성경이다. 성경을 읽는 것은 하나님과 대면하여 말씀을 듣는 것과 같다. 우리의 신앙 근거는 오직 성경말씀이다. 혼자 따로 직통계시를 받으려고 하지 말아야 한다. 귀신의 음성을 들을 수 있다. 꿈과 환상을 중심으로 삼지 말라. 꿈과 환상은 자기의 생각인지 귀신의 장난인지 알 수가 없다. 꿈과 환상, 비몽사몽, 영음(靈音) 등의 영적 현상은 해석을 해야 하고, 해석을 해도 맞았는지 틀렸는지 알 수도 없고, 게다가 안 믿는 사람들에게도, 이교도들에게도, 이단들에게서도 비일비재하게 일어나는 현상들이다. 영음, 꿈, 환상 등에 매달리지 말아야 한다. 오직 성경만이 권위 있는 우리의 신앙근거이다.

(9) 역사적인 계시소동

1) 몬타니즘(Montanism)[103]

몬타니즘은 서기 2세기 중엽 소아시아 프리기아(Phrygia)지방에서 몬타누스(Montanus)라는 예언자에 의해 시작되었다. 그는 기독교로 회심하기 전에 이교사원의 열성 있는 사제였다. 그는 기독교로 회심한 후 얼마 되지 않아 자신을 약속된 성령(요14:16, 26)의 대변자라고 선포하였다. 이때에 소아시아에서 여선지자로 추앙받던 프리스길라(Priscilla)와 막시밀라(Maximilla)가 몬타니즘에 합류하였다. 두 여인들은 남편과 가정을 버리고 이 운동에 헌신했다. 몬타니즘의 주장은 다음과 같다.

① **계시의 계속성**-계시가 사도시대에 종료되지 않았고, 지금도 사도와 같은 계시는 계속된다. 그들은 황홀한 환상과 방언을 강조하였다.

② **영적 교만**-새 예루살렘은 자기네들이 살고 있던 프리기아(Phrygia) 지방이 될 것이다. 일반교회는 성령이 떠났다. 구원은 자기네 단체에만 있다.

③ **엄격한 금욕주의**

---

103) 김의환 저, 『기독교회사』 (서울: 성광문화사, 1983), 90~93.

성경의 계명보다 더 자세한 생활규칙들을 만들어 추종자들로 하여금 준수케 하였다. 독신, 금식, 일체의 육신으로부터의 절제 등을 내용으로 하는 극단적인 금욕주의의 실행을 강조하였다.

④ **임박한 종말론**-말세가 임박했으니 천년왕국에 들어갈 준비를 하라.

몬타니즘 운동은 단기간 내에 상당한 세력을 확보했으나, 서기 160년 교회 역사상 최초의 공의회에서 이단으로 정죄되었다. 이 회의는 사도들이 예루살렘에서 모인 첫 회의(행15) 다음으로 첫 공식 모임이었다.

몬타니즘 운동은 3차에 걸친 재림 연기로 말미암아 신뢰가 떨어졌다. 계시의 계속성을 주장하며 사도들이나 교부들의 가르침을 무시하고, 성경을 주관적으로 해석하고, 개인들의 영적 체험만 강조한 것이 큰 오류였다. 오늘날의 이단들도 이와 비슷한 행태를 보이고 있다.

2) 다미선교회

다미선교회의 '다미'는 "다가올 미래"의 준말로, 1992년 10월 28일에 휴거가 일어난다며 대대적인 포교활동을 벌인 바 있다. 1992년 10월 28일을 휴거 날이라고 잡은 것은 이장림 목사가 말한 것이 아니라, 어느 고등학생이 계시를 받은 것이라고 한다. 다미선교회원들이 휴거를 간절히 기다리던 그날 밤 나비 한 마리가 날아올랐다. 그러자 한 사람이 "나비가 휴거한다!"고 외쳤다. 나비는 원래 날아오르는 것인데, 순간 흥분하다보니 그렇게 보였던 것이다. 누군가는 천사장의 나팔소리를 들었다고도 한다. 그러나 그날에 아무런 일도 일어나지 않았다.[104]

성경에 "그날은 아무도 모르게 온다(마24:36)"고 하였거늘, 일자를

---

104) http://blog.naver.com/PostView.nhn?blogId=telience92&logNo=2215
    66051708. 2019년 11월 7일 접속

정해놓은 것 자체가 틀렸던 것이다. 휴거는 한 자리에 모여 기다리고 있다가 발생하는 것이 아니라, 일상적인 생활 가운데, 예를 들면, 밭갈 때, 혹은 맷돌질 하다가 생각지 않은 날, 알지 못하는 시각에 갑자기 일어나는 것이다(마24:36~51). 예수님께서 언제 오시든지, 준비된 사람은 문제될 것이 없다. 준비됨이란, 구원받음을 말한다. 그러므로 그 사람이 예수 믿고 구원받았느냐 받지 못했느냐가 중요한 것이다.

결론

그리스도인들이 신앙생활을 하다 보면 성령의 은사로, 혹은 기도의 응답으로, 꿈도 꾸고 환상도 보고 예언도 할 수 있다. 그렇다고 해서 그것을 계시라고 하지는 않는다. 더 이상의 계시는 없다. 다만 그런 영적 현상은 교회에 덕이 되고 개인 신앙생활에 유익을 주기 위한 은사(恩賜)이다(고전12:7). 그런 것을 '새 계시'라고 하거나 '새 시대의 진리'라고 하지 않는다.

정명석은 전쟁 예언도 틀렸고, 누가 대통령이 된다는 예언도 틀렸다. 하나님께서 자기를 늘 지켜주신다고 하면서 해외 도피생활을 했으나 그의 말과는 반대로 중국에서 붙잡혔다. 재판을 받을 때도 무죄로 풀려날 것이라 예언했지만 틀렸다. 교리도 수정했다. 무덤 기간도 3년 반에서 14년으로 늘렸다.

하나님의 계시라면 하나도 틀리지 말아야 한다. 계시가 맞아도 자기를 재림주라고 한다면 적그리스도이다. 하물며 예언과 계시가 틀리고, 교리도 수정하였고 역사론도 틀렸다. 이래도 하나님의 계시인가? 이래도 정명석이 그리스도인가? 예수님께서는 "천지가 없어질지언정 내 말은 없어지지 않는다(마24:35)"고 하셨다. 그러므로 정명석의 계시는 하나님의 계시가 아님이 분명하다. 그는 가짜이다.

07
부활론

타종교들에는 없고 기독교에만 있는 교리가 있다. 그것은 부활에 대한 소망이다. 예수님께서 재림하실 때, 믿음 안에서 죽은 자들은 부활하여 영생을 얻고, 불신자들은 영벌에 처해진다는 교리이다.

부활에 대한 믿음의 근거는 예수님의 부활사건에 있다. 예수님께서 죽으셨지만 부활하셨듯이 믿는 자들은 죽어도 부활하여 영생을 얻는다는 것이다. 성경은 예수님의 육신부활을 명백히 증거하고 있다. 예수님은 육신이 부활하셨는가 아니면 영이 부활하셨는가? 예수님의 육신부활에 대한 팩트(사실성 여부)가 중요하다. 만약에 예수님께서 부활하지 않으셨다면 성경도, 기독교의 신앙도 전부 거짓말이 되고 만다. 그러나 예수님의 부활이 사실이라면, 예수님만이 그리스도요, 성경의 기록은 다 사실이 된다. 예수님의 부활이 육신의 부활이었다고 믿는 것은 참으로 중요하다. 정명석은 영의 부활이라고 주장한다.

정명석의 주장[105]

---

105) 기독교복음선교회, 『실제 보는 강의안』, (충남: 명 출판사, 2012), 60~74.

정명석은 기독교인들의 육신의 부활에 대한 소망을 허황된 것이라고 한다. 특히 예수님의 육신부활을 강력하게 부정한다.

(1) 죽음의 종류
죽음에는 영적인 죽음과 육적인 죽음이 있다.

> 이르시되 죽은 자들로 자기의 죽은 자들을 장사하게 하고 너는 가서 하나님의 나라를 전파하라 하시고(눅 9:60).

죽은 자들이 죽은 자를 장사지낼 수 없다. 앞의 죽은 자들은 영적으로 죽은 자들이고, 후자의 죽은 자는 육적으로 죽은 자를 말한다.

1) 육적인 죽음

> 흙은 여전히 땅으로 돌아가고 영은 그것을 주신 하나님께로 돌아가기 전에 기억하라(전 12:7).

육신이 죽어 시체가 된 죽음을 말한다.

2) 영적인 죽음

> 범죄하는 그 영혼은 죽을지라…(겔 18:20).

> 선악을 알게 하는 나무의 열매는 먹지 말라 네가 먹는 날에는 반드시 죽으리라 하시니라(창 2:17).

아담의 타락 이후로 인간에게 죽음이 왔다. 이 죽음을 영적인 죽음이라고 한다. 영적인 죽음이란 인간의 불순종으로 하나님과의 수수관계가 단절된 것으로 그 기능을 발휘하지 못하는 것이다. 영적으로 죽었다는 것은 하나님의 역사를 따르다가 변질된 자들과 악평하는 자들, 그리고 주님을 잘 따르다가 마음이 변한 자들과 썩는 행위를 하는 자들을 의미한다.

(2) 영적으로 죽은 자란?
1) 죄 주관권에서 사는 자
아담 안에 있는 자들은 죄에 갇혀 죽은 자들이었다.

> 아담 안에서 모든 사람이 죽은 것 같이 그리스도 안에서 모든 사람이 삶을 얻으리라(고전 15:22).

2) 하나님이 원치 않는 삶을 사는 자
주님은 외식과 형식으로 살고 있는 바리새인들을 보고 무덤이라고 말씀하셨다.

> 화 있을진저 외식하는 서기관들과 바리새인들이여 회칠한 무덤 같으니 겉으로는 아름답게 보이나 그 안에는 죽은 사람의 뼈와 모든 더러운 것이 가득하도다 (마23:27).

> 예루살렘아 예루살렘아 선지자들을 죽이고 네게 파송된 자들을 돌로 치는 자여 암탉이 그 새끼를 날개 아래에 모음 같이 내가 네 자녀를 모으려 한 일이 몇 번이더냐 그러나 너희가 원하지 아니하였도다(마 23:37).

영혼 없는 몸이 죽은 것 같이 행함이 없는 믿음은 죽은 것이니라(약 2:26).

우리는 형제를 사랑함으로 사망에서 옮겨 생명으로 들어간 줄을 알거니와 사랑하지 아니하는 자는 사망에 머물러 있느니라(요일 3:14).

(3) 예수님이 말씀하신 부활

내가 진실로 진실로 너희에게 이르노니 내 말을 듣고 또 나 보내신 이를 믿는 자는 영생을 얻었고 심판에 이르지 아니하나니 사망에서 생명으로 옮겼느니라 진실로 진실로 너희에게 이르노니 죽은 자들이 하나님의 아들의 음성을 들을 때가 오나니 곧 이 때라 듣는 자는 살아나리라 아버지께서 자기 속에 생명이 있음같이 아들에게도 생명을 주어 그 속에 있게 하셨고 또 인자됨으로 말미암아 심판하는 권한을 주셨느니라 이를 놀랍게 여기지 말라 무덤 속에 있는 자가 다 그의 음성을 들을 때가 오나니 선한 일을 행한 자는 생명의 부활로, 악한 일을 행한 자는 심판의 부활로 나오리라(요5:21-29).

새 시대 말씀을 듣고 행하여 구시대 사망권에서 새 시대 생명권으로 나오는 것이 '부활'이다.[106]

살리는 것은 영이니 육은 무익하니라. 내가 너희에게 이른 말은 영이요 생명이라(요6:63).

구약사망권 ----(신약말씀)----→ 신약생명권
신약사망권 ----(성약말씀)----→ 성약생명권

---

106) 기독교복음선교회,『실제 보는 강의안』, 66.

(4) 이 시대 우리가 이뤄야 할 부활

성약 재림시대인 이 시대에는 주님께서 주님의 신부로 첫 번째 부활한 자(정명석-필자 주)를 통해 시대 말씀을 전하신다.[107] 이 시대 신부의 조건을 세운 자(정명석-필자 주)에게 주님은 신랑으로 다시 와서 그를 몸으로 삼고 새 시대 말씀을 주어 외치게 한다.[108] 이로 인하여 신약무덤에서 나와 성약역사를 이루고 나아간다. 이 성약역사는 1,000년 동안 진행된다. 구약의 종 급 무덤에서 예수님의 말씀을 듣고 따라 나오면 아들 급 신약으로 부활했듯이, 새 시대의 주님의 말씀을 듣고 따라 나오면 신부 급 성약으로 부활하는 것이다.

고로 육신 부활을 주장하는 자들은 모두 신앙이 죽은 자들이다. 영적 부활을 주장하는 자들은 다 새 시대 온전한 자들이고 하나님이 보낸 구원자를 만난 자들이다. 영 부활로 아는 자, 그들은 산 자들이다.[109]

구약   신약   성약
종 → 아들 → 신부

(5) 이제 더 좋은 부활을 해야 한다.

주님의 신부로 온전히 부활되어 준비된 영은 천사장이 나팔을 불고 주님이 재림하시면 영원한 휴거를 이루어 천국에 가게 된다. 이것이 휴거부활이다.

(6) 예수님의 부활

---

107) 기독교복음선교회, 『실제 보는 강의안』, 69.
108) 기독교복음선교회, 『실제 보는 강의안』, 68.
109) 기독교복음선교회, 『실제 보는 강의안』, 68.

　예수님의 부활은 영적 부활이다.

　증거1. 예수님이 육으로 부활하셨다면 왜 제자들은 3일 전에 돌아가신 예수님을 다시 만났을 때 첫눈에 알아보지 못했을까?

　　이 말을 하고 뒤로 돌이켜 예수께서 서 계신 것을 보았으나 예수이신 줄은 알지 못하더라(요 20:14).

　　그들의 눈이 가리어져서 그인 줄 알아보지 못하거늘(눅 24:16).

　증거2. 문들이 닫혔는데, 예수님은 어떻게 들어오셨을까?

　　이 날 곧 안식 후 첫날 저녁 때에 제자들이 유대인들을 두려워하여 모인 곳의 문들을 닫았더니 예수께서 오사 가운데 서서 이르시되 너희에게 평강이 있을지어다(요 20:19).

　증거3. 예수님이 육으로 부활하셨다면 바울을 전도할 때 왜 육으로 나타나지 않으시고 영으로 나타나셔서 말씀하면서 전도하셨을까?

　증거4. 부활 후 생선과 떡을 드셨다고 해서 육신이 살아난 증거라고 말할 수 있는가? 아브라함도 세 천사들에게 떡을 대접하였고, 롯도 천사들을 대접하였다. 그와 같이 예수님도 영으로서 떡을 드셨던 것이다.

　창18:1-8 아브라함과 세 천사들
　창19:1-8 소돔과 고모라 성에 나타난 천사들

증거5. 나사렛 예수님의 육신이 살았다면 천국으로 못 간다. 살았을 때 육은 하나님 나라에 못 간다고 제자들에게도 다 가르쳤기 때문이다.

> 예수께서 대답하시되 진실로 진실로 네게 이르노니 사람이 물과 성령으로 나지 아니하면 하나님의 나라에 들어갈 수 없느니라(요 3:5).

> 육으로 난 것은 육이요 영으로 난 것은 영이니 내가 네게 거듭나야 하겠다 하는 말을 놀랍게 여기지 말라(요3:6~7).

> 살리는 것은 영이니 육은 무익하니라(요6:63).

증거6. 예수님은 부활 후 40일 동안 여기저기에 나타나셨다.

(7) 예수님의 부활에 대한 결론
베드로전서 3장 18절에서 "육체로는 죽임을 당하시고 영으로는 살리심을 받으셨으니"라고 하였다. 이는 육은 죽었고 영으로 살리심을 받았다는 말씀이다. 고로 10,000분의 1도 육의 부활이 아니다.[110]

결론
육신부활을 수십 번 해도 천국을 못 가니 허사이다. 시대 생명의 말씀을 들어 믿고 육이 행하여 육도 영도 사망권에서 나오는 것이 부활이다. 주님과 사랑하여 일체가 되는 것이 부활이다. 그가 보낸 구원자와 일체된 자가 부활이다.

---

110) 기독교복음선교회, 『실제 보는 강의안』, 74.

반증

(1) 부활의 종류
성경에는 여러 개의 부활개념이 나온다. 부활이라고 말할 때 혼동이 있을 수 있다.

1) 예수님이 살리신 부활
예수님께서는 죽은 지 나흘이나 되었던 나사로도 살리셨고,[111] 야인성 과부의 아들도 살리셨고, 회당장 야이로의 딸도 살리셨다. 이것도 부활은 부활이다. 그러나 이 부활은 살려도 시간이 지나면 또 죽는다. 육신은 살려봤자 또 죽는다. 영생하지 못하는 부활이다. 이 부활은 하늘나라를 유업으로 얻지 못한다. 재림 때의 부활은 이런 부활이 아니다.

2) 중생(重生)으로서의 부활
하나님과 예수님을 안 믿는 것은 영적으로 죽은 상태이고, 하나님과 예수님을 믿는 것은 영적으로 살아난 것이다. "내 말을 듣고 나를 보내신 이를 믿는 자는 영생을 얻었고 심판에 이르지 아니하나니 사망에서 생명으로 옮겼느니라(요5:24)." 믿을 때 사망에서 생명으로 옮겼다고 했으니, 이것도 부활이다. 이것은 영혼의 중생을 말한 것이다. 이 영혼의 중생을 영적인 부활이라고 말할 수 있다.

어거스틴은 이 영혼의 중생을 첫째 부활이라 이해하였다.[112] 어거스틴은 요한계시록 20장의 천년왕국이 몸이 부활한 후의 일이 아니고,

---

111) 정명석은 예수님께서 나사로를 살리신 것을 영적인 부활이라고 주장하였다. 나사로가 육신이 부활하였다면 예수님의 제자가 되어서 많은 활약을 했어야 하는데, 그런 이야기가 나오지 않는 것은 영적으로 부활했기 때문이라고 하였다.
112) 서철원.『서철원 박사 교의신학 VII』186~187.

현세에서 주의 재림까지 그리스도의 교회에서 성도들이 그리스도와 함께 다스림이라고 하였다. 둘째 부활은 재림 때의 몸의 부활로 보았다. 성도들이 왕 노릇하는 천년왕국을 지금의 교회와 일치시킨다. 순교한 자들이나 우상숭배하지 않은 자들이 육신은 죽어도, 영은 죽지 않고 살아서 천국에서 그리스도와 함께 왕 노릇한다고 이해하였다. 이것을 무천년설이라 한다.

전천년설에 의하면, 예수님의 재림 때 의인들이 먼저 육이 부활하여 예수 그리스도와 함께 천 년 동안 왕 노릇하며 다스린다. 이것을 첫째 부활이라 하였고, 천 년 후 악인들이 육으로 부활하여 심판받고 지옥으로 떨어진다. 이것을 둘째 부활이라 한다.

무천년설과 전천년설은 천 년을 상징으로 보느냐 실제적인 기간으로 보느냐에 대한 해석의 차이는 있다. 그렇지만 주의 재림 때 몸으로 부활하는 것에 대해서는 이견이 없다. 그러나 정명석은 육의 부활이 아니라 영의 부활만을 주장한다. 그것은 성경을 부인하는 일이다.

첫째 부활을 중생의 부활로 믿든지, 혹은 재림 때 의인들이 얻을 부활로 믿든지, 첫째 부활을 얻은 사람은 영생하고, 둘째 사망을 당하지 않는다. 둘째 사망이란 영혼이 유황불, 지옥불로 떨어지는 것을 말한다. 생명책에 기록되지 못하고, 구원받지 못한 사람들은 다 둘째 사망을 받게 된다(계20:15).

> 내가 진실로 진실로 너희에게 이르노니 내 말을 듣고 또 나 보내신 이를 믿는 자는 영생을 얻었고 심판에 이르지 아니하나니 사망에서 생명으로 옮겼느니라 진실로 진실로 너희에게 이르노니 죽은 자들이 하나님의 음성을 들을 때가 오나니 곧 이 때라 듣는 자는 살아나리라(요5:24~25).

3) 재림 때의 부활

① 육체적 부활이다.

영적 부활을 믿는 자들이 바울 시대에도 다소 있었으나, 오늘날에는 더욱 많아졌다. 특히 정명석은 영적 부활을 주장한다. 정명석은 신약 시대의 무덤 속에 살던 사람들이 정명석을 믿으면 성약시대의 사람으로 태어나서, 육신은 죽더라도 영은 살아서 정명석과 더불어 천 년 동안 지상에서 왕 노릇할 것이라 하였다. 구약 4천 년, 신약 2천 년, 성약 천 년이다. 그러나 신약이 2천 년이라는 말이 어디 있는가? 신약이 끝났다면 예수님이 재림하셨다는 의미이다. 그러나 예수님은 아직 재림하지 않으셨다. 재림하셨다면 세상 종말이 왔어야 한다.

예수님께서 재림하시면 무엇이 부활하는가? 정명석은 영이 부활하는 것이라 하였다. 그러나 성경은 명백하게 육체적, 신체적 부활을 말하고 있다. 죽은 자들의 부활의 근거는 예수님의 육체 부활하심이다. 예수님이 잠자는 자들 중에 첫 열매로서 부활하셨듯이, 구원받은 성도들도 예수님처럼 부활할 것이다. 그리고 그리스도는 죽은 자들 중의 "먼저 나신 자"로 불렸다. 이 말은 성도들의 부활도 그의 것과 같으리라는 것을 뜻하는 것이며, 그의 부활이 육체의 부활이었으니 그들의 부활도 같은 종류의 것임을 의미하는 것이다. 육체의 부활은 로마서 8:11에 명백하게 기술되어 있다.

> 예수를 죽은 자 가운데서 살리신 이의 영이 너희 안에 거하시면 그리스도 예수를 죽은 자 가운데서 살리신 이가 너희 안에 거하시는 그의 영으로 말미암아 너희 죽을 몸도 살리시리라(롬8:11).

② 신령한 몸으로의 부활이다.

재림 때의 부활은 영적 부활이 아니다. 실제 몸의 부활이고, 그것은 신령한 몸으로의 부활이다. 신령한 몸으로의 부활이란 무엇인가?

이 부활은 예수님이 재림하실 때에 예수를 믿고 죽은 사람들에게 임할 부활이다. 사람이 살았을 때는 영혼이 육체라는 옷을 입고 살다가, 죽을 때는 육체의 옷을 벗는 것이다. 그것이 죽음이다. 사람이 육체를 벗으면 영은 벌거벗은 상태가 된다. 그 벗은 영이 재림 때에 신령한 몸을 입는 것이다. 이 부활의 몸은 현재 우리가 입고 있는 육신의 몸과 차원이 다르다. 애벌레가 누에고치의 몸을 벗으면 나방이 되어 날아다니는 것과 같다. 완전히 다른 차원의 몸이다. 더 이상 늙거나 병들거나 죽는 몸이 아니다. 이를 신령한 몸이라고 한다.

> 육의 몸으로 심고 신령한 몸으로 다시 살아나나니…(고전15:44).

> 이 썩을 것이 썩지 않음을 입고 이 죽을 것이 죽지 아니함을 입으리로다(고전 15:53).

③ 의인과 악인의 부활

의인의 부활은 구속과 영화의 행위이다. 의인은 착한 일을 많이 하고 공적을 많이 쌓은 사람이 아니라, 예수를 믿고 구원받은 사람들이다. 예수를 믿는 것이 착한 일이고 의로운 일이다.

영혼은 새 몸을 입는다. 새 몸은 영광과 찬란한 생명을 부여받는다. 악인들도 부활할 것이다. 안식교나 여호와의 증인들은 악인들의 부활을 믿지 않는다. 그들은 성경이 악인의 부활을 가르치지 않는다고 말하고 있지만 그것은 명백히 잘못된 생각이다(단12:2; 요5:28~29; 행24:15). 악인은 누구인가? 예수를 믿지 않은 사람들이다. 악인들의 부활은 의인들과 같은 영광의 부활이 아니라 극한 형벌을 받기 위한 부

활이다.[113]

(2) 예수님의 부활은?

예수님은 육이 부활하셨는가? 영이 부활하셨는가? 정명석은 예수님의 부활을 영의 부활이라고 주장한다. 그러나 예수님의 부활은 실제 몸(육체)의 부활이었다. 이것은 대단히 중요하다. 예수님만이 참 구세주이고, 유일한 구원주임을 드러내는 결정적 사건이 되기 때문이다.

그리고 예수님의 부활의 성질이 어떤 것인가가 중요하다. 왜냐하면 예수님이 영으로 부활하셨다면 성도들도 영으로 부활할 것이고, 육신이 부활하셨다면 성도들도 육신이 부활할 것이기 때문이다. 다음에서 몸(육체)의 부활의 증거를 알아보자.

1) "육체로는 죽임을 당하시고 영으로는 살리심을 받았다(벧전3:19)"는 것은?

이 말은 정명석의 주장처럼 육신이 죽었으나 영이 부활했다는 의미가 아니다. 예수님께서 육체가 죽으셨지만, 성령께서 (그 육을) 살리셨다는 말이다. 영적 부활에 대한 근거가 아니다. 영어성경을 보자.

He was put to death in the body but made alive by the Spirit(NIV).
(그가 육신이 죽임을 당했으나 성령께서 살리셨다).
being put to death in the flesh, but quickened by the Spirit(KJV).
(그가 육신이 죽임을 당했으나 성령에 의해 살아나셨다.)

정명석이나 많은 이단들이 이 구절을 이용해서 예수님의 영이 부활

---

113) Louis Berkhof. 『기독교신학개론』, 329.

했다고 주장하였으나, 이것은 그 말이 아니다. 오히려 베드로의 평소 주장처럼 사람들이 예수님을 죽였으나 하나님께서 살리셨다는 것이다. 오히려 육신의 부활을 증거하는 것이다. 베드로의 주된 메시지는 예수님의 십자가와 부활을 증거하는 것이었다.

2) 성전을 헐라 내가 사흘 동안에 일으키리라(요2:19).

예수님께서는 사람들이 성전을 허물면 사흘 만에 일으키겠다고 하셨다. 그 성전은 예수님의 육체를 의미한 것이었다(요2:21). 이것은 '너희가 나를 죽여보라 내가 사흘 만에 부활하리라'는 말씀이셨다.

> 이에 유대인들이 대답하여 예수께 말하기를 네가 이런 일을 행하니 무슨 표적을 우리에게 보이겠느냐 예수께서 대답하여 이르시되 너희가 이 성전을 헐라 내가 사흘 동안에 일으키리라 유대인들이 이르되 이 성전은 사십육 년 동안에 지었거늘 네가 삼 일 동안에 일으키겠느냐 하더라 그러나 예수는 성전된 자기 육체를 가리켜 말씀하신 것이라(요2:18-21).

3) 요나의 표적(욘1:17~2:10).

예수님께서는 요나가 물고기 뱃속에 사흘 동안 있다가 나왔던 것처럼 자기도 무덤 속에 사흘 동안 있다가 나올 것이라 하셨다. 요나가 물고기 뱃속에서 사흘 동안 있다가 나온 것은 예수님께서 무덤에서 사흘 동안 계시다가 나올 것을 모형으로 보여준 사건이었다. 두 사건 다 실제적 사건이었다.

> 예수께서 대답하여 이르시되 악하고 음란한 세대가 표적을 구하나 선지자 요나의 표적 밖에는 보일 표적이 없느니라 요나가 밤낮 사흘 동안 큰 물고기 뱃속에 있었던 같이 인자도 밤낮 사흘 동안 땅속에 있으리라(마12:39-40).

4) 육신부활은 구약성경의 예언이 응한 것이다.

예언: 다윗의 시

다윗은 선지자인 고로 시편 16편 10절에서 예수님의 육신이 썩지 않고 부활할 것이라고 예언하였다. "이는 내 영혼을 음부에 버리지 아니하시며 주의 거룩한 자로 썩지 않게 하실 것임이니이다(시16:10)."

성취: 베드로의 설교

베드로는 예수님께서 다윗의 예언대로 육신이 썩지 않고 부활하셨다고 증거하였다.

> 미리 본 고로 그리스도의 부활을 말하되 그가 음부에 버림이 되지 않고 그의 육신이 썩음을 당하지 아니하시리라 하더니 이 예수를 하나님이 살리신지라 우리가 다 이 일에 증인이로다(행2:31~32).

5) 영은 뼈와 살이 없으되 나는 있느니라(눅24:39).

이 말씀은 명백하게, '나의 부활은 뼈와 살이 있는 육의 부활이다'라고 말씀하시는 것이다.

> 이 말을 할 때에 예수께서 친히 그들 가운데 서서 이르시되 너희에게 평강이 있을지어다 하시니 그들이 놀라고 무서워하여 그 보는 것을 영으로 생각하는지라 예수께서 이르시되 어찌하여 두려워하며 어찌하여 마음에 의심이 일어나느냐 내 손과 발을 보고 나인 줄 알라 또 나를 만져 보라 영은 살과 뼈가 없으되 너희 보는 바와 같이 나는 있느니라 그 말씀을 하시고 손과 발을 보이시나 그들이 너무 기쁘므로 아직도 믿지 못하고 놀랍게 여길 때에 이르시되 여기 무슨 먹을 것이 있느냐 하시니(눅24:36~41).

6) 빈 무덤의 증거

빈 무덤 이야기는 독자들에게 무엇을 말해주고 있는가? 예수님의 시신을 쌌던 세마포와 두건만 남아있었다는 것은 무엇을 의미하는가? 바로 예수님의 육신의 부활을 명명백백하게 증거하고 있다. 그러므로 예수님의 육신부활을 부정하는 것은 성경을 부정하는 것이다.

천사가 여자들에게 말하여 이르되 너희는 무서워하지 말라 십자가에 못 박히신 예수를 너희가 찾는 줄을 내가 아노라 그가 여기 계시지 않고 그가 말씀 하시던 대로 살아나셨느니라 와서 그가 누우셨던 곳을 보라(마28:5~6)

베드로와 그 다른 제자가 나가서 무덤으로 갈 새 둘이 같이 달음질하더니 그 다른 제자가 베드로보다 더 빨리 달려가서 먼저 무덤에 이르러 구부려 세마포 놓인 것을 보았으나 들어가지는 아니하였더니 시몬 베드로는 따라와서 무덤에 들어가 보니 세마포가 놓였고 또 머리를 쌌던 대로 놓여 있더라 그때에야 무덤에 먼저 갔던 그 다른 제자도 들어가 보고 믿더라(요20:3~8).

7) 바울의 설교

바울은 예수님께서 성경의 예언대로 죽으셨고, 성경의 예언대로 부활하셨다고 증거하고 있다. 바울의 주 설교는 예수님의 부활을 증거하는 것이었다.

내가 받은 것을 먼저 너희에게 전하였노니 이는 성경대로 그리스도께서 우리 죄를 위하여 죽으시고 장사지낸 바 되었다가 성경대로 사흘 만에 다시 살아 나사 (고전 15:3~4).

그리스도께서 죽은 자 가운데서 다시 살아나셨다 전파되었거늘 너희 중에서 어떤 이들은 어찌하여 죽은 자 가운데서 부활이 없다 하느냐(고전 15:12).

당신들은 하나님이 죽은 사람 다시 살리심을 어찌하여 못 믿을 것으로 여기나이까(행26:8).

곧 그리스도가 고난을 받으실 것과 죽은 자 가운데서 먼저 다시 살아나사 이스라엘과 이방인들에게 빛을 전하시리라 함이니이다 하니라(행26:23).

8) 예수님의 영이 부활했다고 주장하는 것은 부활을 부정하는 것이다.
① 부활하려면, 살았던 사람이 죽었다가 살아나야 한다.
예수님의 영이 부활했다고 하면 예수님의 영이 죽었어야 한다. 관계성 단절이 죽음이라고 한다면, 예수님은 타락치 않았으므로 끊어지지 않았다. 그러므로 예수님은 영적으로 죽지 않았다. 죽지도 않았는데 어떻게 부활했다는 말인가?
② 육신이 죽고 영이 살아나서 영원히 살게 되는 것이 부활이란 말인가?
그런 의미의 부활은 부활했다는 말 자체가 의미가 없다. 사람은 누구라도 육신은 죽어도 영은 죽지 않고 영원히 산다. 그러므로 영이 안 죽고 영원히 사는 것을 부활했다고 할 수 없다. 사람의 영은 누구나 죽지 않고 영원히 살기 때문이다.

9) 사도 요한이 본 예수님은 육의 부활인가? 영의 부활인가?
사도 요한은 밧모 섬에서 환상 중에 예수님을 보았다. 이 예수님이 영인가? 부활하신 신령한 몸인가? 예수님은 "내가 죽었다가 살아났다"고 하셨다. 예수님께서는 무엇이 죽었는가? 육신이 죽으셨다. 죽었다가 살아나셨다면 무엇이 살아난 것인가?

> 곧 살아 있는 자라 내가 전에 죽었었노라 볼지어다 이제 세세토록 살아 있어
> 사망과 음부의 열쇠를 가졌노니(계1:18).

예수님께서 "내가 전에 죽었었노라"고 하셨다. 여기서 전에 죽었던 것은 예수님의 육체인가? 예수님의 영인가? 죽으셨던 것은 육체였다. 그러므로 살아나신 것도 육체여야 한다. 죽지도 않은 영이 살아났다는 것은 말이 안 된다. 그러므로 육신이 죽으셨고, 육신이 살아난 것이다. 성경은 예수님의 육체의 부활을 명백하게 증거하고 있다.

10) 베드로의 설교

베드로는 그의 설교에서 "그를 그들이 나무에 달아 죽였으나 하나님이 다시 살리셨다(행10:39~40)"고 하였다. 나무에 달려서 죽은 것이 예수님의 영이었다면, 부활도 예수님의 영이어야 한다. 그러나 그들이 나무에 달아 죽인 것은 예수님의 육신이었다. 그러므로 다시 살아나신 것도 예수님의 육신이어야 한다. 육신이 죽었으니 육신이 부활한 것이다

11) 3일 만에 부활하신 예수님을 제자들이 왜 몰라보았을까?

정명석은 "제자들이 어찌하여 3일 만에 부활하신 예수님을 몰라보았을까? 그것은 육신이 아니라 영이었기 때문"이라고 하였다. 그러나 성경은 예수님께서 다른 모양으로 나타나셨기 때문이라고 하였다. 영이라서 몰라본 것이 아니었다.

> 그 후에 그들 중 두 사람이 걸어서 시골로 갈 때에 예수께서 다른 모양으로 그
> 들에게 나타나시니(막 16:12).
> Afterward Jesus appeared in a different form to two of them while they

were walking in the country.

12) 요한복음 6장 63절의 "살리는 것은 영이니 육은 무익하니라. 내가
너희에게 이른 말은 영이요 생명이라"고 한 것은?
정명석은 "살리는 것은 영이니"를 "부활하는 것은 영이니"라고 받
아들인 것이다. 그러나 그런 뜻이 아니다. 영어 성경을 참조해 보자.
생명을 주시는 것은 성령이지, 육신은 그런 능력이 없다는 의미이다.

The Spirit gives life; the flesh counts for nothing.
(성령은 생명을 주신다; 육체는 능력이 없다.)
The words I have spoken to you – they are full of the Spirit and
life.(내가 너희에게 한 말들-그것들은 성령과 생명으로 가득하다.)

정명석은 육신의 부활을 부정하고 영만 부활하게 된다는 교리를 주
장하기 위하여 요한복음 6장 63절을 이용했으나, 정작 이 구절은 '육은
무익하니 영만 살리신다'는 말씀이 아니다. 이 말씀은 '생명을 주시는
것은 성령이다. 그에 비하여 우리의 육체는 능력이 없다. 내가 너희에
게 이른 말 성령과 생명으로 가득하다.'라고 하신 말씀이다. 그러나
정명석은 육은 무익하기 때문에 영만을 살린다는 식으로 이 구절을 왜
곡하였다. 영만 귀한 것이 아니라, 육도 하나님의 귀한 창조물이다.

결론
정명석은 영적인 부활만을 인정한다. 구약시대 사람들이 예수님의
말씀을 듣고 신약시대의 사람이 되었듯이, 재림주로 온 정명석을 믿고
따르는 것이 부활이라고 주장하는 것이다. 그러나 정명석을 따르는 것
은 성경에서 예언한 부활이 아니다. 예수님께서 오시기 전에 많은 적

그리스도들이 나타나서 택한 백성들까지도 미혹할 것이라 하였는데, 그 예언의 성취이다. 그것은 부활이 아니라 사망이다.

성경은 예수님의 육체의 부활을 명백하게 증거하고 있다. 제자들도 처음에는 부활보도와 증거를 믿지 않았다. 도마는 직접 만져보지 않고는 믿지 않겠다고 말하기도 하였다. 예수님께서는 그들이 완악하여 믿지 않음을 꾸짖고, 보지 않고 믿는 자는 더 복이 있다고 하셨다.

예수님은 잠자는 자들의 첫 열매가 되신다고 하셨다. 그러므로 예수님의 부활의 역사성을 부정하는 것은 장차 성도의 부활을 부정하는 것이고, 그것은 성경과 기독교를 부정하는 것이다. 십자가는 죄 사함을, 부활은 영생을 의미한다. 특히 예수 그리스도의 부활은 예수 그리스도께서 하나님의 아들이심을 증거하는 표적 중의 표적이다. 부활을 부정하는 것은 예수 그리스도를 부정하는 것이다. 예수님을 믿는다고 하면서 예수님의 육신의 부활을 부정한다면 도대체 무엇을 믿는다는 말인가?

JMS 사람들은 자기네들이 왜 이단이냐고 항변하겠지만, 예수님의 육신부활을 부정하니까 이단인 것이다. 예수님의 육신부활을 부정하면서 정통이라고 주장할 수 없다. 예수님의 부활을 부정하면 성경을 부정하는 것이고, 하나님의 말씀을 부정하는 것이고, 예수 그리스도의 신성을 다 부정하는 것이다. 예수님의 부활을 부정하는 곳이 바로 이단이다. 정명석은 "예수님의 부활은 1/10,000도 육신부활이 아니다"라고 하였다. 그러나 정명석이야말로 1/10,000도 그리스도가 아니다. 그저 많은 적그리스도들 중의 한 명일 뿐이다.

08
삼위일체론

삼위일체는 인간의 머리로는 도저히 이해할 수 없는 신비로 남아 있다. 그러나 정명석은 그때가 되면 하나님에 대한 것을 밝히 이른다(요 16:25)고 했는데, 그때가 지금이며, 때가 되니 자기를 통해 하나님의 근본 비밀을 밝히 드러내셨다고 한다. 이 비밀은 지구촌 어느 누구도 모르지만, 오직 자기를 따르는 자들만이 알 수 있는 최고의 말씀이라고 자랑한다.

정명석의 주장[114]

(1) 이 세상은 하늘의 모형과 그림자

정명석은 "그들이 섬기는 것은 하늘에 있는 것의 모형과 그림자라(히8:5)"라는 성경구절을 내세웠다. 하늘과 땅은 똑같이 생겼다고 주장하기 위해서이다.

정명석은 이 말씀을 통해 하늘과 땅의 이치를 알 수 있다고 주장한다. 이 세상의 가정은 하늘나라 가정의 모형과 그림자라는 것이다. 그

---

114) 세계청년대학생MS연맹, 『입문편』, 88~97.

림자를 통해 원형을 알 수 있듯이, 이 세상의 가정을 보면 천국의 가정을 알 수 있다. 이 땅의 가정 구조가 하나님 가정의 모형이자 축소판이다. 그래서 한 가정에 아버지, 어머니, 자녀가 있듯이 하늘나라에도 아버지 격인 성부, 아들 격의 성자, 어머니 격인 성령으로 하늘나라 가정 구조가 되어 있다.[115]

(2) 성삼위는 세 분이다.
그러므로 삼위일체는 일반교회에서 말하듯이 셋이 하나가 아니라, 셋이 셋이다. 완전히 다른 별개의 존재이다. 성부 다르고, 성자 다르고, 성령이 다르다.[116]

(3) 성부 하나님
정명석은 "하나님께서 우리의 형상과 모양대로 인간을 창조하셨다 (창1:26)"는 말씀에서 "우리"에 대한 해석을 전반기와 후반기가 서로 다르게 한다. 전반기에는 "우리"는 성부와 성령이라고 하였다. 첫날 밤 신랑과 신부가 '당신 같은 아들 낳자, 당신 같은 딸 낳자'하듯이, 성부 아버지와 성령 어머니도 성부의 형상과 모양대로 아담을 창조하고, 성령 어머니의 형상과 모양대로 여자 하와를 창조하셨다고 하였다.[117] 후반기에는 성자가 추가되어 성부, 성자, 성령이라고 수정되었다.[118] 성부 하나님의 형상도 우리와 똑같은 형상의 존재자로 계신다. 하나님은 우리의 육신과 닮아 있다. 어떤 사람은 하나님이 빛이나 에너지 같은 무형체로 존재한다고 생각하나, 하나님도 딱 영체가 있어서 뼈와

115) 『입문편』, 89.
116) 『입문편』, 89.
117) 『입문편』, 93
118) 기독교복음선교회, 『실제 보는 강의안』, 76.

살이 다 있으며 만져진다. 또한 하나님의 형상도 우리와 똑같은 형상의 존재자로 계신다. 귀, 눈, 코, 입, 손발, 머리, 어깨, 허리도 있다.[119]

(4) 성자 하나님

성자는 하늘 가정의 아들이다. 창조사역에 동참했던 전능하신 영이다. 그 성자를 성자본체라고 한다. 성자본체는 성삼위일체의 하나님으로서 육신의 몸을 한 번도 가져본 적이 없다. 이렇게 성자는 인간의 육체에서 난 영이 아니라 하늘에서 스스로 존재한 삼위의 전능하신 영체이다. 고로 성부, 성자, 성령 외에 땅에서 육신과 함께 태어난 영은 그 누구도 삼위일체의 위치에 못 들어간다. 예수 그리스도는 성자본체가 아니다. 나사렛 예수 그리스도는 그 성자가 지상사역을 위해 몸을 쓰고 나타나신 것이다. 예수님은 성자분체이다. 나사렛 예수님의 영과 성자본체의 영은 확실히 따로 존재한다. 이것을 분명히 쪼개서 봐야 한다.[120]

(5) 성령 하나님

성령(성신)은 가정의 어머니처럼 하늘나라의 어머니이다. 영혼의 아버지가 계시듯이 영혼의 어머니가 계시다는 것이다. 세상 만물은 암수다 짝이 있다. 창조주이신 하나님부터 짝이 있기 때문이다. 사람의 육신은 그의 육신의 부모의 사랑의 결과체이지만 그 영혼은 영혼의 부모가 되시는 성부–성령(성신)의 사랑의 결과체로 탄생하게 된다.[121] 그리고 정명석은 기도하다가 천국에 가서 성령님을 만났다고 간증하였다.

---

119) 『입문편』, 90.
120) 『실제 보는 강의안』, 81~82.
121) 『입문편』, 93.

영계에 갔는데 한번은 예수님 찾아왔다고 하니까 필리핀으로 심방 가시고 없으셨다. 그때 흰 옷 입은 사람들이 밀려왔다. 그 사람들이 성령님이 나오셨다고 했다. 처음으로 성령님을 만났는데, 모나리자형의 아름답고 예쁜 미인으로 젊게 생긴 어른이었다. 그때 성령님을 똑똑히 보았는데 성령님이 오셔서 "명석이가 왔구나" 하시면서 나를 안아주셨는데 성령님을 보는 순간 백만 분의 일도 어색함이 없이 "엄마, 엄마"하면서 무릎 위에서 놀았다.[122)

(6) 구약시대는 하나님만 알고, 신약시대는 하나님과 예수님까지 알고, 성약시대는 하나님, 성자, 성령님까지 안다.[123)

반증

(1) 그들이 섬기는 것이 하늘의 모형과 그림자라는 말은 무엇인가?(히8:5)

정명석은 "땅의 가정은 하늘의 모형과 그림자로서, 땅의 가정에 아버지, 어머니, 아들이 있듯이, 하늘 가정에도 성부 아버지 하나님, 성령 어머니 하나님, 성자 아들 하나님이 있다"고 한다.

과연 세상 가정처럼 하늘 가정도 똑같은 구조인가? 정명석은 하늘과 땅이 똑같은 구조로 돌아간다는 근거로 "그들이 섬기는 것은 하늘에 있는 것의 모형과 그림자라(히8:5)"는 성경구절을 내세웠다.

그렇다면 "그들이 섬기는 것"은 무엇인가? 정명석은 땅의 가정으로 해석하였다. 그러나 그것은 전혀 엉뚱한 해석이다. 그들이 섬기는

---

122) 『입문편』, 93~94.
123) 『입문편』, 96.

것은 성막을 말한다. 하나님께서는 광야에서 모세에게 환상으로 성막을 보여주시면서 그와 같은 모양으로 성막을 지으라고 명령하셨다(출 25:9). "무릇 내가 네게 보이는 모양(pattern)대로 장막을 짓고 기구들도 그 모양을 따라 지을지니라(출25:9)."

이스라엘 백성들은 하나님께서 보여준 식양대로 성막을 지었다. 그리고 거기서 제사지내며 섬겼다. 그러므로 하나님께서 보여주신 대로 성막을 지었다는 의미이지, 하늘 가정 구조대로 지상 가정을 만들었다는 의미가 아니다. 땅의 가정의 구조를 통해서 하늘 가정의 구조를 알 수 있다는 뜻이 아니다.

성삼위 삼위일체에는 성자(聖子)만 있고 왜 성녀(聖女)가 없는가? 정명석의 말대로, 땅의 가정이 하늘 가정의 모형과 그림자라고 한다면 지상 가정에 딸이 있듯이, 하늘 가정에도 성자와 더불어 성녀도 있어야 한다. 그러나 성경에 그런 존재는 눈을 씻고 봐도 찾을 수 없다. 땅의 가정이 하늘의 가정의 모형(copy)이라면 성삼위(聖三位)가 아니라 성녀를 추가하여 성사위(聖四位)가 되어야 한다. 땅의 가정은 하늘 가정의 복사판이라는 말은 거짓말이다. JMS가 왜 이단이냐? 삼위일체론이 잘못되었기 때문에 이단이다.

(2) 성삼위는 세 분인가?

정명석은 성삼위는 각위(各位)라 한다. 쉽게 말해 하나님은 세 분이라고 주장한다. 이러한 신론을 삼신론(三神論)이라고 하는 바, 삼신론은 대표적 이단이다. 기독교 2,000년 사에 삼위일체론에서 많은 이단들이 속출하였다. 그 중에 하나님은 세 분이라고 주장하는 이단들이 있었다. 삼신론은 삼위일체론에서 흔히 범하기 쉬운 이단론으로, 성삼위의 성부, 성자, 성령을 부르는 대로 존재한다고 믿는다. 성삼위는 각위로 존재하기 때문에, 그러므로 세 분이라는 주장이다. 1+1+1=3이다.

이것은 '하나님은 한 분이다'라는 대명제를 벗어나는 대표적인 이단
이다. 성경은 끊임없이 하나님은 한 분이라고 말씀하신다.

> 이스라엘의 하나님 여호와여 주는 천하만국에 홀로 하나님이시라 주께서 천지
> 를 만드셨나이다(왕하19:15).

> 여호와께서 천하의 왕이 되시리니 그 날에는 여호와께서 홀로 한 분이실 것이
> 요 그의 이름이 홀로 하나이실 것이라(슥14:9).

> 우리가 우상은 세상에 아무것도 아니며 하나님은 한 분밖에 없는 줄 아노라
> (고전8:4).

구약성경은 이스라엘 백성들이 유일신(唯一神) 하나님을 떠나 주변
이방나라들의 다신(多神)들을 섬기는 것을 끊임없이 경계하였다. 하나
님이 세 분이라고 하면 하나님의 유일성과 절대주권이 사라진다. 삼신
론은 성경에서 가장 경계하는 다신론의 일종이다. 다신론은 성경적으
로 절대적으로 받아들일 수 없는 신론이다. 하나님이 세 분이라는 것
자체가 말이 되지 않는다.

그렇다고 하더라도 무조건 하나님이 한 분이라고 해도 틀린 말이
다. 예수님은 하나님이시지만, 분명 사람으로 오셨다. 그리고 성령
님도 분명 존재하신다. 그러기에 하나이면서 셋이고, 셋이면서 하나
이다. 이것이 삼위일체의 신비이다. 이것을 무시하고 한쪽만 주장
하면 이단이 된다. 하나님의 단일성만 강조하면 군주신론(君主神論,
monarchianism)이 되고, 셋의 개별성만 강조하면 삼신론(Tritheism)
이 된다. 정명석은 셋이라고 주장하는 바, 그것은 삼신론이고, 삼신론
은 유일성을 파괴하는 다신론의 일종이기 때문에 이단인 것이다. 우리

는 성경에 기록된 것만 믿고, 성경에 보여주신 것만을 신앙하면 된다. 괜히 보태거나 빼거나 하다가는 정죄함만 받게 된다. 성경은 하나님이 한 분이심을 말씀하시면서도, 예수님과 성령님도 동시에 하나님이라고 소개하고 있는 것이다.

하나님은 한 분이시면서 세 분이시고, 세 분이시면서 한 분이시다.

"태초에 하나님께서 천지를 창조하시니라(베레쉬트-태초에, 바라-창조하셨다, 엘로힘-하나님들께서, 엩 하샤마임-하늘과, 베에트-그리고, 하 아레쯔-땅을)."

"엘로힘"을 우리말로는 "하나님"이라고 번역하였다. 그러나 엘로힘은 원래 '하나님들'이라는 복수이다. 정명석은 이것을 전반기에는 성부 아버지와 성령 어머니라고 하였다가,[124] 후반기에는 성부, 성자, 성령으로 수정하였다. 수정했다는 자체가 잘 모른다는 의미이다. 주님이라면 모를 리가 없고 수정할 리가 없다. 창1장에서 하나님을 "엘로힘(신들)"이나 "우리"라고 표현한 것은 성삼위를 의미하기 때문이었다. "우리의 형상을 따라 우리 모양대로 우리가 사람을 만들자(창1:26)." 그렇다고 해서, 엘로힘(하나님들)이 복수(複數)라고 하면 안 된다. 하나님은 한 분이시기 때문이다. 정명석의 주장처럼 엘로힘(하나님들)이 성부 아버지와 성령 여성신이라면 공성(共性)이나 중성(中性)으로 받았어야 한다. 그러나 엘로힘은 남성명사이다.

그리고 창조하셨다는 동사는 히브리어로 '바라'라는 단어인데, 이것은 단수 동사이다. 신들이 복수라면 복수 동사 '바루'로 썼어야 한다.

---

124) 정명석의 해석은 전반기와 후반기가 다르다. 전반기 때는 하나님께서 자신을 우리라고 하셨을 때(창1:26) 그것은 성부 하나님과 성령 모성신이라고 해석했고, 후반기에는 성부, 성자, 성령의 성삼위라고 하였다. 성삼위에서 성자는 한 번도 육신을 입어본 적이 없는 성자의 영이라 하였다. 성자는 한 번도 육신을 입어본 적이 없는 영이고, 예수님은 그 성자의 영이 육신이 필요해서 들어 쓴 사람이라는 것이다. 그러므로 정명석의 성자는 예수님이 아니다.

그러니까 엘로힘은 하나님들이라는 복수형태를 띠지만 남성명사이고, 단수다. 그래서 성삼위는 복수 같지만 세 분이라고 말하면 안 되는 것이다.

예수님은 승천하시기 전 제자들에게 선교의 대 사명을 주셨다. "그러므로 너희는 가서 모든 민족을 제자로 삼아 아버지와 아들과 성령의 이름으로 세례를 베풀어라(마28:19)"(Therefore go and make disciples of all nations, baptizing them in the name of the Father and of the Son and of the Holy Spirit.)

예수님께서 성부와 성자와 성령의 "이름으로(in the name of)" 세례를 베풀라고 말씀하셨다. 이때 이 성삼위가 세 분이라면 "이름으로(in the name of)"가 아니라, "이름들로(in the names of)" 세례를 베풀라고 하셨어야 한다. 그러나 "이름으로"라고 단수로 되어 있다. 여기서도 성삼위는 성부, 성자, 성령 이렇게 세 분이지만 한 분이심을 벗어나지는 않는다는 것을 알 수 있다.

(3) 하나님은 사람과 똑같이 생겼는가?

하나님을 사람의 모양과 똑같이 생겼다고 주장하는 것은 신인동형동성설(神人同形同性說, anthropomorphism)이다. 이는 하나님의 실재를 나타낸 말이라기보다는 하나님의 다양한 속성과 활동과 의지를 반영한 일종의 성경 문학적 표현이라 할 수 있다.

형상이란, 1)다스리라(26절)-통치권, 2)남자와 여자로 창조하시고(27절)-사회적 존재, 3)복을 주시고 명령하셨다(28절)-인격적 존재임을 말한다.[125] 이것을 연결하여 읽는다면, 하나님의 형상으로 창조된 사람은, 하나님을 닮아서, 통치권이 있으며, 사회적 존재이고, 인격

---

125) 최홍석, 『인간론』, (서울:개혁주의신행협회, 2012), 77~79.

적 존재라는 의미이다.

정명석의 주장처럼, 인간이 하나님의 형상이라는 것은 손, 발, 귀, 입, 허리, 어깨가 다 똑같이 생겼다는 의미가 아니다. 예를 들면, 사슴이 사냥꾼에게 쫓겨 도망갈 때, 사슴이 생각하는 하나님은 더 빨리 도망갈 수 있는 다리와 사냥꾼을 해칠 수 있는 더 큰 뿔이 달린 사슴이지 않겠는가? 과연 하나님이 사람처럼 생겼을 것인가? 하나님이 사람처럼 생겼을 것 같은 생각이 일견 들기도 하지만, 그것은 하나님의 무한성을 침해한다. 하나님의 모양을 어떤 모양으로라도 만들지 말라고 하신 것은 명백하게 돌이나 나무로 만들지 말라는 뜻이지만, 하나님을 마음속에 형상화하지 말라는 뜻도 가능하다. 하나님은 어떤 형상과 모양도 심지어 어떤 상상도 하나님의 무한성을 다 표현할 수 없다. 하나님이 보고 싶다고 하여 하나님의 형상과 모양을 만드는 순간 그것은 우상이고, 추종자들은 우상숭배자가 된다. 어떤 우상이나 신상도 하나님을 표현할 수가 없다. 정명석의 말처럼, 하나님이 사람과 똑같이 생겼다고 말하면, 특별한 고상한 진리가 아니라, 거짓말이 된다. 왜냐하면 하나님이 사람과 똑같이 생겼다면, 하나님도 배설기관이 있고, 생식기관도 있다는 말이 될 것이다. 그게 말이 되는가? 어림 반 푼어치도 없는 말이다.

(4) 성령이 여신인가?

정명석은 지상 가정에 아버지와 어머니가 있듯이, 하늘 가정에도 하나님 아버지와 하나님 어머니(성령)가 계신다고 주장한다. 지상 가정을 생각하면 딱 진리처럼 생각된다. 그러나 하나님이 왜 부인이 필요한가? 하나님도 성욕이 있다는 말인가? 성령님도 임신하여 배부른 상태로 10개월을 기다려야 하는가? 참으로 해괴망측한 망언이다.

예수님은 인간들도 부활하여 천국에 가면, 천사들과 같이 장가가고 시집가는 일이 없다고 하셨거늘 하나님께서 부부로 존재하신다는 것이 말이 되는가? 이런 말은 성경을 전혀 모르는 망언들이다. 성경에 없는 말을 하면, 새 진리도 아니고, 높은 진리도 아니다. 그냥 비진리일 뿐이다.

세상의 피조물들은 생육하고 번성해야 하기 때문에 짝이 있지만, 하나님은 번성하기 위해 여신(女神)을 둘 필요가 없다. 여신이 있다면 절대자가 될 수 없다. 하나님께서 여신을 통해 번성하신다면 낳았다고 해야지, 창조했다고 할 수 없다. "하나님은 한 분밖에 없는 줄 아노라 (고전8:4)."

성령이 여신이라고 하는 것은 이교의 부부신론이다. 이교(異敎) 신론에는 전부 부부신들로 이루어져 있다. 이스라엘 주변의 바알과 아세라(아스다롯), 그리스 로마 신화의 제우스와 헤라, 특히 그리스 신화의 제우스는 부인 헤라 여신 외에도 여러 명의 첩 여신들과 여러 명의 자녀들을 거느린 신으로 나온다.

여신숭배는 이교의 신앙특징 중 하나이다. 여신은 이름만 달리해서 어디서나 항상 존재해 왔다. 성경에도 여러 군데서 하늘의 여왕(렘 7:18, 44:17, 18, 25), 아르테미스(행19:27, 37)로 나오고, 그 밖에도 로마의 비너스, 그리스의 다이애나, 고린도의 아프로디테, 사마리아의 아세라(아스다롯), 이집트의 아이시스, 뉴욕의 자유의 여신상, 우리나라에는 천하대장군의 짝으로 지하여장군도 있다. 정명석이 보았다는 예쁜 성령은 이방인들의 섹스어필하는 예쁜 여신들과 무엇이 다른가?

옛날 고대 근동지방의 사람들은 남신과 여신이 금슬이 좋아야 풍년이 들고 자녀도 많이 낳고 우양도 새끼들을 많이 낳게 된다고 믿고 있었다. 그리고 신을 섬기는 방법도 음란한 방법으로 섬겨야 신들이 자극을 받아서 남신이 여신에게 가까이 다가가 마침내 경사스러운 일이 일어나는데, 남신과 여신이 성적인 관계를 가질 때 그것을 보이지 않게 하려고 구름으로 베일을 친다고 믿었다. 그리고 성적인 관계를 가진 증거로는 바로 비를 내리는 것으로 믿었다. 이렇게 여신을 믿는 종교에서는 여자 제사장들이 있었고, 그들을 거룩한 매춘부라고 불렀다. 그들은 성적인 봉사를 하기 위해서 '헌신한 여성들'이었다.[126] 여신숭배 사상은 필연적으로 성문란으로 이어진다. 성령을 여신이라고 주장하는 것은 참으로 비성경적인 주장이다. 성령은 하나님의 부인이 아니다. 성령은 하나님의 영이다.

> 사람의 일을 사람의 속에 있는 영 외에 누가 알리요 이와 같이 하나님의 일도 하나님의 영 외에는 누가 알리요(고전2:11).

> 태초에 하나님이 천지를 창조하시니라 땅이 혼돈하고 공허하며 흑암이 깊음 위에 있고 하나님의 영은 수면 위에 운행하시니라(창1:1).

(5) 삼위일체의 논리적 가능성이 있다.

삼위일체는 인간의 언어로 표현할 수 없는 신비이지만, 삼위일체의 논리적 가능성이 있다.

1) 셋이 하나이니라.

요한일서 5장 7~8절에 "증언하는 이가 셋이니 성령과 물과 피라 또한 이 셋은 합하여 하나이니라"고 하였다. 이는 마치 삼위일체를 설명하는 듯하다. KJV 성경에는, 번역상의 논란이 있지만, "하늘에 증언하는 세 분이 계시니 곧 아버지와 말씀과 성령님이시라. 또 이 세 분은 하나이시라(For there are three that bear record in heaven, the

---

126) 노우호, 『숲도 보고 나무도 보는 성경통독집』(서울: 도서출판 하나, 2010), 88.

Father, the Word, and the Holy Ghost: and these three are one.)"고 나와 있다.

2) 성부와 성자와 성령의 이름으로 세례를 주고

예수님께서는 아버지와 아들과 성령의 이름으로 세례를 주라고 하셨다. 세 분이지만 한 이름으로 세례를 준다. "그러므로 너희는 가서 모든 민족을 제자로 삼아 아버지와 아들과 성령의 이름으로 세례를 베풀고(마28:19)."

3) 성자와 성부와 성령의 이름으로 축도한다.

사도 바울은 고린도교회에 편지하면서 성자와 성부와 성령의 이름으로 편지를 마쳤다. 이것은 오늘날 예배 후 축도의 모델이 되었다. "주 예수 그리스도의 은혜와 하나님의 사랑과 성령의 교통하심이 너희 무리와 함께 있을지어다(고후13:13)."

결론

다음의 도표는 삼위일체의 이해에 도움이 될 수 있다.

한 분(통일성) 강조:

성부는 하나님이다. 성자도 하나님이다. 성령도 하나님이다.

세 분 강조(다양성):

성부는 성자가 아니다. 성자는 성령이 아니다. 성령은 성부가 아니다.

삼위일체 도표 [127)]

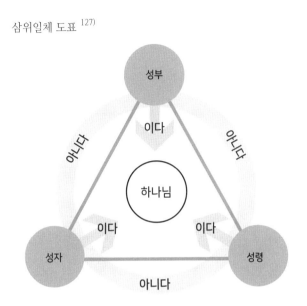

성삼위의 삼위일체는 세 분이 한 몸이라는 뜻이 아니라 세 분이 신성의 한 본질 안에서 각각 구별되며 상호교류가 가능한 세 인격이시라는 것이다(마3:16~17, 마27:46, 마28:18~19, 요3:34~35, 고후 13:13, 엡2:18).

127) H. Wayne House, 『신학·교리도표』, 김원주 역 (서울: 생명의 말씀사, 1995), 51.

09
성자론

정통교회에서 말하는 성삼위의 한 위이신 성자는 바로 예수 그리스
도이다. 그러나 정명석은 성자와 예수 그리스도가 다르다고 한다. 성
자를 성자본체라 하고, 예수님을 성자분체라 한다. 정명석의 주장을
먼저 살펴본 후 반증으로 넘어간다.

정명석의 주장[128]

정명석은, "성경에는 그때가 되면 하나님에 대한 것을 밝히 이른다
했다(요16:25). 그때가 바로 지금이다. 이 비밀은 지구촌 어느 누구도
모르는 오직 성약시대 새 역사를 따르는 자만이 아는 최고의 말씀이
다. 지금까지 성자에 대한 것은 비밀이었으나, 때가 되어 성자에 대해
근본적인 비밀을 밝힐 수 있게 되었다."[129]고 주장한다.

(1) 성삼위의 존재

---

128) 『실제 보는 강의안』, 76~88.
129) 『실제 보는 강의안』, 76.

그들이 섬기는 것은 하늘에 있는 것의 모형과 그림자라(히8:5).

이 말씀을 통해 하늘과 땅의 이치를 알 수 있다. 육계의 한 가정을 보면 아버지, 어머니, 자녀가 있듯이 하늘나라에도 아버지 격인 성부 하나님, 어머니 격인 성령, 아들 격인 성자 이렇게 삼위가 일체이면서 각위로 존재하고 있다.[130]

하나님이 이르시되 우리의 형상을 따라 우리의 모양대로 우리가 사람을 만들고⋯(창1:26).

(2) 성자는 어떤 분이신가?
1) 성자는 하나님의 독생자이시며, 하나님과 동등 격인 '전능하신 영'이다.

그는 근본 하나님의 본체시나 하나님과 동등 됨을 취할 것으로 여기지 아니하시고(빌2:6).

본래 하나님을 본 사람이 없으되 아버지 품속에 있는 독생하신 하나님이 나타내셨느니라(요1:18).

2) 성자는 세상 구원을 책임지고 총 담당하신다.

하나님이 세상을 이처럼 사랑하사 독생자를 주셨으니 이는 그를 믿는 자마다 멸망하지 않고 영생을 얻게 하려 하심이라(요 3:16).

---

130) 『실제 보는 강의안』, 76.

> 하나님의 사랑이 우리에게 이렇게 나타난바 되었으니 하나님이 자기의 독생자
> 를 세상에 보내심은 그로 말미암아 우리를 살리려 하심이라(요일 4:9).

(3) 성자는 어떻게 역사를 펴시는가?

마음, 생각, 영은 육신을 통해 행한다. 몸이 움직여 마음에 원하던 것을 이룬다. 신도 전지전능하지만 땅의 일, 곧 구원역사를 할 때는 땅의 합당한 사람을 통해 한다. 영은 육을 통해, 성자는 사람을 통해 역사한다.[131]

(4) 성자의 출현

성자는 전능한 영이라도 역시 이 땅에 합당한 육신이 필요했다. 그가 바로 나사렛 예수님이었다.

> 너희는 다시 무서워하는 종의 영을 받지 아니하고 양자의 영을 받았으므로 우
> 리가 아빠 아버지라고 부르짖느니라(롬 8:15).

그래서 나사렛 예수님은 신약시대의 구세주인 것이다.[132]

(5) 성자본체와 성자의 분체인 나사렛 예수

본체는 성자이며 예수 그리스도는 성자의 분체이다. 땅에서 태어난 육신은 누구든지 육이 태어나면 영도 같이 태어난다. 육체에서 난 영은 인간의 영이고 성자는 하늘에서 스스로 존재한 삼위의 전능하신 영체이며 창조주다.

---

131) 『실제 보는 강의안』, 78~79.
132) 『실제 보는 강의안』, 79~80.

성자분체

예수께서 이르시되 내가 진실로 네게 이르노니 오늘 네가 나와 함께 낙원에 있
으리라(눅23:43).

성자본체

그는 하늘에 오르사 하나님 우편에 계시니 천사들과 권세들과 능력들이 그에
게 복종하느니라(벧전3:22).

이렇게 나사렛 예수님의 영과 성자본체의 영은 확실히 따로 존재한
다.[133)

(6) 예수를 통한 성자의 역사

예수께서 말씀하시길 "진실로 너희에게 이르노니 아브라함이 나기
전부터 내가 있느니라"고 하셨다(요 8:58). 그러나 나사렛 예수님은
아브라함 이전에 있었던 분이 아니다. 이 말은 예수님 스스로 한 말이
아니라 태초부터 존재하신 성자본체가 그 분체인 예수님을 쓰고 하신
말씀이다.[134)

(7) 성자의 희생

정명석은 나사렛 예수님이 성자 자체가 아니라고 주장한다. 성자가
본체이고 예수는 성자의 분체, 즉 전능하신 신 앞에 사람이었던 것이
라고 한다. 정명석은 "인생들을 구원하는 메시아도 맞아 죽으니 어떻

---

133) 『실제 보는 강의안』, 81.
134) 『실제 보는 강의안』, 82~83.

게 그를 믿고 내 생명을 맡기고 따르겠습니까?"라고 기도했다고 한다.

성자 왈, "전능한 삼위일체 성자가 맞아 죽었느냐? 사람인 예수가 죽었지. 성자가 시킨 일을 하다가 세상이 악하여 그 육신을 죽였으니 그와 함께 나 성자도 십자가를 져주고 구원의 길을 열어 준 것이다."[135] 정명석은 "육신은 때리면 맞고 십자가에 매달면 달릴 수밖에 없다. 육을 보고 실족하면 안 된다"[136]고 말한다.

(8) 성자의 재림

재림 때도 성자가 온다. 초림 때 나사렛 예수님의 영을 쓰고 하늘로 승천하면서 다시 온다고 하신 이는 성자본체이다. 신약 때는 성자께서 '아들'로 오셨지만 성약 때는 '신랑'으로 오신다. 정명석 자신은 신랑으로 오신 성자의 재림을 가장 먼저 맞고 신부로 부활하였다고 한다. 정명석은 인간으로서 '하늘의 상대체'이다. 다른 말로 분체이다. 하나님과 성자 주님의 분신이요 삼위와 같이 사는 '신부'이다. 한 시대에 한 인물이다. 그 시대의 그 인물이다. 이 시대는 이 시대 인물이다. 성자본체의 육이 되는 성자분체도 신약 때 한 사람(나사렛 예수-필자 주), 성약 때 한 사람(정명석-필자 주)이다.[137]

(9) 성자의 분체를 대함이 성자의 본체를 대함과 같다.

결론

정명석은 성자 주님께 나아가는 길이요, 진리요, 생명이요, 구원받

---

135) 『실제 보는 강의안』, 84.
136) 『실제 보는 강의안』, 84.
137) 『실제 보는 강의안』, 86.

을 자 앞에 표상자이다.[138]

반증

(1) 성자가 예수 그리스도이다.

성자와 예수 그리스도는 다른가? 정명석은 성자는 예수 그리스도와 다르다고 하였다. 정명석은 성자와 나사렛 예수님을 쪼개어 봐야 한다고 하지만, 그것은 성경을 전면적으로 부정하는 사건이다. 예수님은 신성과 인성을 겸비한 분으로, 어느 한 부분만 인정하고 다른 부분을 등한시하면 바로 이단이 된다. 초대교회 시절부터 예수님을 인성으로만 인정한 사람들도 있었고(에비오니즘, Ebionism), 신성만 인정한 사람들도 있었다(가현설, Docetism).

정명석은 예수님을 성자라고 하지 않는다. 예수님은 보통 인간과 똑같은데 다만 성자의 영이 나사렛 예수님을 들어 쓰셨을 뿐이라고 말한다. 예수님의 육신이 있고, 예수님의 영이 따로 있어서, 예수님의 영은 성자의 영과 다르다고 한다. 성자의 영은 한 번도 육신을 입어본 적이 없는 순수한 천국의 하나님 아들로서의 영이라는 것이다. 그 성자의 영이 2,000년 전에 나사렛 청년 예수님을 들어 썼다. 그래서 성자의 영을 성자본체라고 하고, 예수님을 성자분체라고 한다.

결과적으로, 정명석은 예수님이 인간이라는 사실은 잘 받아들이나, 예수님이 하나님이라는 신성은 부인한다. 그래서 이단인 것이다.

왜 이단인가? 사도요한이 말한 대로 예수님의 인성을 부인해도 이단이지만(요일4:1~2), 정명석처럼 예수님의 신성을 부인해도 이단이

---

138) 『실제 보는 강의안』, 88.

다. 예수님은 참 인간이며 참 신이기 때문이다. 자기를 재림예수라고 주장하는 이단들은 예수님의 신성을 부인한다. 그래야 자기도 이 시대의 재림예수라고 주장할 수 있기 때문이다. 유대교인들과 이슬람교인들은 기독교인들을 우상숭배자들이라고 한다. '사람인 예수를 하나님처럼 믿는다'고. 그러나 우리가 예수님을 숭배해도 그것은 우상숭배가 아니다. 예수님은 신성을 가지신 하나님이시기 때문이다. 그에 대하여 성경은 명백하게 증거하고 있다(요1:1; 1:18; 20:28, 롬9:5, 빌2:6, 딛2:13, 요일5:20, 사9:6, 마18:20, 빌3:21, 계1:8).

성경에는 하나님과 예수님을 아예 혼용해서 부르는 성경구절들도 있다(욜2:32, 행2:21, 사40:8, 벧전1:25). 예수 그리스도는 하나님의 아들이고, 예수 그리스도가 바로 성자이다. 하나님 우편에 계신 분이 바로 예수 그리스도이다.

주 예수께서 말씀을 마치신 후에 하늘로 올려지사 하나님 우편에 앉으시니라(막16:9).

스데반이 성령 충만하여 하늘을 우러러 주목하여 하나님의 영광과 및 예수께서 하나님 우편에 서신 것을 보고 말하여 보라 하늘이 열리고 인자가 하나님 우편에 서신 것을 보노라 한대(행7:56~57).

예수께서 나아와 말씀하여 이르시되 하늘과 땅의 모든 권세를 내게 주셨으니 그러므로 너희는 가서 모든 민족을 제자로 삼아 아버지와 아들과 성령의 이름으로 침례를 베풀고 내가 너희에게 분부한 모든 것을 가르쳐 지키게 하라 볼지어다 내가 세상 끝날까지 너희와 항상 함께 있으리라 하시니라(마 28:18~20).

주 예수 그리스도의 은혜와 하나님의 사랑과 성령의 교통하심이 너희 무리와 함께 있을지어다(고후 13:13).

정명석의 주장처럼, 성자본체(本體)가 따로 있고, 성자분체가 따로 있는 것이 아니다. 성자의 분체(分體)라는 말은 성경에 없는 것으로 정명석이 지어낸 말이다. 이단의 특징은 성경에 없는 것, 즉 지어낸 말을 가지고 사람들을 미혹하는 것이다(벧후2:3). JMS가 왜 이단이냐? 이와 같이 그리스도론이 잘못되었기 때문이다.

(2) 예수님은 원래 하나님의 본체이시다.
예수님은 성경에 하나님의 본체라고 하였다. 그러나 사람의 모양으로 태어나셨기 때문에 성자라고 하는 것이다.

> 너희 안에 이 마음을 품으라 곧 그리스도 예수의 마음이니 그는 하나님의 본체시나 하나님과 동등 됨을 취할 것으로 여기지 아니하시고 오히려 자기를 비워 종의 형체를 가지사 사람들과 같이 되셨고 사람의 모양으로 나타나사 자기를 낮추시고 죽기까지 복종하셨으니 곧 십자가에 죽으심이라(빌2:5~8).

(3) 하나님 우편에 앉으신 분은 예수 그리스도다.
정명석은, 예수님은 승천해서 낙원으로 가시고, 성자는 하나님 우편에 앉으셨다고 하여 두 분이 다른 분이라고 말하고 있다. 성경을 이렇게도 왜곡할 수 있는가? 참으로 엉터리 해석이다. 승천하여 하나님 우편에 앉으신 분이 바로 예수 그리스도이다.

> 주 예수께서 말씀을 마치신 후에 하늘로 올려지사 하나님 우편에 앉으시니라

(막 16:19).

> 그는 하늘에 오르사 하나님 우편에 계시니 천사들과 권세들과 능력들이 그에게 복종하느니라(벧전3:21~22).

베드로전서 3장 22절에서 "그는 하늘에 오르사 하나님 우편에 계시니"라고 하였는데, 여기서 "그"는 누구인가? 명백히 주 예수 그리스도이다. 사실 성자가 예수님이고, 예수님이 성자라는 것은 너무 명확해서 반증할 필요조차 느끼지 못한다.

낙원이 천국이다. 정명석은 낙원과 천국을 구분하고 있으나, 낙원이 천국이고, 천국이 낙원이다. 생명나무는 낙원에도 있고(계2:7), 하나님 보좌가 있는 천국의 생명수 강가에 심겨져 있다고 하였다(계22:2). 예수님께서 낙원에 가신다고 하시고, 하나님 우편에 앉으셨다고 했으니, 낙원이 바로 천국이다. 낙원이 천국보다 낮은 단계의 영계라면 예수님도 천국에 가지 못하셨다는 말이 된다. 이런 이야기는 들어볼 것도 없는 이단사설이다. 예수님이 계신 곳이 바로 천국이다.

> 낙원에 있는 생명나무의 과실을 먹게 하리니…(계2:7).

> 또 그가 수정 같이 맑은 생명수의 강을 내게 보이니 하나님과 및 어린 양의 보좌로부터 나와서 길 가운데로 흐르더라 강 좌우에 생명나무가 있어 열두 가지 열매를 맺되 달마다 그 열매를 맺고 그 나무 잎사귀들은 만국을 치료하기 위하여 있더라(계22:1~2).

(4) 예수님이 힘이 없어 맞아 죽은 것인가?

예수님의 죽으심은 정명석의 말처럼 힘이 없어서 맞아 죽은 것이 아

니라, 죄인들을 구원하기 위해 일부러 죽어주신 사랑과 희생의 죽음
이었다. 정명석은 왜 예수님의 십자가의 죽으심을 이렇게까지 폄훼하
고, 평가절하 하는가? 예수님의 숭고한 희생을 이렇게 깎아내리는 것
은 불신자들의 비아냥거림 못지않게 모독적인 발언이다. 십자가의 도
가 무엇인지 알지 못하기 때문이다. "십자가의 도가 멸망하는 자들에
게는 미련한 것이요 구원을 받는 우리에게는 하나님의 능력이라(고전
1:18)."고 하였다. 멸망 받을 이단자들에게는 십자가가 별것 아닌 것
같고 우습게 보이기 마련이다.

> 내가 내 목숨을 버리는 것은 그것을 내가 다시 얻기 위함이니 이로 말미암아
> 아버지께서 나를 사랑하시느니라(요 10:17).

> 이를 내게서 빼앗는 자가 있는 것이 아니라 내가 스스로 버리노라 나는 버릴
> 권세도 있고 다시 얻을 권세도 있으니 이 계명은 내 아버지에게서 받았노라 하시
> 니라(요 10:18, 개정).

> 십자가의 도가 멸망하는 자들에게는 미련한 것이요 구원을 받는 우리에게는
> 하나님의 능력이라(고전1:18).

십자가는 승리이다. 십자가로 사탄과 귀신들을 멸하고, 죄인들로 하
여금 하나님의 자녀가 되게 하였다. 그러나 예수 믿는다는 사람들의
뇌리에도 예수님이 십자가에서 힘없이 죽으셨다고 생각되기 때문에
어딘지 모르게 힘이 빠져 있었던 것도 사실이다. 이왕이면 죽지 않으
셨더라면 더 좋지 않았겠느냐는 생각을 하는 것이다. 특히 이단들이
그렇게 말한다. 그러나 그 십자가가 실패가 아니라 승리였다는 것을
알게 되면 찬송소리가 달라진다. 맥없이 부르던 찬양이 힘차게 바뀐

다. "예수 이겼네, 예수 이겼네, 예수 사탄을 이겼네" 이 복음 성가가
실제로 느껴지기 때문이다.

> 우리를 거스르고 불리하게 하는 법조문으로 쓴 증서를 지우시고 제하여 버리사
> 십자가에 못 박으시고 통치자들과 권세들을 무력화하여 드러내어 구경거리로 삼
> 으시고 십자가로 그들을 이기셨느니라(골2:14~15).

십자가의 보혈이 없었다면 죄인들은 무엇으로 죄 사함을 받을 수 있
는가? 없다. 피 흘림이 없으면 사하심이 없기 때문이다(히9:22). 그러
므로 하나님의 아들을 짓밟고 자기를 거룩하게 한 언약의 피를 부정
한 것으로 여기고 은혜의 성령을 욕되게 하는 자가 받을 형벌이 얼마
나 무거울 것인가 생각해야 한다(히10:29).

우리를 살리기 위해서 일부러 죽어주신 예수님의 희생을 더 이상 욕
되게 하지 말아야 한다.

(5) 내가 아브라함 이전에 있었노라고 하심은?(요8:58)

예수님께서 아브라함 이전에 있었다고 말씀하심은, 예수 그리스도
의 신성을 말하고 있는 것이다. 성경은 예수님께서 창조주로서 아브라
함 전에 이미 영원 전부터 계셨다고 증거하고 있다. 예수님을 믿는다
는 것은 인성으로 오신 예수님뿐만이 아니라, 예수님의 신성까지 겸하
여 믿는 것이다. 예수님을 믿는다는 것은 성경에 기록된 대로 예수님
을 믿는 것이지, 자기 상상대로 믿는 것은 예수님을 믿는 것이 아니다.

예수 그리스도는 육신을 갖고 있기 전부터 창조주 하나님으로서 이
미 존재하고 계셨다.

천지가 창조되기 전, 아무 것도 존재하기 전에 말씀이 계셨다. 이 말씀은 그리스도이시며 그리스도는 하나님과 함께 계셨다. 그분은 천지가 창조되기 전부터 계셨다. 그분은 하나님이시다. 그분은 모든 것을 창조하셨으며 그분이 만드시지 않고 존재하는 것은 아무 것도 없다(요1:1~3 현대어).

주께서 말씀하셨다. '그러나, 너 베들레헴 에브라다야, 너는 비록 유다 족속의 작은 마을이지만 이스라엘의 통치자가 될 나의 사람이 네게서 나올 것이다. 그의 근원은 영원으로 올라가 그는 모든 날들의 처음부터 살아 있는 이다.'(미 5:2, 현대어).

(6) 성자의 재림은 예수 그리스도가 오시는 것이다.

예수님의 재림은, 부활하여 승천하셨던 예수님, 그 똑같은 예수님이 다시 오시는 것이다. 절대로 다른 사람의 육신을 입고서 다른 사람의 모양으로 오시는 것이 아니다.

이르되 갈릴리 사람들아 어찌하여 서서 하늘을 쳐다보느냐 너희 가운데서 하늘로 올려지신 이 예수는 하늘로 가심을 본 그대로 오시리라 하였느니라(행 1:11).

"Men of Galilee," they said, "why do you stand here looking into the sky? This same Jesus, who has been taken from you into heaven, will come back in the same way you have seen him go into heaven."(NIV)

(그들이 말하기를, 갈릴리의 사람들아, 너희가 어찌하여 하늘을 쳐다보느냐? 너희들로부터 하늘로 올려지신 이 똑같은 예수가, 너희들이 그가 하늘로 가시는 것을 본 똑같은 방식으로 다시 올 것이다.)

예수님이 재림하실 때는 모든 사람들이 볼 것이고, 예수님을 창으로 찔렀던 사람들도 볼 것이고, 모든 민족이 두려움과 슬픔에 통곡할 것이라고 했다. 볼 수 있게 오시기 때문에 "보라!"라고 한 것이다. 성경은 반드시 그렇게 될 것이라고 확언하고 있다(So shall it be! Amen. 계1:7). 창으로 찔리신 분은 예수 그리스도이다. 예수님 외에 다른 어떤 교주도 죄인들을 위해 십자가상에서 창에 찔린 사람은 없다. 혹시, 예수님 말고, 누군가 십자가상에서 찔려 죽은 사람이 있다고 하여도 그는 세상 죄를 없앨 수가 없다. 그 자신도 죄인이기 때문이다. 그리고 그는 신성이 없는 인간일 뿐이다.

> 볼지어다 구름을 타고 오시리라 각인의 눈이 그를 보겠고 그를 찌른 자들도 볼 터이요 땅에 있는 모든 족속이 그를 인하여 애곡하리니 그러하리라 아멘(계1:7).

다시 오시는 분은 바로 예수 그리스도이다. 그분은 다윗의 뿌리요 다윗의 자손이요, 광명한 새벽 별이다. 예수님 외에 어느 교주도 여기에 해당되지 않는다.

> 보라 내가 속히 오리니 내가 줄 상이 내게 있어 각 사람에게 그가 행한 대로 갚아 주리라 나는 알파와 오메가요 처음과 마지막이요 시작과 마침이라…나 예수는 교회들을 위하여 내 사자를 보내어 이것들을 너희에게 증언하게 하였노라 나는 다윗의 뿌리요 자손이니 곧 광명한 새벽 별이라 하시더라(계22:12~16).

(7) 예수 그리스도는 영원하다.

그리스도는 바뀌지 않는다. 성경에 바뀌지 않는다고 딱 쓰여 있다 (히7:24). 성경에 특별히 언급한 것은 다르게 해석해서는 안 되고, 그 말씀대로 받아 들여야 한다. 그러므로 '신약시대는 예수님, 이 시대는 정명석'이런 식으로 바뀌지 않는다. 바뀐다는 말은 사탄의 속임수이다. 예수님은 신약시대만의 구세주가 아니라 어느 시대고, 언제나 유일한 구세주이다.

> 예수는 영원히 계시므로 그 제사장 직분도 갈리지 아니하느니라 그러므로 자기를 힘입어 하나님께 나아가는 자들을 온전히 구원하실 수 있으니 이는 그가 항상 살아 계셔서 그들을 위하여 간구하심이라(히7:24~25).

> 예수 그리스도는 어제나 오늘이나 영원토록 동일하시니라(히 13:8, 개정).

> 내가 볼 때에 그의 발 앞에 엎드러져 죽은 자 같이 되매 그가 오른손을 내게 얹고 이르시되 두려워하지 말라 나는 처음이요 마지막이니 곧 살아 있는 자라 내가 전에 죽었었노라 볼지어다 이제 세세토록 살아 있어 사망과 음부의 열쇠를 가졌노니(계1:17~18).

결론

그리스도교는 2대 교리로 성립한다. 삼위일체 교리와 하나님의 성육신 교리이다. 이 교리들에 교회가 서 있다. 교회가 이 교리들을 믿고 고백하며 계속 지키면 교회는 그리스도의 교회로 존속하고 번창한다. 그러나 교회가 이 두 교리 중에서 하나라도 부정하면 더 이상 교회가 아니다. 삼위일체 교리를 부정하면 성육신의 교리도 자동으로 부정된다. 반대로 성육신 교리를 부정하면 삼위일체 교리도 자동으로 부정된다. 이단들은 교회의 근본진리를 부정하므로 교회로서 오래 존속하지 못하고 시간이 지나면 다 소멸된다.[139]

예수님만이 길이요, 진리요, 생명이다. 노아 방주에도 문이 하나밖

---

139) 서철원 『서철원 박사 교의신학 Ⅶ』, 68~69.

에 없었으며, 성막에도 문이 하나밖에 없었다. 그 말은 예수님만이 구원의 문이요, 예수님만이 하나님께 가는 유일한 문임을 거울처럼 보여주는 것이다.

예수께서 이르시되 내가 곧 길이요 진리요 생명이니 나로 말미암지 않고는 아버지께로 올 자가 없느니라(요 14:6).

다른 이로써는 구원을 받을 수 없나니 천하사람 중에 구원을 받을 만한 다른 이름을 우리에게 주신 일이 없음이라 하였더라(행 4:12).

하나님은 한 분이시요 또 하나님과 사람 사이에 중보자도 한 분이시니 곧 사람이신 그리스도 예수라(딤전 2:5).

10
시대별 메시아(구원자)론

    JMS교회에서는 정명석을 이 시대의 메시아라고 주장한다. 예수님은 신약시대의 메시아이고, 정명석은 이 시대(성약시대)의 메시아라는 것이다. 일반 정통교회에서는 어느 시대고 간에 예수님만이 메시아라고 믿는다. 그러나 JMS교에서는 이 시대는 정명석이 메시아이기 때문에 정명석을 믿어야 구원받는다고 한다. JMS에서는 정명석을 이 시대의 메시아라고 정당화하기 위해 시대마다 구원자가 있다는 주장을 펼친다. 이것을 시대별 메시아론이라고 하는데, 이것은 자기를 재림예수라고 주장하는 모든 이단들의 공통과목이다. 시대별 메시아론을 소개한 후 반증한다.

정명석의 주장

(1) 하나님은 시대마다 사명자를 통해 역사하신다.[140]
    노아 때는 노아를 통해서, 아브라함 때는 아브라함을 통해서, 모세 때는 모세를 통해서, 여호수아 때는 여호수아를 통해서, 기드온…, 엘

---

140) 기독교복음선교회,『실제 보는 강의안』, 89, 95.

리야…, 예수님 때는 예수님을 통해 역사하셨다. 그와 같이 이 시대는 정명석을 통해 역사하신다.

(2) 정명석은 조건을 세워 신부가 되었다.[141]

아들은 조건이 없이 낳으면 아들이 되지만, 신부는 자기가 깨닫고 사랑하는 조건을 세워야 신부가 된다. 이 시대의 사명자(정명석–필자 주)는 신부로서 한 여자가 한 남자를 사랑하여 자신의 정신과 몸과 사랑을 다 내어주듯이 성자 주님 앞에 절대 사랑의 조건을 세운 자라야 주님의 신부가 된다. 정명석은 지구에서 하나님을 가장 사랑하는 조건을 세워 하늘 신부로 부활되었다.

(3) 정명석은 성약의 분체이다.[142]

성자주님(성자본체)은 신약시대에는 예수님을 자기의 몸(성자분체)으로 삼고 역사하시고, 성약시대인 지금은 정명석을 몸(성자분체) 삼아 역사한다. 성자본체는 분체를 가지고 인생들을 구원하는데, 예수님은 신약의 분체, 정명석은 성약의 분체이다. 성자는 하늘 앞에 절대적인 신부로서의 사랑의 조건을 세운 정명석을 성자의 몸(분체) 삼아 '신랑'으로 오신다. 성자분체인 정명석을 대하는 것이 성자의 본체를 대하는 것과 같다.

(4) 정명석은 새 시대의 길과 진리요 생명이다.

정명석은 과거의 모든 역사를 종결짓는 재림의 역사로서 과거 어떤 선지자나 중심인물에 비교할 수 없는 사명자이다. 정명석은 성자 주님 앞에 나아가는 길이요, 진리요, 생명이요, 구원받을 자 앞에 표상자이

---

141) 기독교복음선교회, 『실제 보는 강의안』, 86.
142) 기독교복음선교회, 『실제 보는 강의안』, 86~89.

다.[143] 이 시대 성자분체인 정명석을 맞이해야 구원받는다.

반증

(1) 구원자는 예수 그리스도뿐이다.

시대별 메시아론은 사람들로 하여금 예수님을 떠나 이단교주를 믿게 하는 데 미혹성이 높은 교리이다. 노아 시대는 노아를 통해 구원하였고, 아브라함 시대는 아브라함을 통해 구원하였고, 출애굽 때는 모세를 통해 구원하시지 않았느냐? 가나안 땅에 들어갈 때는 여호수아를 통해 역사하셨고, 그와 같이 선지자들을 통해 구원역사를 펼치시다가 예수님 시대는 예수님을 통해 구원하셨다. 그렇다면 이 시대도 그와 같이 어떤 특정한 사람을 통해 역사하시지 않겠느냐? 그분이 바로 정명석이라고 주장하는 것이다.

시대별 메시아론은 모든 이단들의 공통과목이다. 이들은 예수님이 구원자임을 부인하지는 않는다. 다만 조건이 있다. 시대마다 구원자가 있는데, 예수님은 초림 때의 구원자였다는 것이다. 홍수시대에는 노아가 구원자, 아브라함 때는 아브라함이 구원자, 모세 때는 모세가 구원자, 초림 때는 예수님이 구원자라는 것이다. 그럴싸한 주장임에는 틀림없다. 어려서부터 예수님을 믿으면서 자란 사람들일지라도 예수님을 잘 모르면 넘어가기 쉽다. 그러나 미혹되어 넘어가는 사람들은 예수 그리스도가 어떤 분이신지를 제대로 몰라서 당하는 것이다.

시대마다 구원자가 있었다는 정명석의 주장은 거짓말이다. 구원자는 자신이 구원받을 사람이 아니고 다른 사람을 구원할 수 있어야 한

---

143) 기독교복음선교회, 『실제 보는 강의안』, 88.

다. 구원자는 죄와 사망 가운데 있는 사람들을 건져내 천국으로 가게
하는 사람이다.[144] 이런 사람은 예수님 외에 하나도 없다. 성경은 "다
른 이로써는 구원을 받을 수 없나니 천하 사람 중에 구원을 받을 만한
다른 이름을 우리에게 주신 일이 없음이라(행4:12)"고 하였다.
　우선 노아부터 살펴보자. 노아가 구원자인가?

　1) 노아
　노아는 방주를 만들어 가족을 구원했던 사람이다. 노아와 방주는 우
리에게 무엇을 계시하고 있는가? 노아의 방주에는 누구든지 들어오
기만 하면 홍수심판에서 구원받았다. 그것은 우리에게 누구든지 예수
를 믿기만 하면 구원을 받는다는 것을 말하고 있다. 노아는 예수님을
예표(豫表)하였다. "노아의 때와 같이 인자의 임함도 그러하리라"(마
24:37). 실상 노아도 아담 이후의 사람으로서 원죄 가운데 있었던 사
람이었고, 하나님의 은혜를 받아 그 시대에 쓰임 받기도 했지만 그 역
시도 결국 예수님을 통해서 구원받아야 하는 죄인이었다.
　성경은 분명히 말하고 있다. 하나님께서는 어떤 나라나 어떤 지역이
불법을 행하여 심판하실 때 노아, 다니엘, 욥이 있어도 자기의 생명만
건질 뿐이지, 자식들도 건지지 못할 것이라고 분명히 말씀하셨다. 노아,
다니엘, 욥이 그 시대의 구원자라면 그 시대에 많은 사람들을 구원하여
야 했으나 그렇게 하지 못했다. 그들은 자기 자식들도 구원하지 못하고,
자기의 의로 자기의 생명만 겨우 건졌을 뿐이다. 그 시대의 사명자는 되
었을지언정 구세주는 아니었던 것이다. 실상 노아도, 선지자들도 영적
으로는 전부 구원받아야 할 죄인들이었던 것이다. 그런데 무슨 시대별
메시아인가? 노아는, 하나님의 은혜 가운데 쓰임 받은 사람이었지만,

144) 진용식(2020, 5,7) "예수님은 초림 때의 구원자… 이 시대 구원자는 이만희" 국민일보,
　　35면.

그럼에도 불구하고 그 역시 예수님을 통해 구원받아야할 죄인이다.

> 인자야 가령 어떤 나라가 불법을 행하여 내게 범죄하므로 내가 손을 그 위에 펴서 그 의지하는 양식을 끊어 기근을 내려 사람과 짐승을 그 나라에서 끊는다 하자 비록 노아, 다니엘, 욥 이 세 사람이 거기 있을지라도 그들은 자기의 생명만 건지리라 나 주 여호와의 말이니라(겔14:14~16).

> 가령 내가 그 땅 위에 전염병을 내려 죽임으로 내 분노를 그 위에 쏟아 사람과 짐승을 거기에서 끊는다 하자 비록 노아, 다니엘, 욥이 거기에 있을지라도 나의 삶을 두고 맹세하노니 그들도 자녀는 건지지 못하고 자기의 공의로 자기의 생명만 건지리라 주 여호와의 말씀이니라(겔14:19~29).

2) 아브라함

아브라함은 그 시대의 구세주인가? 아브라함은 누구인가? 아브라함은 원래 갈대아 우르의 우상 숭배하는 지역에서 살던 사람이었다. 그러나 하나님께서 불러내어 그와 자손들에게 가나안 땅을 주시고, 하늘의 별처럼 자손들을 많게 해주시겠다고 약속하셨다. 그리고 복을 많이 주시고 믿음의 조상이 되게 하셨다. 그도 하나님께서 은혜를 주시고, 들어 쓰신 사람임에는 틀림이 없다. 그러나 그렇다고 해서 그가 그 시대의 구세주로 쓰임 받은 것은 아니다. 그도 죄 사함 받고 구원받아야할 죄인 중에 한 사람일 뿐이었다. 그는 예수님을 통한 구원을 기다리고 바라보았다. "너희 조상 아브라함은 나의 때 볼 것을 즐거워하다가 보고 기뻐하였느니라(요8:56)."

예수님께서는 아브라함이 예수님의 때를 볼 것을 즐거워하다가 보고 기뻐하였다고 하였다. 왜 아브라함은 예수님을 보고 기뻐했는가? 아브라함 자신이 스스로 구원받는 것이 아니고, 아브라함도 예수님을 통해 구원받기 때문이다.

3) 모세

모세는 구세주인가? 모세는 율법을 통해 사람들을 구원하는가? 아니다. 성경은 '율법을 통해 의롭게 될 사람은 없나니 하나도 없다'고 하였다. 정작 율법을 받아온 모세도 율법을 다 지킬 수 없었다. 율법은 사람들로 하여금 죄를 알게 하고, 예수님께로 안내하는 초등선생 역할을 하기 위해 주어졌다.

① 모세는 그리스도를 바라보았다.

모세는 애굽 왕자로서 궁중에서 호의호식하며 잘 살 수 있었다. 잘하면 차기 바로(Pharaoh) 왕도 될 수 있었을 것이다. 그런데 광야에서 왜 그렇게 생고생을 하였는가? 히브리서 기자는 모세가 상(償) 주실 그리스도를 바라보았기 때문이라고 하였다. 모세는 왜 그리스도를 바라보았는가? 그도 예수 그리스도를 통해 상 받기 때문에 바라보았던 것이다.

> 믿음으로 모세는 장성하여 바로의 공주의 아들이라 칭함 받기를 거절하고 도리어 하나님의 백성과 함께 고난 받기를 잠시 죄악의 낙을 누리는 것보다 더 좋아하고 그리스도를 위하여 받는 수모를 애굽의 모든 보화보다 더 큰 재물로 여겼으니 이는 상 주심을 바라봄이라(히11:24~26).

② 모세는 예수님에 대해 기록하였다.

예수님께서는 너희가 "모세를 믿었더라면 또 나를 믿었으리니 이는 그가 내게 대하여 기록하였음이라"고 말씀하셨다(요5:46). 모세는 왜 예수님에 대해서 기록하였는가? 예수님만이 구세주였기 때문이다. 모세는 예수님이 오셔서 하실 사역에 대해 그림자로서의 역할을 보여주었다. 모세가 이스라엘 백성을 출애굽시켰듯이, 예수님은 자기 백성들을 세상에서 탈출시켜 이끄셨다. 모세의 놋뱀 사건은 예수님의 십자가 사건을 예표하고 있다. 뱀에게 물린 자마다 놋뱀을 보면 살아났듯이, 사탄에게 물린 자마다 십자가의 도를 통해 구원받으라는 의미인 것이다. "모세가 광야에서 뱀을 든 것 같이 인자도 들려야 하리니 이는 그를 믿는 자마다 영생을 얻게 하려 하심이니라(요3:14~15)."

   4) 여호수아, 다윗, 솔로몬, 요나….
   여호수아는 누구인가? 이스라엘 백성들은 여호수아를 따라서 가나안 땅에 들어갔다. 가나안 땅은 천국에 대한 모형이고, 여호수아를 희랍어로 하면 예수이다. 그러므로 이스라엘 백성들이 여호수아를 따라서 가나안 땅에 들어가듯이, 새 이스라엘로서 구원받은 성도들은 예수님을 따라서 천국에 들어간다는 의미이다.
   다윗은 누구인가? 다윗은 이스라엘 왕들 중에 하나님을 잘 믿었던 왕이었다. 예수님은 왕 중의 왕으로서 영원한 왕임을 보여주고 있다.
   솔로몬은 누구인가? 지혜의 왕이다. 예수님은 솔로몬보다 더 큰 이로서 하나님의 지혜 중의 지혜이다. 예수님은 우리의 지혜와 구원과 의와 거룩함이 되신다(고전1:30). 우리의 지혜로는 우리를 구원할 수 없다. 예수님을 우리의 지혜로 삼아야 만이 우리가 멸망당하지 않고 살 수 있다.
   요나는 누구인가? 요나는 큰 물고기 뱃속에서 사흘 동안 있다가 살아난 사람이다. 예수님은 땅속에 사흘 동안 있다가 부활하신 분이다. 요나는 예수님의 부활을 설명하고 믿게 하는 예표인 것이다. 예수님께서 친히 "요나가 밤낮 사흘 동안 큰 물고기 뱃속에 있었던 것 같이 인자도 밤낮 사흘 동안 땅속에 있으리라(요12:40)"고 말씀하셨다.
   결국 구약의 모든 시대의 사명자들은 전부 예수님의 속성을 보여주고 있다. 예수님이 오셨을 때, 구약의 인물들을 통해 예수님의 사역을 깨닫게 하는 것이다. 여호수아, 다윗, 솔로몬, 요나도 예수의 피로 구원 받아야 할 사람이었다. 시대별로 하나님께 쓰임 받은 사명자들이었지만, 실제로는 그들조차도 구원받아야 할 죄인들이었다. 그러므로 '이 시대의 메시아', 또는 '이 시대의 구세주'라는 말도 가당치 않은 말이다.

(2) 예수님의 메시아 직분이 갈리는가?

예수님은 누구신가? 예수님은 사람이면서도 하나님이시다. 그래서 예수님의 피만이 죄인들을 속죄할 수 있다. 신구약의 어떤 인물도 예수님께서 하신 일을 대신할 수 없다. 예수님 외에 모든 사람들은 원죄 가운데 태어난 죄인들이다. 그래서 어떤 선지자라도 자기 죄 가운데 사는데 누구를 위해 대신 죽어서 죗값을 해결해 줄 수 있다는 말인가? 예수님의 피밖에는 속죄할 사람이 아무도 없다.

예수님은 죽으셨지만 부활하셔서 영원히 살아 계신다. 그러므로 구약의 인물들처럼 왔다가 사라지는 분이 아니다. 예수님은 영원히 살아서 영원히 다스리신다. 예수님은 알파와 오메가가 되시며, 처음과 나중이요, 시작과 끝이다(계22:13). 한마디로 영원한 그리스도이시다. 그러므로 이 시대는 정명석이 메시아라는 말은 비진리이다. 메시아 사명은 예수님에게서 정명석이나 타인에게로 넘어가거나 바뀌지 않는다. "예수는 영원히 계시므로 그 제사장 직분도 갈리지 아니하느니라(히7:24)."

세상의 모든 직분자들은 다 갈린다. 대통령도 갈리고, 국무총리도 갈리고, 국회의원도 갈리고, 미스코리아도 갈리고, 통장도 갈리고, 반장도 갈리고, 목사도 갈리고, 다 갈린다. 그러나 예수님은 갈리지 않는다. 히브리서 7장 24절에서 제사장 직분이 갈리지 않는다고 특별히 언급되어 있다. 제사장 직분이 갈리지 않는다는 것은 메시아 직분이 갈리지 않는다는 의미이다. 메시아는 제사장, 선지자, 왕으로서 3중직의 소유자이고, 그 중에서 제사장직은 속죄권을 행사하는 메시아의 가장 귀한 사역 중의 하나이다. 그러므로 제사장 직분이 갈리지 않는다는 말은 메시아 직분이 갈리지 않는다는 말이다.

하나님이 갈리지 않듯이, 예수님의 메시아 사명도 갈리지 않는다. 성경에 특별히 언급한 것은 특별히 언급한 것을 중심으로 믿어야 한다. '예수님의 제사장 직분이 갈리지 않는다'는 이 선언적 말씀을 다르게 해석할 수가 없다. 갈린다고 말하는 사람이 바로 적그리스도이다. 시대마다 구원자가 있다는 말은 인간교주를 이 시대의 메시아라고 주장하기 위해 만들어낸 거짓말이다.

(3) 정명석은 조건을 세워 신부가 되었는가?

성경에서 신부는 어떤 개인을 말하는 것이 아니다. 이단들마다 전부 교주를 하나님의 신부, 예수님의 신부라고 하면서 자기를 특별한 존재로 과대포장하거나 신격화한다. 그러나 성경에서는 어떤 개인을 신부라고 하지 않는다. 구약에서는 이스라엘이나 유다 나라를 신부라 하였고, 신약에서는 교회를 신부라 하였다. 그래서 이스라엘이나 유다 나라 사람들이 남편 되는 하나님을 멀리하고 다른 신을 섬겨 우상숭배를 하는 것을 음행이라고 하였다.

하나님께서 에스겔 선지자에게 말씀하시기를, 하나님께는 오홀라와 오홀리바라는 두 여인들이 있는데, 그 두 여인들이 음행하였다고 하였다. 그 의미는, 오홀라는 이스라엘이요, 오홀리바는 유다 나라인데, 이 두 나라가 하나님을 떠나 우상숭배를 하였다는 것이다(겔23장). 그리고 하나님께서는 호세아 선지자를 통하여 이스라엘 나라에게 장가들겠다고 말씀하셨다.

내가 네게 장가들어 영원히 살되 공의와 정의와 은총과 긍휼히 여김으로 네게 장가들며 진실함으로 네게 장가들리니 네가 여호와를 알리라(호2:19~20).

이와 같이 하나님께서 신부나 아내를 말씀하실 때는 결코 어떤 개인을 위한 호칭으로 쓰지 않으셨다. 그러므로 어떤 교주가 자기만을 특별히 하나님의 신부라고 하는 것은 개인우상화이고, 신격화의 범죄이다.

바울도 교회를 그리스도의 아내라 비유하였지, 자기를 하나님의 신부나 아내라고 하지 않았다.

그러므로 사람이 부모를 떠나 그의 아내와 합하여 그 둘이 한 육체가 될지니 이 비밀이 크도다 나는 그리스도와 교회에 대하여 말하노라(엡5:31~32).

그리고 바울은 사람들을 전도해서 예수 믿게 하는 것을 그리스도께 중매서는 것으로 비유했을 뿐이지, 자기가 조건을 세워서 그리스도의 아내로 뽑혔다고 말하지는 않았다. 오히려 바울은, 사람들이 예수님을 떠나서 다른 교주를 믿는 것은 하와가 뱀의 말에 미혹되어 선악과를 따먹은 것처럼, 그리스도를 향하는 진실함과 깨끗함에서 부패한 것이라고 하였다.

내가 하나님의 열심히 너희를 위하여 열심을 내노니 내가 너희를 정결한 처녀로 한 남편인 그리스도께 드리려고 중매함이로다 그러나 나는 뱀이 그 간계로 하와를 미혹한 것 같이 너희 마음이 그리스도를 향하는 진실함과 깨끗함에서 떠나 부패할까 두려워하노라

만일 누가 가서 우리가 전하지 아니한 다른 예수를 전파하거나 혹은 너희가 받지 아니한 다른 영을 받게 하거나 혹은 너희가 받지 아니한 다른 복음을 받게 할 때에는 너희가 잘 용납하는구나(고후11:2~4).

요한계시록 21장 9절에서 천사는 사도요한에게 그리스도의 아내를 보여준다고 하면서 긴장감을 높였으나, 천사가 보여준 신부 곧 어린

양의 아내는, 어떤 특정한 인물이 아니라, 새 예루살렘 성을 보여주었던 것이다. 새 예루살렘은 천국에서 완성된 교회를 말하는 것이다. 천사가 어떤 개인을 보여주었다면, 이단교주는 자기가 바로 그 신부라고 주장할 수 있을 것이다. 그러나 새 예루살렘을 보여준 것은 구원받은 모든 성도들이 바로 신부라는 의미이다.

> 일곱 대접을 가지고 마지막 일곱 재앙을 담은 일곱 천사 중 하나가 나아와서 내게 말하여 이르되 이리 오라 내가 신부 곧 어린 양의 아내를 네게 보이리라 하고 성령으로 나를 데리고 크고 높은 산으로 올라가 하나님께로부터 하늘에서 내려오는 거룩한 성 예루살렘을 보이니(계21:9~10).

정명석의 요점은, 자기는 하늘 앞에 사랑의 조건을 세워서 신부로 뽑혔지만, 세상에 대해서는 신랑으로 왔다고 주장하는 것이다. 그 말은, 자기는 이 시대의 신랑이므로 자기를 사랑해야 한다고 주장하는 것이다. 그러면서 실제로 이 시대의 신랑으로서 행세하려드니 성문제가 터져 나오는 것이다. 예수님은 영적인 신랑이지 육신의 신랑은 아닌 것이다. 그러나 정명석은 자기를 실제 신랑으로 받아들이게끔 끌고 간다. 성범죄를 저지른 후 교리적으로 합리화한다. 이와 같이 교리가 잘못되면, 지옥에 갈 죄를 저지르면서도 지옥에 가는 줄 모르고 뻔뻔하게 행동하게 된다.

(4) 예수님은 성자분체가 아니라, 하나님 본체이다.

정명석이나 다른 이단교주들은 공통적으로 예수님을 보통 사람이었으나 하나님의 영이 들어가서 하나님이라고 하는 것일 뿐, 예수님은 절대로 하나님이 아니라고 주장한다. 그것은 자기들도 보통 사람이지만 예수님의 영이 들어와서 예수님이나 마찬가지라고 말하기 위해서 만들어낸 교리이다. 그러나 그것은 성경을 잘 모르고 하는 말이다. 사도요한은 예수님이 바로 창조주 하나님이시라고 증언하고 있다.

> 태초에 말씀이 계시니라 이 말씀은 하나님과 함께 계셨으니 이 말씀은 곧 하나님이시라 그가 태초에 하나님과 함께 계셨고 만물이 그로 말미암아 지은 바 되었으니 지은 것이 하나도 그가 없이는 된 것이 없느니라… 말씀이 육신이 되어 우리 가운데 거하시매 우리가 그의 영광을 보니 아버지의 독생자의 영광이요 은혜와 진리가 충만하더라(요1:1~14).

사도 바울 역시 예수님이 원래 하나님 본체였다고 증언하고 있다.

> 너희 안에 이 마음을 품으라 곧 그리스도 예수의 마음이니 그는 근본 하나님의 본체시나 하나님과 동등됨을 취할 것으로 여기지 아니하시고 오히려 자기를 비워 종의 형체를 가지사 사람들과 같이 되셨고 사람의 모양으로 나타나사 자기를 낮추시고 죽기까지 복종하셨으니 곧 십자가에 죽으심이라 이러므로 하나님이 그를 지극히 높여 모든 이름 위에 뛰어난 이름을 주사 하늘에 있는 자들과 땅에 있는 자들과 땅 아래 있는 자들로 모든 무릎을 예수의 이름에 꿇게 하시고 모든 입으로 예수 그리스도를 주라 시인하여 하나님 아버지께 영광을 돌리게 하셨느니라 (빌2:5~11).

예수님은 말씀이 육신이 되어 우리 가운데 거하신 것이다. 말씀은 하나님과 함께 계셨고, 말씀은 세상을 창조하신 분이고, 그분이 사람이 되어 오신 것이다.

성자가 예수님이고, 예수님이 성자이다. 그리고 예수님은 몸(육신)이 부활하셨기 때문에 다른 사람의 몸을 빌려 오시지 않는다. 부활하시고 승천하셨던 예수님 그분이 다시 오시는 것이다.

(5) 정명석이 길과 진리요 생명인가?

정명석의 이런 주장은 반증할 거리도 아니지만 미혹된 사람들에게
는 이런 당연한 것도 기초부터 다시 배워야 할 필요성이 있다. 오직 예
수 그리스도만이 길과 진리요 생명이시다.

> 나는 길이요 진리요 생명이니 나로 말미암지 않고는 아버지께로 올 자가 없느니
> 라(요14:6).

> 다른 이로써는 구원을 받을 수 없나니 천하 사람 중에 구원을 받을 만한 다른
> 이름을 주신 일이 없음이라 하였더라(행4:12).

> 주도 한 분이요 믿음도 하나요 세례도 하나요 하나님도 한 분이시니 곧 만유
> 의 아버지시라 만유 위에 계시고 만유를 통일하시고 만유 가운데 계시도다(엡
> 4:5~6).

> 비록 하늘에나 땅에나 신이라 불리는 자가 있어 많은 신과 많은 주가 있으나
> 그러나 우리에게는 한 하나님 곧 아버지가 계시니 만물이 그에게서 났고 우리도
> 그를 위하여 있고 또한 한 주 예수 그리스도께서 계시니 만물이 그로 말미암고 우
> 리도 그로 말미암아 있느니라(고전8:5~6).

(6) 메시아의 유일성

성경에서 그리스도는 오직 예수 그리스도 한 분뿐이라는 것을 명확
하게 증거하고 있다.[145]

---

145) 피영민,『영광스러운 비전』(서울: 검과흙손, 2014), 273.

1) 여자의 후손

창세기 3장 15절의 원(原) 복음에 메시아에 대한 예언이 나온다. "내가 너로 여자와 원수가 되게 하고 너의 후손도 여자의 후손과 원수가 되게 하리니 여자의 후손은 네 머리를 상하게 할 것이요 너는 그의 발꿈치를 상하게 할 것이니라 하시고(창3:15)." 여기서 뱀의 머리를 상하게 할 여자의 후손이 단수이고 남성이다. 이 예언은 예수님께서 처녀탄생하심으로 성취되었다.

2) 아브라함의 씨

창세기 22장 18절에 나오는 아브라함의 씨도 단수이다. "또 네 씨로 말미암아 천하 만민이 복을 받으리니 이는 네가 나의 말을 준행하였음이니라 하셨다 하니라(창22:18)." 아브라함의 씨가 어찌 한 사람뿐이겠는가? 그러나 바울은 하나님께서 아브라함의 씨를 말씀하실 때 복수가 아닌 단수였음을 말하며 그 예언의 주인공은 오직 그리스도 예수라고 해석하였다. "이 약속들은 아브라함과 그 자손에게 말씀하신 것인데 여럿을 가리켜 그 자손들이라 하지 아니하시고 오직 하나를 가리켜 네 자손이라 하셨으니 곧 그리스도라(갈3:16)." 그러므로 아브라함의 씨는 예수그리스도 한 분으로 성취되었다.

3) 의로운 가지

예레미야 23장 5절에 "여호와의 말씀이니라 보라 때가 이르리니 내가 다윗에게 한 의로운 가지를 일으킬 것이라 그가 왕이 되어 지혜롭게 다스리시며 세상에서 정의와 공의를 행할 것이며(렘23:5)"라고 하였다. 여기서도 '한 의로운 가지(a righteous Branch)'는 단수이다. 이 한 의로운 가지는 예수님께서 다윗의 혈통에서 나오심으로 성취되었다.

4) 한 목자

에스겔 34장 23절에도 단수 메시아에 대한 표현이 등장한다. "한 목자"이다. "내가 한 목자를 그들 위에 세워 먹이게 하리니 그는 내 종 다윗이라 그가 그들을 먹이고 그들의 목자가 될지라(겔34:23)." 하나님이 세우시는 목자는 오직 하나임을 강조하고 있다. 이 예언은 이미 죽은 다윗이 다시 올 것을 말한 것이 아니라, 다윗의 이름을 빌어 예수 그리스도의 오심을 말씀하신 것이다.

5) 기타

노아의 방주에도 문이 하나밖에 없었으며, 하나님의 집을 상징하는 성막에도 문이 하나밖에 없었다. 예수님은 자기가 문이라고 직접 천명하셨다. "내가 문이니 누구든지 나로 말미암아 들어가면 구원을 받고 또는 들어가며 나오며 꼴을 얻으리라(요10:9)." 그러므로 구원받기 위해서나, 하나님께 나아가기 위해서나 오직 예수 그리스도 만이 유일한 문인 것이다.

6) 복수의 거짓 메시아들

이에 반하여, 성경에 거짓 목자들, 즉 거짓 메시아들은 항상 복수로 표기되었다.

많은 사람들이 내 이름으로 와서 이르되 나는 그리스도라 하여 많은 사람을 미혹하리라(마24:5).

사랑하는 자들아 영을 다 믿지 말고 오직 영들이 하나님께 속하였나 분별하라 많은 거짓 선지자가 세상에 나왔음이라(요일4:1).

미혹하는 자가 세상에 많이 나왔나니 이는 예수 그리스도께서 육체로 오심을 부인하는 자라 이런 자가 미혹하는 자요 적그리스도니(요이1:7).

결론

구약성경에도 메시아는 한 분뿐이고, 신약성경에도 메시아는 한 분뿐이며 그분이 예수 그리스도임을 명확하게 증거하고 있다.

구약의 믿음의 선조들은 예수 그리스도에 대한 표상이고, 예표적 인물들이다. 그들도 그 시대에 쓰임 받은 인물들이기는 하나 그들을 구세주라고 하지는 않는다. 왜냐하면 그들은 육적인 구원자는 될 수 있을지언정 영적인 구세주는 될 수 없기 때문이다. 영적인 구원자라 하면 우리의 죄와 허물로부터 구속하여 주는 것을 말한다. 그래서 지옥에 갈 수밖에 없는 사람들을 천국으로 가게 하는 분이어야 한다. 그에 해당하는 분은 신구약을 막론하고 오직 예수 그리스도뿐이다.

예수님께서 세상에 오시기 전에는 앞으로 오실 예수님을 바라보고 구원을 받은 것이다. 예수님께서 오신 후에는 영원히 구원자가 되셨다.[146] "그가 아들이면서도 받으신 고난으로 순종함을 배워서 온전하게 되었은즉 자기에게 순종하는 모든 자에게 영원한 구원의 근본이 되시고(히5:8~9)."

구원자는 시대마다 있는 것이 아니라, 오직 예수님 한 분만이 영원한 구원자이시다. 죄인인 인간은 절대 구원자가 될 수 없다. 그리스도는 바뀌지 않는다(히7:24).

---

146) 진용식(2020, 5,7) "예수님은 초림 때의 구원자… 이 시대 구원자는 이만희" 국민일보, 35면.

11
재림론

예수님의 재림은 기독교의 최대 소망이다. 신약성경의 마지막인 요한계시록은 "주 예수여 어서 오시옵소서!(계22:20)"라고 하면서 마치고 있다.

정명석의 주장

정명석은 먼저 기독교의 재림론을 소개한 후 잘못된 신앙이라고 비판하였다. 정명석의 주장을 먼저 파악한 후 반증한다.

(1) 기독교의 재림론[147]
예수님을 믿는 자들은 초림 때 나타나신 나사렛 예수님이 육신의 모습 그대로 온다고 믿고, 하늘을 쳐다보고 예수님을 기다리고 있다. 예수님은 육으로 재림하시고, 믿는 사람들은 자신들의 육이 휴거된다고 믿는다.

---

147) 기독교복음선교회,『실제 보는 강의안』, 92.

(2) 그러나 재림하는 분은 창조자 성자이다.[148]

정명석에 의하면, 재림은 예수님이 다시 오시는 것이 아니라, 성자의 영이 정명석의 몸을 빌려 나타나는 것이다. 초림은 2,000년 전에 성자의 영이 나사렛 예수님의 몸을 빌려 나타난 것이다. 성자의 영이 초림 때는 예수님의 몸을 쓰셨고, 재림 때는 정명석의 몸을 쓰고 나타나는 것이라고 한다.

예수님의 육신이 다시 올 것으로 알고 믿고 기다린 자들은 실망하고 실패한 것이다. 인간의 육신을 가진 자는 한 시대, 한 인물, 한 역사이다. 나사렛 예수님은 신약권 주인이다. 이를 확실히 알고 쪼개야 한다.

재림 때는 창조자 성자가 재림하는 것이다. 성자영체가 그 시대 택한 자의 육신을 쓰고 도적같이 오는데, 옛날 사명자인 죽은 예수님의 육신이 온다고 기다리니 이는 죽은 자기 애인이나 부모가 살아 올 것이라고 기다리는 자와 똑같은 자들이다. 비유로, 엄마가 죽은 어린아이에게 자기 아버지가 "때가 되면 네 엄마가 온다"고 했더니 그 아이가 죽은 엄마가 올 줄 알고 애타게 기다리는 것과 같다. 이 아이는 죽은 엄마가 정말 올 줄로 알고 있었다. 그러나 그 후 10년이 지난 뒤 그 아버지가 다른 여자를 데려와서 살면서 그 아이에게 "네 엄마다"하는 격과 같다.

이와 같이 주관권 역사이므로 신약 주관권은 신약권 세계이다. 성자는 다시 와서 성약역사를 1,000년간 그의 분체(정명석-필자 주)와 같이 펴게 된다. 고로 초림주도 성자, 재림주도 성자이다.[149]

(3) 성삼위 하나님이 임하시는 방법

---

148) 기독교복음선교회, 『실제 보는 강의안』, 93.
149) 기독교복음선교회, 『실제 보는 강의안』, 94.

성삼위 하나님은 항상 그 시대의 사명자를 통해서 나타나셔서 역사하셨다.

1) <구약시대>에는 노아, 아브라함, 요셉, 모세, 여호수아, 기드온, 다윗, 엘리야 등 사사들, 중심인물들, 선지자들을 쓰고 나타나 말씀하시고 행하시며 역사를 펴셨다.

2) <신약시대>에는 전능하신 성자가 하나님과 함께 '나사렛 예수님의 육신'을 쓰고 오셨다. 아들은 조건 없이 낳으면 아들이 되므로, 나사렛 예수님이 성령으로 잉태되어 아들의 몸으로 태어날 때부터 역사하여 초림 때 성자가 그 육신을 쓰고 나타나셨다.

3) 재림의 약속을 이루는 <성약시대>에도 전능하신 성자본체가 다시 오신다. '나사렛 예수님'이 초림 때 그 모습 그대로 다시 오는 것이 아니다. 성약 재림시대에 성자는 '신랑'으로 다시 오신다. 고로 땅에서 하늘 앞에 절대 사랑의 조건을 세운 자의 육신을 쓰고 오신다. 신부가 되려면 자기가 깨닫고 사랑하는 조건을 세워야 되는데, 이 말씀을 받아 주신 선생님은 신랑이신 성자 앞에 그 짝사랑의 한을 깨닫고 사랑의 인봉을 풀고 사랑의 조건을 세웠다. 그러므로 성자가 그 육신을 쓰고 나타나 그를 통해 시대의 복음을 전하여 삼위일체와 이 시대를 증거하게 하시고 약속하신 뜻을 이루신다.

4) 고로 하나님은 역사적으로 볼 때 사람을 통해 땅의 구원의 일을 하셨다. 남자가 여자를 통해 아기를 낳듯이, 하나님도 사람을 통해 역사하신다. 성삼위께서는 사역자의 육체를 쓰고, 하늘에서 뜻을 이룬 것 같이 땅에서도 이루신다.

(4) 어떻게 성자가 오셨는지 알 수 있을까?

1) 말씀을 듣고 행함을 봐야 한다.

성자는 나사렛 예수님의 육신이 살아있을 때 그 육신을 통해 직접 말씀하셨다. "내가 하나님의 아들인 것을 모르겠거든 나의 말을 듣고 나의 행함을 보고 믿어라" 하셨다. 이와 같이 '말씀'을 듣고 '행함'을 보고 믿어야 한다. 그러나 성자가 '육신'을 쓰고 오시는 것을 모르면, 초림 때 하나님이 성자와 함께 '나사렛 예수님의 육신'을 쓰고 오셨을 때 유대종교인들이 모르고 불신했듯이 불신한다. 재림 때인 이 시대에도 또 모르고 이미 불신했다. 불신한 죄로 인하여 고난의 역사를 신부 시대에 펴 나간다.

죽은 예수님을 기다리는 것은 죽은 엄마를 기다리는 것과 같다. 재림 예수는 새로운 사람으로서 아빠가 10년 후 새 엄마를 데려오는 것과 같다.

2) 기다린 역사가 온 지 이미 반세기가 되었다.

성약말씀에 해당되는 말씀을, 성자 주님이 그 분체인 사명자(정명석-필자주)를 통하여 잠언을 4만 편을 쓰고, 설교를 2만 번 하고, 계시자들을 통하여 2천 편 넘게 증언하게 하셨다. 믿고 따르는 자들이 구름같이 오고 있다.

3) 재림 역사가 시작되어도 그 주관권 외에는 나사렛 예수님 때와 같이 전혀 모른다.

세상 모든 것도 아는 자만 안다. 모르는 자는 시대가 가도 모른다. 선생도 식구들이 한 집에 살아도 말 안하니까 모르고 계속 핍박했다. 말씀을 듣고 따른 자만 알고 온다. 알고 믿는 자는 벌써 33년 전부터

듣고 믿고 살아왔다.[150]

(5) 성자 주님이 재림하시는 목적

1) 사랑의 열매를 맺어 신부로 준비된 자들을 천국으로 데려가서 혼인 잔치를 하기 위해 오신다.(완전한 구원)

2) 세상을 심판하기 위해 오신다.

6,000년간 삼위 하나님은 인간에게 사랑의 농사를 지으셨기에 그 사랑을 거두길 원하신다. 사랑의 열매를 거두어들이고, 가라지는 모아서 불사르는 때이다. 고로 추수가 목적이다. 알곡과 가라지를 가르는 것이 목적이다.

(6) 재림의 때는 언제인가?

정확히 알 수는 없지만 징조를 통해 알 수가 있다. 이스라엘의 독립이 재림의 징조다. 정명석은 예수님의 무화과나무의 비유가 바로 이스라엘의 독립에 관한 예언이라고 한다.[151]

무화과나무의 비유를 배우라 그 가지가 연하여지고 잎사귀를 내면 여름이 가까운 줄을 아나니 이와 같이 너희도 이 모든 일을 보거든 인자가 가까이 곧 문 앞에 이른 줄 알라(마24:32~33).

1) 이스라엘 민족의 독립(1948. 5. 14)은 임박한 재림의 징조이다.

무화과는 이스라엘을 상징하고, 여름이 가깝다는 것은 이스라엘 민

---

150) 기독교복음선교회, 『실제 보는 강의안』, 96. cf. 정명석은 1978년 6월 1일부터 성약역사가 시작되었다고 주장한다.
151) 기독교복음선교회, 『실제 보는 강의안』, 100.

족의 독립이 임박했음을 의미한다. 이스라엘이 독립이 되면 곧 인자가 가까이 왔음을 알아야 한다고 했다.

2) 이 시대 중심섭리에 꽃이 피고 잎이 피고 있다.

이 시대 중심섭리(한국-필자 주)에 꽃이 피고 성자 주님을 믿는 자들에게 잎이 피면 성자 주님의 재림이 가까이 온 줄을 알아야 한다.

3) 세계적인 대환난이 일어난다.

심판은 지역별 심판이다. 꼭 지구 세상 70억 명을 다 멸해야 심판으로 보느냐? 그런 심판은 없다. 하나님의 역사를 펴야 하기 때문이다.

결론

세계 곳곳에 일어나는 재난, 적그리스도의 출현, 복음의 세계화, 선지자들의 경고, 시대 사명자를 통해 전하는 재림의 말씀을 통해 이 시대가 재림의 때임을 부인할 수가 없다.[152]

성자 주님의 재림은 두 번 있다. 1차는 육적 휴거 역사이다. 땅에서 자기를 기다리는 자들을 위해 땅의 사명자를 쓰고 오는 재림으로, 육신을 사망에서 생명으로 나오게 하여 신부로서 성자를 맞게 하고 땅에서 신부 집 혼인잔치를 하는 것이다. 이것이 1차 휴거 역사이다.

2차는 영적 휴거 역사이다. 성자가 신부 집의 혼인잔치를 하고 하늘에 오르사 천사장이 나팔을 불면 성자 영체가 다시 와서 그 본체를 그제야 보이면서, 신부로 예비하여 변화된 영들을 휴거시켜 천국에 데려간다. 천 년 동안 신랑 집 혼인잔치, 2차 영적 휴거 역사를 하는 것이다.

고로 성자가 두 번 강림한다는 것이다. 육과 영으로 쪼개서 보아라.

---

152) 기독교복음선교회, 『실제 보는 강의안』, 108.

이는 한국의 전통 혼례에서 어떤 남자가 결혼하면 잔치를 두 번 하는 격이다. 먼저 신부 집 잔치, 그것이 끝나면 그 다음 신랑 집 잔치를 한다. 먼저는 육신 휴거 잔치를 땅에서 하고, 그 다음은 영들 휴거 잔치를 하늘에서 한다.

지금은 성자 주님이 사명자를 통해 선포하시는 재림의 말씀을 듣고, 어서 신부로 준비해야 된다. 이때 얼마나 준비했느냐에 따라 재림을 맞느냐 못 맞느냐가 좌우된다. 지금의 기간이 얼마나 귀한지 깨달아야 한다. 시간이 없다.

반증

(1) 부활 승천하셨던 예수님이 다시 오신다.

예수님의 재림은 나사렛 예수님의 육신의 모습 그대로 오시는 것이 아니라, 부활하신 예수님이 다시 오시는 것이다. 부활하신 예수님은 신령한 몸으로서 생전의 육신과는 전혀 다른 새로운 몸이다. 누에고치와 나방이 다르듯이, 생전의 육신과 부활하신 몸은 전혀 다른 몸이다.

(2) 재림하는 분은 누구인가?

정명석은 성자와 나사렛 예수님이 각각 다른 분이라고 주장한다. 그러나 그것은 전혀 성경적이지 않다. 성자가 예수님이고, 예수님이 성자이기 때문이다. 하늘에 계셨던 성자가 사람의 몸으로 오신 것이다. 성자의 영이 나사렛 예수님의 몸을 빌려서 오신 것, 즉 빙의(憑依)해서 오신 것이 아니라, 나사렛 예수님으로 성육신(成肉身)하여 오신 것이다. "말씀이 육신이 되어 우리 가운데 거하시매 우리가 그의 영광을 보니 아버지의 독생자의 영광이요 은혜와 진리가 충만하더라(요1:14)."

(3) 성삼위 하나님이 임하시는 방법

1) 구약시대 하나님께서는 선지자, 사사, 왕들을 통해서만 나타나시는가?

아니다. 하나님은 사람을 통해서 나타나시기도 하지만 때로는 바람과 구름을 사역자로 삼고 나타나시기도 하고, 아브라함 앞의 연기나는 화로와 타는 횃불처럼(창 15:17) 나타나시기도 하고, 모세 앞에 떨기나무 불처럼 불로써 강림하시기도 한다. 당연히 천사를 통해 일하시기도 한다.

2) 그러나 신약시대에 예수님에 대한 경우는 어떠한가?

하나님께서 직접 사람이 되어 오셨다. 왜 사람으로 오셔야 했는가?(히2:14~17) 피를 흘리고 죽으셔야 하기 때문이었다. 왜 죽으셔야 했는가? 첫째, 죽음을 통하여 죽음의 세력을 잡은 자 곧 마귀를 멸하고자 함이요, 둘째, 일생 동안 죽음의 공포 때문에 종노릇하는 사람들을 해방하시려고 함이요, 셋째, 자비롭고 성실한 대제사장이 되셔서 백성들의 죄를 대속하시기 위함이다. 이 일을 위해서는 하나님께서 사람으로 오셔야 했다.

3) 재림 때는 성자가 신랑으로 오는가?

정명석에 의하면, 신약의 예수님은 아들로 오셨고, 성약시대의 성자는 신랑으로 와서 사랑의 조건을 세운 정명석을 신부로 삼았고, 성자를 맞이한 정명석은 기다리는 자들에게 또 신랑의 입장으로 왔다고 주장한다. 그러나 그것은 틀린 말이다.

신랑이 누구인가? 명명백백하게 예수 그리스도이다. 정결한 여자가 아무 남자나 붙잡고 자기 신랑이라고 하지 않듯이, 정결한 성도들도 마찬가지이다. 하나님을 믿고 예수님을 믿는다는 사람들이 아무 사람이나 붙잡고 예수님(주님)이라고 신앙 고백을 해서는 안 된다. 다른 사람을 예수님(주님)이라고 부르는 것은 영적 음행이요, 간음이다. 사도 바울은 성도들이 예수님 외에 다른 사람들에게 마음을 빼앗겨 그리스도를 향하는 진실함과 깨끗함에서 떠나 부패할까 두려워하였다 (고후11:3).

예수님은 초림 때에도 이미 신랑으로 오셨다. 예수님은 혼인잔치의 비유에서, 스스로를 신랑이라 칭하셨다(마22:1~14). 그리고 세례요한의 제자들이 예수님께 나아와 이르되 "우리와 바리새인들의 제자들은 금식하는데 어찌하여 당신의 제자들은 금식하지 않느냐"고 물었을 때 예수님의 대답이 무엇이었는가? "혼인집 손님들이 신랑과 함께 있을 때에 금식할 수 있느냐 그러나 신랑을 빼앗길 날이 이르리니 그때에는 금식하리라"고 대답하셨다(마9:14~15). 이 말은 예수님께서 신랑으로 오셨다는 뜻으로, 예수님 생전에는 금식하지 말아야 하고, 예수님께서 떠나신 후에는 또 다시 금식해야 할 것이라 말씀하신 것이다.

예수님은 신랑으로도 오셨지만, 아들로도 오셨고, 그리고 종으로도 오셨다. 왜냐하면 예수님의 사역의 다양성 때문이다. 어떤 때는 신랑이라고도 하고, 어떤 때는 아들이라고도 하고, 하나님께서 맡기신 일을 하실 때는 종이라고도 표현하였다. 그러나 정명석은, 신약시대의 예수님은 아들이고, 성약시대의 정명석 자신은 신랑이라고 주장한다. 그래서 자기가 예수님보다 더 높은 사람으로 인식되게 한다. 그것은 예수님을 폄하하고, 자기를 높여 사람들로 하여금 자기를 따르게 하려는 간악한 사탄의 유혹에 불과하다.

4) 남자가 여자를 통해 아기를 낳듯이, 성부 하나님과 성령님과 성자 주님은 사역자의 육체(정명석의 몸)를 통해, 구원역사를 이루시는가?

그러나 이 비유는 적절치 못하다. 사람의 경우를 가지고 전능자 하나님을 설명하려고 했기 때문이다. 남자는 아기를 낳을 수가 없어도,

하나님은 능치 못할 일이 없기 때문이다. 하나님은 사람을 통해서 뿐만 아니라, 만물을 통해서도 역사하신다. 예를 들면, 불의의 삶을 향해 가던 발람을 그가 타고 가던 나귀를 통해 막기도 하셨고, 엘리야에게는 까마귀를 통해 양식을 공급하시기도 하셨고, 요나에게는 물고기를 시켜 삼키게도 하시고, 토하게도 하셨다. 하나님은 사람을 통해 역사하시기도 하시지만, 만물을 통해 역사하시기도 하시고, 특별하게 하나님께서 직접 사람의 몸으로 오시기도 하셨다. 그분이 예수님이다. 이와 같은 하나님의 성육신 사건은 전무후무한 일이다. 구원은 예수 그리스도를 통해서만 이루어진다.

(4) 어떻게 성자가 오셨는지 알 수 있을까?
1) 말씀을 듣고 행함을 봐야 아는가?

정명석은 자기가 한 설교, 잠언, 계시자들의 증언만 봐도 재림역사가 시작되었음을 알 수 있다 하였다. 이게 무슨 해괴한 논리인가? 정명석의 설교와 그가 한 말들이 그가 재림예수라는 증거가 된다는 말인가? 정명석이 설교를 아무리 많이 하고 따르는 사람들이 많다고 해서 그것이 재림예수라는 증거는 되지 않는다. 오히려 정명석보다 설교도 더 많이 하고 책도 더 많이 쓴 사람들도 있는데, 그리고 JMS단체보다 더 큰 단체들도 즐비하다. 그 사람들이야 말로 재림예수라고 주장할 수 있지 않은가? JMS단체가 자랑하는 계시자들도 하나님께서 보낸 계시자들이라는 보장이 없다. 성경에는 더 이상의 계시는 없다고 못 박아 말씀하셨기 때문이다.

2) 재림 역사가 이미 반세기가 되었는가?

정명석은 재림 역사가 이미 반세기가 되었다고 하였다. 이것 역시 뚱딴지같은 소리이다. 단지 정명석이 JMS단체를 만든 지가 반세기 되었을 뿐이다(1978년~). 통일교는 반세기가 넘었고(1954~), 신천지도 반세기가 다 되어 가는데(1984년~), 그들도 자기네 역사가 맞다고 하지 않겠는가? 정명석의 반세기는, 재림의 역사가 아니고 그저 이단사이비 JMS의 역사일 뿐이다.

　3) 재림 역사가 시작되었어도 JMS단체 외는 나사렛 예수님 때같이 전혀 모르는가?
　정명석은 재림 역사가 시작되었어도 주관권 외에는 예수님 때처럼 모른다고 하였다. 그러나 이것은 틀린 말이다. 왜냐하면 성경에 재림 때는 모든 사람들이 다 알게 오신다고 하였기 때문이다. 재림 때는 초림 때와 다르다. 초림 때는 믿고 따르는 사람들만 알았지만, 재림 때는 온 세상이 다 알게 오신다고 약속하셨기 때문이다. 모든 족속들이 예수님의 강림을 보고 통곡하며 애곡할 것이라 하셨다.

　　그때에 인자의 징조가 하늘에서 보이겠고 그때에 땅의 모든 족속들이 통곡하며 그들이 인자가 구름을 타고 큰 능력과 영광으로 오는 것을 보리라(마24:30).

　　볼지어다 그가 구름을 타고 오시리라 각 사람의 눈이 그를 보겠고 그를 찌른 자들도 볼 것이요 땅에 있는 모든 족속이 그로 말미암아 애곡하리니 그러하리라 아멘(계1:7).

　재림은, 정명석이 주장하는 것처럼, 정명석의 주관권의 사람들만 알 수 있도록 은밀하게 이뤄지는 것이 아니라, 전 세계가 다 알도록 공개적으로 이뤄진다. 왜냐하면 성경은 재림사건을 전 세계 사람들이 다 명백하게 볼 수 있게 이뤄진다고 말씀하고 있기 때문이다. 정명석의 말을 따라야 하는가? 성경의 말씀을 따라야 하는가?

재림의 방식은 다음과 같이 이뤄진다.

① 인격적 강림

예수님 인격(자신)이 그들을 떠나셨고, 예수님 인격(자신)이 다시 오실 것이다. 오늘날 이단들은 예수님의 인격적 재림이 있는 것이 아니라, 다만 예수님의 영이 와서 개인과 사회를 점진적으로 지배해 가는 것으로 재림이 실현될 것이라고 주장한다. 그러나 이런 주장들은 다음과 같은 성구들에 의해서 가차 없이 배제된다.(행1:11, 3:20-21; 마24:44; 고전15:22; 빌3:20; 골3:4; 살전2:19, 3:13, 4:15-17).

② 육체적(형태적) 강림

예수님께서는 육신으로 다시 오실 것이다. 어떤 사람들은 주님의 재림을 오순절에 있었던 성령 강림과 동일시하기도 한다. 그들의 설명에 따르면, 주님께서는 오순절에 성령으로 재림하셨으며, 지금 교회에 임재해 계신다는 것이다. 물론 신약이 그리스도의 영적 강림에 대해 말하고 있기도 하다. 그러나 이러한 강림은, 오순절의 성령강림이든지, 혹은 개인중생 때 임하는 성령강림이든지 간에, 성경이 말하는 그리스도의 재림이라고 표현하는 것과는 다른 것이다. 그리고 사도들의 서신들이 재림을 미래에 있을 사건이라고 계속하여 말하고 있다. 이것은 그의 재림이 과거의 사건이었다는 주장과는 맞지 않는 것이다(행1:11, 3:21; 히9:28; 계1:7).

③가시(可視)적 강림

정명석은 예수님께서 영으로 재림하시기 때문에, 사람들의 눈에 안 보이게 재림하신다고 하였다. 오늘날에 대부분의 이단들도 이러한 주장을 펼치고 있다. 여호와의 증인도, 그리스도의 재림과 천년왕국의 성립은 1874년에 눈에 보이지 않게 일어났으며, 또한 그리스도께서 이 세상 나라들을 무너뜨리기 위해 1914년에 권능으로 임하셨다고 하였다. 그러나 1914년이 아무 일도 없이 지나가 버리자, 이 곤란함을 모면하기 위해 그들은 사람들이 충분히 회개하지 않았기 때문에 그리스도께서 숨어 계신다고 편리한 이론을 생각해 내었다. 그러니까 그리스도는 오신 것인데, 눈에 보이지 않게 오셨다는 것이다. 그러나 성경은 그리스도의 재림이 눈으로 볼 수 있는 사건이라고 분명히 말씀하고 있다. 많은 성경구절들이 그것을 증거하고 있다(마24:30, 26:64; 막13:26; 눅21:27; 행1:11; 골3:4; 딛2:13; 히9:28; 계1:7).

④ **갑작스러운 재림** (마24:37~44, 25:1~12; 살전5:2~3).

⑤ **영광스러운 승리의 강림**

그리스도의 재림은 초림 때와는 달리 비천한 모습으로 오시지 않고 영광 가운데 오실 것이다(히9:28). 또 다시 죗값을 치르기 위해 십자가를 지고 고통을 당하는 재림이 아니다. 하늘 구름은 마차가 될 것이며(마24:30), 천사들이 그의 호위자가 되고(살후1:7), 천사장은 그의 전령이 되며(살전4:16), 성도들은 그의 영광스러운 수행원이 될 것이다(살전3:13, 살후1:10). 그는 악의 모든 세력을 극복하신 만왕의 왕이요, 만주의 주로 오실 것이다(계19:11~16).

(5) 성자 주님이 재림하시는 목적

1) 사랑의 열매를 맺어야 구원인가?

정명석은 사랑의 열매를 맺어 신부로 준비된 자들을 천국으로 데려가서 혼인잔치를 하기 위해 오신다고 하였다. 사랑의 열매를 맺는다는 말이 무슨 말인가? 어떻게 해야 사랑의 열매를 맺는 것인가? 이런 주장은 JMS단체가 끊임없이 성 스캔들에 휩싸이게 하는 논리들이다. 천국은 사람들이 정명석을 몸과 마음을 바쳐 사랑해야 가는 곳이 아니라, 예수님을 구세주로 믿어서 가는 곳이다. 구세주로 믿는다는 말은 무엇인가? 예수님의 피 흘림이 내 죄를 대신한 것이었다는 사실을 믿는 것을 말한다. 예수의 피로 죄 사함 받고, 예수님의 의를 전가 받아

의인이 되어 구원받는 것이다.

2) 예수님은 왜 다시 오시는가?

① **예수님은 심판하러 오신다.** 초림 때는 구원하러 오셨으나 재림 때는 심판하러 오신다.

② **예수님은 다시 오셔서 모든 믿는 자들을 영광으로 부활시키기 위해 오신다.** 부활하여 그리스도인들은 죄와 허물과 죽음에서 벗어나 영원한 생명에 이르고 하나님의 영광에 이르게 된다. 구원받은 백성이 하나님의 백성으로 온전하게 회복되어 창조주요 구속주이신 하나님을 영원히 찬양한다. 그때 하나님께서 부활한 새 인류에게 오사 그들 가운데 충만히 거하시므로 하나님의 창조경륜이 완전히 성취된다. 하나님은 구원받은 백성 가운데 거하시며 넘치는 찬송과 영광을 받으신다. 이것이 구원의 완성이다.[153]

결론적으로, 그리스도께서는 이 세상 마지막에 미래의 시대를 여시고 만물에게 영원한 상태를 부여하시기 위해 오실 것이며, 두 개의 대사건, 곧 죽은 자의 부활과 마지막 심판을 시작하시고 완성하심으로써 그 일을 다 이루실 것이다.[154]

예수 그리스도는 세상을 심판하고 그의 백성들의 구원을 완성시키기 위하여 재림하신다. 재림은 악인에게는 무서운 심판으로 성도에게는 영원한 복으로 임하실 것이다.

(6) 재림의 때는 언제인가?

정명석은 그날과 그때는 아무도 모른다고 전제하면서도, 징조를 통해 알 수 있다고 하였다. 무화과나무의 비유가 이스라엘의 독립에 관

---

153) 서철원, 『서철원 박사 교의신학 Ⅶ』, 57~58.
154) L. Berkhof, 『조직신학 하』, (서울: 크리스챤 다이제스트, 1995), 980.

한 예언이라고 한 점이다. 그러나 그것이 맞는 해석인가?

1) 무화과나무의 비유가 이스라엘의 독립에 관한 예언인가?

정명석은 무화과나무는 이스라엘을 상징하고, 여름이 가까웠다는 것은 이스라엘 민족의 독립을 의미한다고 하였다. 과연 그러한가? 이 단들의 말은 얼른 들으면 딱 맞는 것 같으나 실상 확인해 보면 그렇지 않은 경우가 대부분이다.

무화과나무가 이스라엘을 상징하는가? 여름이 가까웠다는 것이 이스라엘의 독립을 말하는가?

> 무화과나무의 비유를 배우라 그 가지가 연하여지고 잎사귀를 내면 여름이 가까운 줄을 아나니 이와 같이 너희도 이 모든 일을 보거든 인자가 가까이 곧 문 앞에 이른 줄 알라(마24:32~33).

확인해 보자. 성경은 성경 자신이 해석자이다. 이 말은 성경은 성경으로 풀어야 한다는 말이다. 마태복음 24장 32~35절의 병행구절을 보자. 누가복음 21장 29~33절이다.

> 이에 비유로 이르시되 무화과나무와 모든 나무를 보라 싹이 나면 너희가 보고 여름이 가까운 줄을 자연히 아나니 이와 같이 너희가 이런 일이 일어나는 것을 보거든 하나님의 나라가 가까이 온 줄을 알라(눅21:29~31).

마태복음 24장에서는 무화과나무의 비유를 배우라 하셨고, 누가복음 21장에서는 무화과나무와 모든 나무를 보라고 하셨다. 그러므로 예수님의 의도는 특별히 무화과나무와 관계가 없다. 무화과뿐만이 아니라 어떤 나무라도 잎이 나고 가지가 연해지는 것은 여름이 가까워졌다고 볼 수 있다는 것이다. 그와 같이 예수님이 재림하시기 전에는 많은 징조가 있을 것이라고 말씀하신 것이다. 나무들이 가지가 연해지고 잎이 나면 여름이 가까워진 것을 알듯이, 기근과 지진과 전쟁, 전염병과 각종의 혼란과 하늘에 큰 징조들이 일어나면 인자가 가까이 온 줄 알라는 것이다.

무화과나무는 이스라엘의 국화(國花)도 아니고, 상징도 아니다. 이스라엘의 국화는 올리브나무이다.[155] 그러므로 무화과나무의 잎이 돋아나는 것은 이스라엘의 독립과 아무런 상관이 없다. 이스라엘의 독립과 예수님의 재림과도 아무런 상관이 없다. 정명석이 1945년생이고, 이스라엘이 1948년도에 독립하였으므로 얼추 맞추어 놓은 것에 불과하다.

2) 이 시대 중심섭리에 꽃이 피고 잎이 피고 있다.

이 시대 중심섭리에 꽃이 핀다는 것은 무엇인가? 한국에서 JMS단체가 커지고 사람들이 모여들면 그것이 재림의 증거라는 뜻인데, 그런 말은 전혀 타당성이 없다. 그런 논리라면 다른 이단들도 다 똑같이 주장할 수 있다. 다른 이단들 가운데는 JMS보다 회원들이 더 많은 곳도 있지 않은가? 설령 한국에 JMS 회원들이 7만 명이 되고, 100만 명이 된다 한들 어찌 그것이 재림에 대한 증거가 될 수 있다는 말인가? 기독교 역사 가운데는 많은 이단들이 있다가 사라지는 명멸을 반복하여 왔다. 사람들이 많이 따른다고 해서 그것이 재림의 증거라고 할 수 없다.

(6) 재림은 두 번인가?

정명석은 성자 주님의 재림은 두 번 있다고 가르친다. 1차 휴거와 2차 휴거가 있다는 것이다. 1차 휴거는 땅에서 성자의 영이 정명석을

155) https://100.daum.net/encyclopedia/view/b17a3734b 2020년 3월 18일 접속.

통해 사람들을 사망에서 생명으로 오게 하는 것이고, 2차 휴거는 성자의 영이 직접 강림하여 1차 휴거를 통해 준비된 영들을 천국으로 데려가는 것이라고 한다.

거짓말이다. 재림은 성자의 영이 하는 것이 아니라, 무덤에서 부활하신 예수 그리스도가 친히 강림하는 것이다. "주께서… 친히 하늘로부터 강림하시리니…(살전4:16)(The Lord himself will come down from heaven 1Thess4:16)."

그리고 예수님의 재림은 한 번이다. 예수님께서 공중재림하시면, 죽은 성도들이 먼저 일어나고, 살아남은 자들도 그들과 함께 끌어 올려 공중에서 주를 맞는다. 그리고 예수님과 영원히 함께 한다. 그러므로 예수님의 재림은 한 번이다.

> 주께서 호령과 천사장의 소리와 하나님의 나팔로 친히 강림하시리니 그리스도 안에서 죽은 자들이 먼저 일어나고 그 후에 우리 살아남은 자들도 그들과 함께 구름 속으로 끌어 올려 공중에서 주를 영접하게 하시리니 그리하여 우리가 항상 주와 함께 있으리라(살전4:16~17).
>
> For the Lord himself will come down from heaven, with a loud command, with the voice of archangel and with the trumpet call of God, and the dead in Christ will rise first.

12
이단론

정명석은 "이단의 개념"이라는 제목으로 이단에 대해서 가르친다. 이단들의 주장은 '이단은 상대적(相對的)이다', '이단은 가변적(可變的)이다'라는 식으로 물 타기 마련이다. 정명석도 마찬가지이다. '유대교는 기독교를 이단이라 하고, 기독교인들은 유대교를 이단이라 하지 않느냐? 가톨릭은 개신교를 이단이라고 하고, 개신교는 가톨릭을 이단이라고 하지 않느냐? 개신교들도 서로 조금만 달라도 이단이라고 정죄하지 않느냐?'고 주장한다. 정명석의 이단론은 자기변명과 자기합리화를 위해 이단 피해자 코스프레하는 것이다.

정명석의 주장

(1) 누가 이단인지 성경적으로 따져보자.

1) 누가 적그리스도인가?

거짓말하는 자가 이단이다. 적그리스도가 이단이다. 그렇다면 성경대로 따져서 누가 거짓말하는 자이고, 누가 적그리스도인지 따져보자. 사도요한은 다음과 같이 말하였다.

> 거짓말하는 자가 누구냐 예수께서 그리스도이심을 부인하는 자가 아니냐 아버지와 아들을 부인하는 그가 적그리스도니 아들을 부인하는 자에게는 또한 아버지가 없으되 아들을 시인하는 자에게는 아버지도 있느니라(요일2:22~23).

누가 거짓말하는 자인가? 예수께서 그리스도이심을 부인하는 자이다. 누가 적그리스도인가? 하나님 아버지와 아들 예수님을 부인하는 자가 적그리스도이다. (그러나 나는 예수께서 그리스도임을 부인하지 않는다. 고로 적그리스도가 아니다.)

2) 누가 거짓 선지자인가?

거짓 선지자는 이단이다. 누가 거짓 선지자인가? 영을 받아서 예언하는 자가 선지자이다. 그런데 성경은 누가 영을 받았다고 해서, 그 영을 다 믿지 말고 그 영이 성령인지 악령인지 분별하라고 하셨다. 예수께서 육체로 오심을 부인하는 자가 거짓 선지자이다.

> 사랑하는 자들아 영을 다 믿지 말고 오직 영들이 하나님께 속하였나 분별하라 많은 거짓 선지자가 세상에 나왔음이라 이로써 너희가 하나님의 영을 알지니 곧 예수 그리스도께서 육체로 오신 것을 시인하는 영마다 하나님께 속한 것이요 예수를 시인하지 아니하는 영마다 하나님께 속한 것이 아니니 이것이 곧 적그리스도의 영이니라 오리라 한 말을 너희가 들었거니와 지금 벌써 세상에 있느니라(요일4:1~3).

삼위 하나님은 본체로 나타나 역사한 적이 없다. 그 몸이 되는 사명자를 통해 나타나셔서 구원의 역사를 펴셨다. 고로 성자가 예수라는 육체를 통해 나타난 것을 부인하는 자가 이단이다. 재림 때도 성자는 초림 때와 같이 사명자의 육신을 쓰고 나타난다. 그리스도가 육신을 쓰고 올 것을 부인하는 자가 거짓 선지자요 적그리스도이다.[156] (그러나 나는 사명자가 육체로 오심을 부인하지 않는다. 고로 거짓 선지자가 아니다.)

3) 누가 미혹자인가?

미혹자는 이단이다. 이단은 성도들을 미혹하는 자들이다. 그렇다면 도대체 누가 미혹자인가?

> 미혹하는 자가 세상에 많이 나왔나니 이는 예수 그리스도께서 육체로 오심을 부인하는 자라 이런 자가 미혹하는 자요 적그리스도니(요이1:7).

역시 예수께서 육체로 오심을 부인하는 자가 미혹하는 자요 적그리스도라고 하였다. (그러나 나는 예수께서 육체로 오심을 부인하지 않는다. 고로 나는 미혹자가 아니다.)

(2) 이단은 자기가 스스로 메시아다 재림주다 하는 자이다.

정명석은 자기 자신을 가리켜 성자라 하고, 성령이라 하고, 하나님이라고 한 사람들은 다 이단이고 잘못된 사람들이라고 했다. 사람은 모두 청지기이고, 사역자이고, 인간으로서 성삼위의 몸이 되어 행할 뿐이라고 한다.[157]

> 예수께서 대답하여 이르시되 너희가 사람의 미혹을 받지 않도록 주의하라 많은 사람이 내 이름으로 와서 이르되 나는 그리스도라 하여 많은 사람을 미혹하리라(마24:4~5).

---

156) 『강의안』, n.d. 128; 『초급편』, 253~254.
157) 『강의안』 128.

(3) 이단이란?
1) 하나님의 뜻(보낸자)을 모르는 것이 이단이다.

> 나더러 주여 주여 하는 자마다 천국에 다 들어갈 것이 아니요 다만 하늘에 계
> 신 내 아버지 뜻대로 행하는 자라야 들어가리라(마7:21).

하나님의 섭리의 근본 뜻을 모르는 것이 이단이다. 여기서 뜻이란 무엇인가? 유전, 전통, 교리대로 하는 것이 뜻이 아니라 뜻은 바로 그 시대에 나타난 하나님이 보낸 중심인물을 말한다.[158] 역사적으로 각 시대마다 하나님은 보낸자를 통해서 나타나시고 역사하셨다.

2) 그 시대 보낸자를 안 믿는 것이 이단이다.

> 예수께서 대답하여 이르시되 하나님께서 보내신 이를 믿는 것이 하나님의 일이
> 니라(요6:29).

예수님께서는 하나님의 일을 어떻게 하느냐는 제자들의 질문에 "하나님의 보내신 자를 믿는 것이 하나님의 일이라(요6:29)" 하셨다. 하나님은 항상 시대마다 사람을 통해서 역사하셨다. 그러므로 하나님이 보낸자를 통해서 일하신 것을 부인하면 하나님의 역사 전체를 부인하게 되는 것이기에 최고의 이단이다. 따라서 시대마다 구원섭리의 각 틀의 역사를 믿어야 한다. 이 시대에는 이 시대의 사명자를 믿어야 한다. 구약은 모세를 통해서 역사하셨기 때문에 모세를 믿어야 했고, 신약은 예수님을 통해 역사하셨기에 예수님을 믿어야 했고, 성약시대는

---

158) 『초급편』, 251. 정명석이 말하는 "보낸자"라는 말은 "보냄을 받은 자"의 줄인 말이다.

재림주를 통해 역사하시기 때문에 재림주를 믿어야 한다. 만일 그 시대 역사의 주인공을 부인하면 누구든지 시대의 적그리스도가 되는 것이다.[159] 초림 때 하나님이 예수님의 육신을 쓰고 나타났듯이 재림 때도 하나님께서 재림주를 통해서 다시 나타나신다.

3) 진리를 모르는 것이 이단이다.

모르면 반대하고 악평하고 이단시한다. 그래서 유대종교인들도 결국 성경을 제대로 몰라서 하나님의 이름으로 예수님을 죽이기까지 했다. 그래서 사도바울은 무지한 자들이 예수님이 그리스도임을 몰라서 죽였다고 했다. 시대마다 하나님이 보낸 자를 모르면 아무리 기존의 신앙을 열심히 한다 해도 하나님의 새 뜻을 이해하지 못해 악평하고 반대하게 된다.[160]

> 이 지혜는 이 세대의 통치자들이 한 사람도 알지 못하였나니 만일 알았더라면 영광의 주를 십자가에 못 박지 아니하였으리라(고전2:8).

결론
1) 함부로 판단하지 말라.

> 주께서 오시기까지 아무 것도 판단하지 말라(고전4:5).

사람들은 함부로 이단이라고 판단하는데 성경에서는 '누구든지 구세주가 아니면 판단하지 말라'고 했다. 유대종교인들은 계산을 잘못하

---

159) 『초급편』, 252.
160) 『강의안』, 129.

여 새로운 구원역사로 갈아타지 못했다.[161]

　　비판을 받지 아니하려거든 비판하지 말라 너희의 비판하는 그 비판으로 너희
　가 비판을 받을 것이요 너희의 헤아리는 그 헤아림으로 너희가 헤아림을 받을 것
　이니라(마7:1~2).

　2) 종교의 원수를 사랑하라.

　　내가 한 사람을 일으켜 북방에서 오게 하며 내 이름을 부르는 자를 해돋는 곳
　에서 오게 하였나니(사41:25).

　북방은 적들이 있는 곳, 원수들이 사는 곳, 멸망을 가져오던 곳이다. 그런 원수로 여기던 곳에서 이스라엘을 도울 자, 구원자가 나타난다는 것이다. 종교의 북방은 어디겠는가? 바로 이단을 말한다. 예수님의 "원수를 사랑하라(마22:37~39)"는 말씀은 바로 이단이었던 예수님을 사랑하라는 말씀이었다. 그러므로 이단을 사랑해서 하나 되어야 한다.

　3) 성자의 뜻이라면 누가 반대해도 그 길을 가야 한다.
　시대마다 하나님의 새로운 역사는 이단시 여겨지며 박해 받아 왔다. 성자가 이끄는 역사(JMS단체-필자 주)도 처음에는 작고 미약하지만, 온전한 진리 위에 점점 커가며 결국 시대를 잡게 된다.[162] 이 시대 복음으로 인해 핍박 받을지라도 열매 맺는 섭리인(JMS단체 사람-필자 주)들이 되자.

161) 『강의안』, 141.
162) 『강의안』, 143.

그러나 관리 중에서도 그를 믿는 자가 많되 바리새인들 때문에 드러나게 말하지 못하니 이는 출교를 당할까 두려워함이라 그들은 사람의 영광을 하나님의 영광보다 더 사랑하였더라(요12:42~43).

반증

(1) 잘못된 성경해석이다.

1) 누가 적그리스도인가?

정명석은 예수 그리스도를 부인하는 자가 적그리스도라고 하였다. 이 말은 자기는 예수를 그리스도라고 부인하지 않는 사람인데 왜 자기를 적그리스도라고 하는가 하고 항변하는 것이다. 그러나 말로만 부인하지 않는다고 부인하지 않는 것인가?

예수 그리스도를 부인하는 것에는 크게 두 가지가 있다. 하나는, 불신자들이나 무신론자들처럼 예수 그리스도를 아예 그리스도라고 인정하지 않는 경우다. 두 번째는 예수 그리스도를 구세주로 믿는다고 말은 하지만, 다른 사람을 재림예수로 더해서 믿는 경우이다. 이단들은 이 두 번째 경우에 해당된다. 자기를 재림예수라고 주장하는 사람들은 예수님을 초림주로 다 인정한다. 예수님을 초림주로 인정해야 자기를 재림예수라고 주장할 수 있기 때문이다.

예수님을 믿는다고 하면서 다른 인간교주를 예수로 믿는 것이 예수님을 부인하는 것이다. 적그리스도(anti-Christ)의 '적(anti-)'이라는 접두사는 '-에 반(反)하는' 뜻이지만, '-를 대신하는' 뜻도 가지고 있다.[163] 그러므로 그리스도를 반대하는 사람은 당연히 적그리스도이지

---

163) R.C. Sproul, 『기독교의 핵심진리 102가지』, 296.

만, 표면적으로 반대하지는 않더라도 '이제부터는 예수님을 대신하여 내가 그리스도'라고 주장하는 사람도 적그리스도인 것이다. 왜냐하면 그리스도는 예수님뿐이고, 재림예수도 바로 그 예수님이기 때문이다.

어떤 아내가 남편을 사랑한다고 하면서 다른 남자의 품속에 안겨 있다면 그 여자는 남편을 부인한 것이다. 마찬가지로 예수님을 믿는다는 것은 예수님만을 그리스도라고 믿는 것이지, 예수님을 믿는다고 말은 하면서 동시에 다른 사람을 그리스도로 영접하는 것은 예수님이 그리스도임을 부인하는 것이다. 예수님을 대신하여 나타났다고 말하는 그가 바로 적그리스도이다.

그리스도는 영원히 예수 그리스도 한 분뿐인데, 시대가 바뀌어서 새 그리스도가 나타났다고 하는 자, 그것이 예수 그리스도를 부인하는 자요, 그가 바로 적그리스도이다.

예수님의 동생인 야고보도 유다서에서 이단들은 하나이신 주재 예수 그리스도를 부인하는 자라 하였다.

> 이는 가만히 들어온 사람 몇이 있음이라 그들은 옛적부터 이 판결을 받기로 미리 기록된 자니 경건하지 아니하여 우리 하나님의 은혜를 도리어 방탕한 것으로 바꾸고 홀로 하나이신 주재 곧 우리 주 예수 그리스도를 부인하는 자니라(유1:4).

2) 누가 거짓 선지자이고, 미혹자인가?

정명석은 사람들이 자기를 거짓 선지자라고 하고 미혹자라고 비방하는데, 성경적으로 살펴보자고 하면서, "예수 그리스도께서 육체로 오심을 부정하는 자(요이1:7)"가 거짓 선지자요, 적그리스도요, 미혹자라 주장하였다.

예수 그리스도께서 육체로 오심을 부정한다는 것은 무슨 뜻인가? 예수님은 육신으로는 다윗의 혈통(인성)으로 나셨고, 성결의 영으로는 하나님의 아들(신성)로 선포되셨다(롬1:3~4). 예수님은 인성과 신성을 가지신다. 그러므로 에비오니즘(Ebionism)처럼 예수님의 인성만 주장해도 이단이고, 이와는 반대로 가현설(Docetism)처럼 예수님의 신성만 주장해도 이단이다.

초대교회 시절, 에비오니즘은 유대교 출신의 기독교인들로서 예수님의 인성에 대해서는 잘 알았지만 신성에 대해서는 잘 몰랐다. 그들은 예수님을 다윗의 혈통으로서 사람으로 오신 예수님으로만 알았다. 그들은 예수님의 인성에 대해서는 너무 잘 이해하였으나, 예수님의 신성에 대해서는 알지 못했다. 신성이라 하면, 예수님의 선재(先在), 창조주로서의 하나님, 전능하신 하나님, 영존하시는 아버지, 죄를 사하실 수 있는 권세 등으로 이런 신성에 대해서는 무지했다. 초대교회는 이들을 이단으로 정죄하였다.

이에 반하여, 희랍출신의 기독교인들 가운데는 예수님의 신성만을 강조한 나머지, 예수님의 인성을 인정하지 않는 사람들이 있었다.

그들은 예수님의 신성 측면은 잘 이해하였으나, 사람으로 오신 예수님에 대해서는 알지 못했다. 특히 영지주의의 한 분파였던 가현설(假現說)은 예수님의 육신이 존재하는 것처럼 보였을 뿐이지, 실제로는 존재하지 않았다고 주장하는 것이다. 가현설에 의하면, 예수님의 동정녀 탄생, 물 위를 걸으신 사건, 십자가에 못 박히신 일, 부활, 승천 같은 것들은, 그렇게 일어난 것처럼 보일 뿐이지, 실제로 그런 일이 발생한 것은 아니라고 한다.

그러나 이와 같이 예수님의 인성을 부인하면 어떻게 되는가? 가현설은 일견 예수님의 인성 측면에서 이해하기 어렵고 믿기 어려운 문제들을 잘 해석하는 것처럼 느껴졌을 수도 있다. 동정녀 탄생이라든지, 부활 같은 것은 믿기 어려운 문제들이었기 때문이다. 그래서 가현설은 성경의 난제들을 해석한 것으로 느껴져 많은 사람들이 미혹되고 있었다.

만약 가현설주의자들의 주장처럼, 예수님의 역사적 사건들이 실제 발생한 것이 아니라 단지 그렇게 보였을 뿐이라고 한다면, 그것은 성경을 전적으로 부정하는 사건이 된다. 예수님이 십자가에서 흘린 피가 실제 피가 아니라면 인간들의 속죄는 없다. 예수님의 부활사건도 실제가 아니고, 일어난 것처럼 보일 뿐이라면 우리의 영생도 다 가짜가 되어 버린다.

예수님은 실제 사람으로 오셨고, 배도 고프셨고, 십자가에서 피를 흘리셨고, 무덤에서 부활하셔서 승천하셨다. 이것이 환상인가? 실제 역사인가? 명백하게 역사였다. 그래서 기독교는 역사적 종교인 것이다. 가현설의 주장대로 하면, 기독교는 역사적 종교가 아니라, 도깨비 위에 기초한 환상종교가 되어버린다. 한 마디로 하나님도 거짓말, 성경도 거짓말, 우리의 믿음도 다 거짓말이 되어버린다. 예수님의 인성을 제거하면 기독교는 역사적 종교가 될 수 없다.

그래서 사도요한은 예수님께서 육체로 오신 것을 부인하는 자가 거짓 선지자요, 적그리스도요, 미혹자라 하였다. 초대교회는 이 가현설을 이단이라 정죄하였다.

3) 정명석이 왜 이단인가?

① 정명석은 자기는 예수님을 그리스도라고 시인하는데 왜 자기를 이단이라고 하는가 하고 항변한다. 그러나 그것은 자기를 재림예수라고 주장하기 위해 예수님을 끌어들인 것에 불과하다. 정명석이 왜 이단인가? 자기를 그리스도라고 주장하기 때문에 이단이고, 적그리스도이다. 정명석은 겉으로는 예수님이 그리스도라고 시인한다. 그렇다고 해서 적그리스도가 아닌 것은 아니다. 왜냐하면 적그리스도란 예수님을 반대하는 사람을 의미한 것도 되지만, 예수님을 대신하여 자기를

예수라고 하는 것도 적그리스도이기 때문이다. 예수님을 믿는다는 것은 예수님만을 그리스도라고 믿는 것을 의미한다.

② 정명석은 자기는 예수께서 육신으로 오신 것을 시인하는데, 왜 자기가 미혹자요, 이단인가 억울하다고 항변한다.

예수님은 신성과 인성을 다 갖고 계신 분이기 때문에, 가현설주의자들처럼 예수님의 인성을 부정해도 이단이고, 에비오니이즘처럼 예수님의 신성을 부인해도 이단이다.

정명석은 예수님의 인성에 대해서는 잘 알고 있다. 그러나 신성에 대해서는 거부한다. 예수님을 단지 나사렛 청년이었고, 그 위에 하나님의 영이 임한 사람으로 믿고 있다. 사람에게 하나님의 영이 임했다고 해서, 그 사람을 하나님이라고 하지 않는다.

그래서 정명석이 예수님의 인성을 시인한다고 해도, 예수님의 신성을 부인하기 때문에 이단이다. 예수님은 사람이기도 하지만, 하나님도 되신다. 그래서 정명석은 에비오니이즘처럼 이단이다.

③ 정명석은 재림주도 초림 때처럼 육신으로 온다고 하였다. 이 말은 예수님의 영이 자기 몸에 들어왔다고 하는 말이다.

누가 적그리스도인가? 예수님의 영이 자기 몸에 들어왔으니 자기가 재림예수의 사명으로 왔다고 말하는 사람(들)이 적그리스도이다. 예수님은 영으로만 온다고 말하는 사람들, 그리고 예수님의 영이 자기 몸에 들어와서 자기를 들어 쓴다고 말하는 사람들이 적그리스도이다. 예수님의 재림은 부활하셔서 승천하셨던 예수님, 그 예수님이 하늘로부터 다시 오는 것이다.

그러므로 예수님이 영으로만 온다고 해도 적그리스도이다. 예수님은 육이 부활하셔서 예수님 그분이 다시 오는 것이다. 예수님이 육으로 오신다고 해도 적그리스도이다. 다른 사람의 육신을 빌려서 온다는 소리이기 때문이다. 예수님은 다른 사람의 육신을 빌려서 오시는 것이 아니라, 바로 그분이 다시 오시는 것이기 때문이다. 십자가에 달려 돌아가시고 사흘 만에 부활하여 승천하셨던 예수님이 다시 오시는 것이다.

(2) 그리스도가 여기 있다 혹은 저기 있다고 해도 믿지 말라(마 24:23).

정명석은 '자기 스스로 재림주다, 하나님이다, 성령님이라고 주장하면 이단이다'고 하였다. 그런데 자기는 어떤가? 자기야 말로 구세주, 메시아, 성자분체라고 하면서 신격화하지 않는가? 정명석은 "자기 스스로 재림주, 하나님, 성령님이라고 주장하는 사람이 있다면 그는 다 이단에 속한 자들이고, 다 지옥 유황불에 갈 사람들이다"라고 하였다. [164] 정명석은 타 이단의 교주들을 정죄하면서, 자기는 마치 아무런 상관도 없다는 듯이 빠져 나간다.

정명석은 예수님의 말씀을 인용하여 "사람들을 조심하라 여기 있다고 해도 가지 말고, 저기 있다고 해도 가지 말라"(마24:4, 26)고 설교한다. 그 말은 자기가 재림예수니까 너희들은 아무 데도 가지 말라고 집안단속을 하는 것이다. 우리나라에만도 자기를 재림예수라고 주장하는 교주들이 오십 명에 이르고 있다. 모든 교주들이 다 자기만 진짜이고 나머지는 다 가짜라고 주장한다. 그러나 교리들도 비슷비슷하고 교주이름만 다르다.

이단에 빠졌던 사람이 자기 교주가 가짜인 것을 깨닫고 나왔더라도, 한번 이단에 빠졌던 사람은, '우리 선생님이 아니라면 누가 진짜일까' 하고 호기심이 생길 수 있다. 그러나 아무도 진짜가 아니다. 예수님 외

---

164) 『강의안』, 128.

에는 다 가짜다. 예수님 외에는 아무도 예수님을 대신할 수 없다. 예수님은 하나님의 독생자이고(요1:18), 인성과 신성을 가진 분은 예수 그리스도 한 분뿐이다. 그러므로 "그리스도가 여기 있다 해도 가지 말고 저기 있다 해도 가지 말고(마24:23)", "광야에 있다 해도 나가지 말고 골방에 있다고 해도 믿지 말아야(마24:26)"한다.

어떤 사람이 나타나 설령 기적과 표적을 베푼다고 하더라도 아예 믿지를 말아야 한다(마24:24). 적그리스도들도 기적과 표적을 행할 수 있기 때문이다. 예수님은 약속대로 하늘 구름을 타고 능력과 큰 영광으로 오시기 때문에, 실제로 오시면 세상 모든 사람들이 다 알게 오신다. 아무도 모르게 오셔서 '너만 알라'는 비밀주의로 오시지 않는다. 속담에 '도둑놈이 제 발 저린다' 는 말이 있는데, 타 이단교주들을 비난한다고 해서 자기 죄가 면죄되는 것은 아니다.

(3) 이단의 개념에 대해서
1) 하나님의 뜻이란?

정명석은 하나님의 뜻을 모르는 자가 이단이라 하였는데 하나님의 뜻이란 과연 무엇인가? "나더러 주여 주여 하는 자마다 다 천국에 들어갈 것이 아니요 다만 하늘에 계신 내 아버지의 뜻대로 행하는 자라야 들어가리라(마7:21)."

위의 마태복음 7장 21절은 너무 유명한 구절이다. 일반교인들은 입으로만 주여, 주여 한다고 되는 것이 아니고 하나님의 뜻대로 실천해야 한다고 할 때 이 구절을 쓰고, 이단들도 일반 정통교인들을 포섭하고 미혹할 때 이 구절을 자주 쓴다. 이단들은 일반교인들에게 '예수님 보고 주여, 주여 해도 안 되고 하나님의 뜻대로 해야 한다'고 주장한다. 일반교인들은 이단들이 이 구절을 들먹이며 치고 들어올 때 긴장하지 않을 수 없다. 내가 하나님의 뜻을 모르고 있지는 않은가? 하나님의 뜻이란 무엇인가? 이단들에게 있어서 하나님의 뜻이란 자기네 교주를 재림예수로 믿는 것이고, 자기네 이단교리를 아는 것이 하나님의 뜻을 아는 것이라고 주장하는 것이다. 정명석도 마찬가지다. 기독교인들이 예수님을 아무리 "주여, 주여"해도 소용없고(낙원밖에 못 가니까), 이 시대의 재림주로 오신 자기를 알아야 천국에 갈 수 있다는 말을 성경을 빙자하여 미혹하고 있는 것이다.

그렇다면 과연 "하나님의 뜻"이란 무엇인가?

① 하나님의 뜻은 아들이신 예수 그리스도를 믿고 구원받게 하는 것이다. 이단교주를 믿으라고 하는 말이 아니다. 이단교리를 배우라는 말도 아니다. 예수 믿고 구원받는 것이 하나님의 뜻이다. "내 아버지의 뜻은 아들을 보고 믿는 자마다 영생을 얻는 이것이니 마지막 날에 내가 이를 다시 살리리라 하시니라"(요6:40).

② 하나님의 뜻은 성도들의 거룩함이다.

예수 믿고 구원받은 사람들은 거기서 끝나는 것이 아니고, 거룩한 삶을 살아야 한다. 거룩해져야 구원받는다는 말이 아니다. 하나님의 은혜로 구원받았으니 거룩하게 살라는 말씀이다.

> 하나님의 뜻은 이것이니 너희의 거룩함이라 곧 음란을 버리고 각각 거룩함과 존귀함으로 자기의 아내 대할 줄을 알고 하나님을 모르는 이방인과 같이 색욕을 따르지 말고…(살전4:3~5).

③ 하나님의 뜻은 성도들이 예수 그리스도 안에서 실천하는 것이다.

하나님의 뜻은 예수 안에서 항상 기뻐하고 쉬지 말고 기도하고 범사에 감사하며 사는 것이다. 하나님의 뜻은 예수 그리스도 안에서 실천하라는 의미이지, 이단교주의 말을 실천하라는 것이 아니다. 이단교주 안에서 아무리 열심히 실천하며 살아도 그것은 하나님의 뜻이 아니다.

항상 기뻐하라 쉬지 말고 기도하라 범사에 감사하라 이것은 그리스도 예수 안에서 너희를 향하신 하나님의 뜻이니라(살전5:16~18).

2) 하나님의 보내신 자를 믿지 않는 것이 이단인가?

예수께서 대답하여 이르시되 하나님께서 보내신 이를 믿는 것이 하나님의 일이니라(요6:29).

정명석은 하나님께서 시대마다 사람을 보내 역사하시는데, 하나님께서 보낸 사람을 믿지 않는다면 그는 최첨단의 이단이라고 하였다. 이 시대는 이 시대의 보낸 사람이 있는데, 그 사람이 바로 자기라는 말이다. 결국 자기를 믿지 않는 것이 이단이라고 말하는 것이다. 환언하면 자기가 이단이 아니고 자기를 믿지 않는 기독교가 이단이라는 뜻이다.

그러나 예수님께서 말씀하신 "하나님의 보내신 이를 믿는 것이 하나님의 일"이란 무슨 뜻인가? 여기서 "하나님의 보내신 이"가 누구인가? 바로 예수 그리스도이다.

그러니까 예수 그리스도를 믿는 것이 하나님의 일이라고 하신 것이다. 그런데 왜 그 말씀을 가지고 자기를 믿는 것이 하나님의 일이라고 둔갑시키는가? 예수님을 믿으라고 하신 말씀을 가지고 왜 자기를 믿으라고 하는가? 그래서 이단은 영적으로 도둑이요 강도이다(요10:8).

구약시대에 여러 명의 선지자들을 보내 사명을 감당하게 하신 것은 맞다. 그렇다고 해서 신약시대에도 구약시대같이 주님을 바꿔가면서 믿으라는 말은 아니다. 구약시대 선지자들도 다 예수 그리스도 한 분을 위한 모형과 그림자이다. 구약시대 선지자들이나 제사장들은 계속 죽으니까 바뀔 수밖에 없었지만, 예수 그리스도는 영원히 계시므로 바

필 필요가 없다. "예수 그리스도는 영원히 계시므로 그 제사장 직분도 갈리지 아니하느니라(히7:24)." 그러므로 인간 교주를 믿는 것은 하나님의 일을 하는 것이 아니라, 사탄의 일을 하는 것이다.

3) 진리를 모르는 것이 이단이다?

정명석은 진리를 모르는 것이 이단이라 하였다. 진리? 정명석이 말하는 진리는 무엇인가? 그 말은 자기가 진리이기 때문에 자기를 모르는 것이 이단이라고 말하는 것이다. 이단들의 말은 일반교회와 용어는 똑같은데 그 의미는 다른 것이 많다. 그래서 그 의미를 모르면 당한다. 정명석이 진리인가? 정명석이 깨달았다는 30개론 교리가 진리인가? 천만의 말씀이다.

그렇다면 누가 진리인가? 무엇이 진리인가?

예수님은 "내가 길이요, 진리요, 생명이니 나로 말미암지 않고는 아버지께로 올 자가 없느니라(요14:6)"고 선언하셨다. 그러므로 예수님이 진리이고, 십자가의 도가 진리이다. 또한 예수님은 "진리를 알지니 진리가 너희를 자유하게 하리라(요10:32)"고 하셨다. 이 말씀은 예수님을 알면 자유하게 된다는 말씀이었다. 그러나 이단에 빠지면 인간교주에게 종노릇하게 된다.

> 죄를 범하는 자마다 죄의 종이라 종은 영원히 집에 거하지 못하되 아들은 영원히 거하나니 그러므로 아들이 너희를 자유롭게 하면 너희가 참으로 자유로우리라 (요8:34~36).

모든 사람들은 죄와 사망의 종노릇하며 살고 있다. 그러나 예수 그리스도를 믿으면 죄와 사망에서 해방 받는다.

> 그러므로 이제 그리스도 예수 안에 있는 자에게는 결코 정죄함이 없나니 이는
> 그리스도 예수 안에 있는 생명의 성령의 법이 죄와 사망의 법에서 너를 해방하였
> 음이라(롬8:1~2).

그러므로 정명석을 모르는 것이 이단이 아니고, 진리 되신 예수님과
이별하게 하고 자기를 추종하게 하는 것이 이단이다.

결론 부분에 대하여

1) 함부로 판단하지 말라는 것은?

주께서 오시기까지 아무것도 판단하지 말라는 것은 주님이 아니면
아무것도 판단하지 말라는 말씀이 아니다. 물론 주님이 아니면 사람의
깊은 비밀까지 알 수 없는 것들이 있다. 분명 사람으로서는 알 수 없
는 주님의 영역이 있다. 그러나 아무 것도 판단하지 말라는 말씀이 아
무것도 판단치 않고 아무 생각도 없이 살라는 말씀은 아닐 것이다. 참
과 거짓이 싸울 때에 판단치 않으면 어떻게 성도들을 인도할 수 있겠
는가? 함부로 판단하지 말아야 하는 것은 맞다. 그렇다고 해서 이단들
이 자기를 변호하기 위해 함부로 판단하지 말라고 말하는 것은 잘못
된 적용이고, 자기방어일 뿐이다. 사도바울도 율법주의 이단들에 대해
서는 단호하게 판단하여 처리하였다.

> 개들을 삼가고 행악자들을 삼가라 몸을 상해하는 일을 삼가라(빌3:2).

> 형제들아 우리 주 예수 그리스도의 이름으로 너희를 명하노니 게으르게 행하
> 고 우리에게서 받은 전통대로 행하지 아니하는 모든 형제에게서 떠나라(살후
> 2:6).

예수님도 오히려 공의롭게 판단하라고 하셨다. "외모로 판단하지 말고 공의롭게 판단하라 하시니라(요 7:24)." 그러므로 이단들이 비진리로 성도들을 미혹할 때는 오히려 단호하게 판단하여 물리쳐야 한다.

2) 비판하지 말라는 것은?

비판하지 말라는 것 역시 잘못해도 가만히 있고, 비진리로 영혼들을 사냥해도 가만히 있으라는 말씀이 아니다. 유대종교인들이 예수님을 안식일을 범하는 자, 창녀와 세리의 친구, 귀신들린 자, 신성 모독자라고 잘못 판단하여 비난하는 것을 말한다. 그렇게 자기 생각대로 비판하는 것을 하지 말라는 것이다. 형제들끼리 자기도 잘못이 있으면서 형제의 잘못만 부각하여 비판하지 말라는 것이지, 적그리스도가 천하보다 귀한 영혼들을 사냥하고 있는데도 묵묵부답으로 일관하라는 것이 아니다. 예수님도 "뱀들아 독사의 자식들아 너희가 어떻게 지옥의 판결을 피하겠느냐?"(마23:33)고 비판하셨다.

사도 바울도 오히려 이단자들에 대하여 강력하게 대응하기를 요구했다. "누구든지 헛된 말로 너희를 속이지 못하게 하라 (엡5:6)"고 하였다. 여기서 "헛된 말(empty words)"은 이단교리를 말한다. 또한 "너희는 열매 없는 어둠의 일에 참여하지 말고 도리어 책망하라 (엡5:11)"고 하였다. (Have nothing to do with the fruitless deeds of darkness, but rather expose them.) 여기서 "어둠의 일"은 이단의 일이다. 이단에 참여하지 말고 책망하라고 하였다. 여기서의 "책망"은 영어로 expose로 '드러내라'는 의미이다. 이단적인 행태는 쉬쉬할 것이 아니라 오히려 드러내어 알리라는 것이다.

그러므로 무조건 비판하지 말라는 말씀이 아니고, 교회가 이단에 대하여 비판하며 경계하며 복음을 수호하는 것은 당연한 도리인 것이다.

3) 종교의 원수를 사랑하라는 것에 대해서.

원수를 사랑하라는 것은 맞다. 사울은 다윗을 원수처럼 여겨 질투하고 미워했으나 사랑했어야 한다. 다윗은 자기의 사위였고, 하나님의 사람이었으니까. 가인은 아벨을 원수처럼 생각했다. 그래서 아벨을 죽였으나 사랑했어야 한다. 아벨은 하나님께서 사랑하는 자였고, 자기의 친동생이었으니까. 유대종교는 예수님을 원수로 생각하여 미워했으나, 사랑했어야 한다. 자기들을 구원할 구세주였으니까. 그런 의미로 원수는 사랑해야 한다. 그래야 자기가 산다.

그러나 원수마귀는 물리쳐야 한다. 원수마귀를 사랑하면 천사가 되는가? 이단에 빠진 사람들이 돌아오기란 극히 힘들다. 한 영혼이 돌아오면 잔치를 벌일 일이다. 이단에서 회심하고 돌아오는 경우가 기적같이 힘들지만 돌아오는 경우도 있다. 그런 일은 적극적으로 권장되어야 한다.

> 내 형제들아 너희 중에 미혹되어 진리를 떠난 자를 누가 돌아서게 하면 너희가
> 알 것은 죄인을 미혹된 길에서 돌아서게 하는 자가 그의 영혼을 사망에서 구원할
> 것이며 허다한 죄를 덮을 것임이라(약5:19~20).

그러나 성경에 원수는 사랑하라는 말은 있어도, 이단을 사랑하라는 말은 없다. 오히려 이단에 대해서만큼은 엄격하게 대할 것을 주문하셨다. 어떻게 대해야 하는가? 이단이 찾아오거들랑 인사도 하지 말고 문전박대하라고 하셨고, 한두 번 권고한 후에는 멀리하라고까지 하셨다. 왜 이렇게 가혹하게 느껴질 만큼 냉정하게 대하라고 하였을까? 왜? 이단에 빠지면 불쌍히 여기고 사랑해도 안 되니까 그랬던 것이다. 이단들은 오히려 잘 대해주면 역으로 전도하려고 달려든다. 이단을 가까이 하다가 오히려 미혹될 수도 있다. 그래서 멀리하라고 하신 것이다.

누구든지 이 교훈을 가지지 않고 너희에게 나아가거든 그를 집에도 들이지도 말고 인사도 하지 말라 그에게 인사하는 자는 그 악한 일에 참여하는 자임이라 (요이1:10~11).

이단에 속한 사람을 한두 번 훈계한 후에 멀리하라 이러한 사람은 네가 아는 바와 같이 부패하여 스스로 정죄한 자로서 죄를 짓느니라(딛3:10~11).

그러나 가족이 이단에 빠졌다면 이야기는 달라진다. 상종안할 수도 없고 문전박대할 수도 없다. 목숨 걸고라도 돌이키게 해야 한다. 한 영혼이 돌아오면 잔치를 벌일 일이다. 더군다나 이단에 빠졌다가 예수님 품으로 돌아온다는 것은 하나님의 특별한 은혜요, 특별한 섭리이다. 이단에서 회심하고 돌아오는 경우가 기적같이 힘들지만 돌아오는 경우도 있다. 그런 일은 적극적으로 권장되어야 한다.

내 형제들아 너희 중에 미혹되어 진리를 떠난 자를 누가 돌아서게 하면 너희가 알 것은 죄인을 미혹된 길에서 돌아서게 하는 자가 그의 영혼을 사망에서 구원할 것이며 허다한 죄를 덮을 것임이라(약5:19~20).

그러나 이단의 교주가 돌아왔다고 하는 경우는 아직 들어본 적이 없다. 적그리스도는 사탄의 종이다. 적그리스도는 사랑하기보다는 말씀으로 물리쳐야 한다. 예수님도 사탄에게 시험 당하실 때 말씀으로 물리치셨다. "사탄아 물러가라 기록되었으되 주 너희 하나님께 경배하고 다만 그를 섬기라 하였느니라(마4:10)." 하나님께서도 범죄한 천사들은 용서하지 아니하시고 깊은 구렁텅이로 던지셨다(벧후2:2).
원수를 사랑하라는 말씀을 정명석이나 이단교주들이 자기방어를 위해 방패막이처럼 쓰면 안 된다. 그들은 철저하게 회개하는 것이 최우

선이다. 성도들이 이단의 잘못된 언행에 대하여 가만히 있거나 방관하는 것은 사랑하는 것이 아니다. 오히려 잘못을 지적하여 바른 길로 가게 하는 것이 진정한 사랑이다. 잘못해도 가만히 있는 것은 사랑이 아니다.

4) "성자의 뜻이라면 누가 뭐라 해도 가야 한다"는 것에 대해서.

성자의 뜻이라면 누가 뭐라 해도 가야 한다는 것은 원론적으로는 맞다. 그러나 정명석이 말하는 성자는 누구인가? 일반교회에서 말하는 성자와 정명석이 말하는 성자는 다르다. 결국 자기에게 임한 영을 성자라고 한다면, 정명석이가 하는 말은 성자의 말이 되고, 정명석의 뜻은 성자의 뜻을 의미한다. 결국 누가 뭐라 해도 정명석을 따르라는 말이 된다.

그러나 비진리를 "성자의 뜻"이라고 포장하여 순종할 것을 요구하면, 순진한 사람들의 영혼과 인권은 말살되는 것이다. 가정이 파괴된다.

어려움을 당할 때 그것이 핍박인지, 죗값인지 따져봐야 한다. 죄 짓고 형벌을 받으면서 핍박받는다고 하면 되겠는가? 죄를 지으면 형벌을 받는 것이다. 그것은 회개할 일이지, '누명 썼네', '세상이 몰라봐서 의인을 핍박하네' 라고 십자가 운운해서는 안 된다. 잘못된 것을 위해 누가 뭐라 해도 가라는 말은 참으로 반사회적인 발언이다. 그러니까 이단에 빠지면 부모형제도 몰라보고 가정이 파괴되는 것이다. 이단의 잘못된 가르침은 온통 가정을 파괴하게 된다. "그들의 입을 막을 것이라 이런 자들이 더러운 이득을 취하려고 마땅하지 아니한 것을 가르쳐 가정들을 온통 무너뜨리는도다"(딛1:11).

성자의 뜻이라면 누가 뭐라고 해도 가야 한다는 말에는 무서운 지령이 숨겨져 있다. 가정이 파괴돼도 각오하라는 의미이다. 자기 구원을 위하여 가정도 버릴 수 있어야 한다고 다짐을 받고 있는 것이다. JMS

사람들은 "언제 우리가 가정을 등한시하라고 했느냐"고 항변하겠지만, 이단에 빠지지 않은 가족들은 가지 말라고 말릴 테고, 이단에 빠진 사람들은 아니라고 우길 텐데, 그런 가정들의 가정불화는 불을 보듯 뻔하다. 그렇다면 이단자들의 행동수순은 가정을 버리는 것이다. 가정이 방해가 된다고 느끼기 시작한다. 어떤 여자가 가정을 등한시 하고, 자기 혼자 구원받겠다고 남편이고 자식이고 내팽개치고 다니는 사람이 있다면 그 믿음이 정상적인가? 남편이 뭐라고 하면 이혼도 불사하겠다며 협박하는 사람들을 어떻게 볼 것인가? 가정을 돌보지 않는 자들에 대해서 성경은, "누구든지 자기 친족 특히 자기 가족을 돌보지 아니하면 믿음을 배반한 자요 불신자보다 더 악한 자니라(딤전5:6)"고 하였다.

결론

이단이란 다섯 글자로 정의한다면 "가짜 기독교"를 말한다. 이단을 규정하는 데에는 여러 가지가 있다.

첫째, 신론에서 빗나가면 이단이다.

정명석은 성령을 하나님 부인이라고 하는데 이와 같이 신론에서 빗나갔기 때문에 이단이다. 하나님이 무슨 부인이 있는가? 예수님께서는 '사람들도 부활하여 천국에 가면 천사들과 같이 장가가고 시집가는 일이 없다'고 하셨다. 하나님이 무슨 생산을 하기 위해서 여신이 필요하다는 말인가? 참으로 비성경적 신론이다.

둘째, 삼위일체에 대하여 잘못 설명하면 이단이다. 특히 삼신(三神)론은 대표적 이단이다. 성부(1)+성자(1)+성령(1)=3신(神). 정명석의 삼위일체론은 삼신론이다.

삼신론은 '하나님은 한 분이시다'는 명제를 벗어나기 때문에 이단이다.

셋째, 예수 그리스도에 대해서, 즉 기독론에 있어서 잘못 설명하면 이단이다. 신성과 인성을 겸비한 예수님에 대해서 하나를 빼고 가르치면 이단이다. 정명석은 예수님의 신성을 부인한다. 그래서 이단이다.

넷째, 시대마다 구원주가 있다고 하여 다른 예수를 믿게 하는 것이 이단이다. 구원론에 있어서 잘못된 구원방법을 가르치면 이단이다. 구원은 하나님의 은혜로 인하여 믿음으로 받는 것인데(엡2:8), 이단들은 자기의 의로 구원받는다고 한다. 그래서 십자가와는 원수가 되어 버린다. 참된 교회는 오직 하나님만 자랑하고, 예수 그리스도만 자랑한다. 자기 행위로 구원받지 않고 은혜로 구원받기 때문이다(엡2:9). 그러나 이단들은 자기를 자랑하여 사람들의 마음을 도둑질한다.

다섯째, 이단은 열매를 보면 알 수 있다(마7:20).

아무리 거룩한 말을 해도 행동으로 나오는 것을 보면 알 수 있다. 앞에서는 순결을 말하나 뒤로 상습적인 성폭행을 저지른다면 아무리 변명해도 합리화될 수 없다.

여섯째, 이단들은 호색하며(벧후2:2), 그들의 눈에는 음욕이 가득하며(벧후2:14), 성경에도 없는 말을 지어내서 말한다(벧후2:3). 정명석은 성경에도 없는 말을 많이 한다. 이단들은 성경을 음란하게 풀고 음란하게 행동하며 성경적이라고 포장한다. 정명석은 선악과를 여자 성기라고 하고, 따 먹은 것을 성교한 것이라고 푼다. 그렇다면 "생육하고 번성하라"는 말씀과 "선악과 따먹지 말라"는 말씀이 조화를 이루지 못하기 때문에, 정명석은 성경에도 없는 말을 만들어냈다. 그것은 선악과를 영원히 따먹지 말라고 한 것이 아니고 잘 익으면 따먹게 하려고 했는데 아담과 하와가 어린 나이에 미리 따먹었다고 한다. 여자 성기를 선실과라고 하기도 한다. 그러나 성경에 그런 말이 어디 있는가? 정명석은 계시 받았다고 주장하지만, 사도요한은 성경은 더하거나 빼지 말라고 하였다(계22:18~19). 바울은 "기록된 말씀 밖으로 넘어가지 말라(Do not go beyond what is written.)"고 하였다(고전4:6). 잠언에도 "너는 그의 말씀에 더하지 말라 그가 너를 책망하시겠고 너는 거짓말하는 자가 될까 두려우니라"(잠30:6)고 하였다. 일반정통교회는 성경 외에 새로운 계시는 인정하지 않는다.

일곱째, 자기 자랑을 많이 하여 사람들을 유혹한다(벧후2:18).

여덟째, 이단은 성경을 억지로 풀어 멸망 받는다(벧후3:16). 억지로 푼다는 것은 성경의 의미를 왜곡한다(distort)는 말이다. 하나님께서 까마귀를 보내신다고 한 것을 우상숭배자라고 풀었다. 그러나 실제로 까마귀를 보내셨다. 어쩔 것인가? 하나님의 전능성을 부인하였고, 하나님을 믿지 않았다. 왕벌을 보내 적들을 물리치신다고 했는데(출23:28), 정명석은 여호수아라고 하였다. 그리고 자기를 이 시대의 왕벌이라고 해석하였다. 그러나 하나님께서는 약속대로 실제 왕벌을 보내 적들을 물리치셨다. 동방의 독수리(사46:11)는 누구인가? 정명석은 한국의 정명석으로 풀었는데, 성경의 의미는 페르시아의 고레스 왕이었다(사44:28). 이와 같이 성경을 억지로 해석하여 자기를 따르게 하는 것이 이단이다.

종합하면, JMS는 이단의 모든 특징들을 다 포함하고 있어서, 마치 이단의 특징을 모아놓은 종합선물세트와 같다.

13

두 감람나무와 두 증인

이단들이 주로 많이 사용하는 강의 중의 하나가 "두 감람나무와 두 증인"교리이다. 교주들은 자기를 감람나무라고 하거나, 또는 자기 주변의 사람들을 두 감람나무라고 한다. 정명석도 마찬가지이다. 자기를 두 감람나무 중 하나라 하고, 자기 제자 둘을 두 감람나무라고 하기도 한다. 정명석의 주장을 살펴본 후 반증한다.

또 내게 지팡이 같은 갈대를 주며 말하기를 일어나서 하나님의 성전과 제단과 그 안에서 경배하는 자들을 척량하되 성전 밖 마당은 척량하지 말고 그냥 두라 이것을 이방인에게 주었은즉 저희가 거룩한 성을 마흔두 달 동안 짓밟으리라 내가 나의 두 증인에게 권세를 주리니 저희가 굵은 베옷을 입고 일천이백육십 일을 예언하리라

이는 이 땅의 주 앞에 섰는 두 감람나무와 두 촛대니 만일 누구든지 저희를 해하고자 한즉 저희 입에서 불이 나서 그 원수를 소멸할지니 누구든지 해하려 하면 반드시 이와 같이 죽임을 당하리라 저희가 권세를 가지고 하늘을 닫아 그 예언을 하는 날 동안 비 오지 못하게 하고 또 권세를 가지고 물을 변하여 피 되게 하고 아무 때든지 원하는 대로 여러 가지 재앙으로 땅을 치리로다(계11:1~6).

정명석의 주장[165)

정명석에 의하면, 성경해석은 그 예언에 대한 주인공이 나타나야 풀 수 있다. "지금까지 수많은 기독교인들이 이 구절들을 나름대로 풀어보려고 했으나, 모든 성경은 하나님께서 계시하신 말씀으로 아무나 푸는 것이 아니다. 오직 하늘로부터 계시를 받고 배워야만 풀 수 있는 것이다. 성경은 적어도 선지자, 사도, 메시아 급의 사명자들이 계시를 받아서 쓴 글이기 때문에, 오직 선지자급 이상의 그 시대의 사명자만이 성경의 그 계시를 풀어 해석할 수 있는 것이다."[166) 이 말은 자기가 풀었으니 자기가 그 주인공이라고 선언하는 것이다. 다음에서 정명석의 요한계시록 11장 1~13절까지 해석을 살펴보자.

(1) 두 감람나무와 두 증인
1) 두 감람나무에 대한 성구 이해
두 감람나무와 두 증인은 요한계시록11장 4절에 나온다. 두 감람나무를 알기 위해서 1절부터 살펴보자.

> 또 내게 지팡이 같은 갈대를 주며 말하기를 일어나서 하나님의 성전과 제단과 그 안에서 경배하는 자들을 척량하되 성전 밖 마당은 척량하지 말고 그냥 두라 이것을 이방인에게 주었은즉 저희가 거룩한 성을 마흔두 달 동안 짓밟으리라(계 11:1~2).

〈지팡이 같은 갈대〉는 진리의 말씀을, 〈척량하라〉는 것은 심판하라는 것을, 〈제단과 성전 안〉은 종교 지도자들과 그 성도들을, 〈성전 밖

---

165) 『고급편』, 52~73. 강의안, 322.
166) 『고급편』, 52.

마당〉은 주관권 밖의 이방인을 각각 상징한다. 이 말씀은 진리의 말씀으로 하나님 주관권에 있는 성전 지도자들과 성도들을 먼저 심판하라는 것이다.[167]

> 성전 밖 마당은 척량하지 말고 그냥 두라 이것을 이방인에게 주었은즉 저희가 거룩한 성을 마흔두 달 동안 짓밟으리라 내가 나의 두 증인에게 권세를 주리니 저희가 굵은 베옷을 입고 일천이백육십 일을 예언하리라 이는 이 땅의 주 앞에 섰는 두 감람나무와 두 촛대니 만일 누구든지 저희를 해하고자 한즉 저희 입에서 불이 나서 그 원수를 소멸할지니 누구든지 해하려 하면 반드시 이와 같이 죽임을 당하리라(계11:2~5).

〈마흔 두달〉은 하나님께 부름 받은 사람들이 일하는 기간, 공적을 세우는 사명기간 또는 하늘 주관권 밖의 사람들의 탕감 받는 기간이다.[168] 〈굵은 베옷〉은 초상 때, 맏상주가 입는 옷으로 어른으로서 책임이 있는 자, 슬픔이 큰 자가 입는다. 〈굵은 베옷을 입는다〉는 것은 하늘의 심정을 대변하는 것을 상징하며 이 기간 동안 두 감람나무 곧 두 증인이 하늘의 심정의 베옷을 입고 불과 같은 진리의 권세를 가지고 심판하는 것이다. 〈1260일간 예언 한다〉는 것은 〈마흔 두달〉과 같은 것으로 두 증인이 하나님과 일체되어 말씀으로 심판한다는 뜻이다.[169]

2) 두 감람나무의 개념

그렇다면 두 감람나무란 무엇을 말하는가? 구약에 보면 답이 나와

---

167) 『고급편』, 53.
168) 『고급편』, 53. 탕감(蕩減)이라는 말은 원래 세금이나 빚을 삭쳐준다는 의미인데, 정명석은 벌 받는다는 의미로 사용한다. 단어의 뜻을 오해한 것이다.
169) 『고급편』, 53.

있다.

> 내가 그에게 물어 가로되 등대 좌우의 두 감람나무는 무슨 뜻이니이까 하고 다시 그에게 물어 가로되 금 기름을 흘려 내는 두 금관 옆에 있는 이 감람나무 두 가지는 무슨 뜻이니이까 그가 내게 대답하여 가로되 네가 이것이 무엇인지 알지 못하느냐 대답하되 내 주여 알지 못하나이다 가로되 이는 기름 발리운 자 둘이니 온 세상의 주 앞에 모셔 섰는 자니라 하더라(슥4:11~14).

스가랴 선지자가 두 감람나무에 대한 계시를 받고도 무엇인지 알지 못해, 천사에게 물었더니 "두 감람나무는 주 앞에 모셔 섰던 기름발리운자 둘이다"(슥4:14)고 가르쳐 주었다. "기름 발리웠다"는 것은 물론 성별(聖別)을 의미하지만 시대마다 기름이 주는 의미가 달랐다. 구약시대에는 실제 짐승의 기름으로 머리에 부었지만 신약시대에는 불과 성령의 기름으로 세례를 주었고 이 시대에는 진리의 말씀 기름을 의미한다.[170] 그러므로 〈두 감람나무〉는 그 시대에 하나님의 권세를 받은 두 사람의 사명자를 말하는 것이다. 곧 하나님이 세우신 자들이 둘씩 나타나서 역사를 편다는 것이다.

3) 감람나무 비유의 이유[171]

어찌하여 하나님은 세운 자들을 감람나무로 비유하셨는가? 정명석은 감람나무의 특성이 두 증인의 특성을 잘 설명하고 있다고 한다.

감람나무의 특성

① 감람나무는 다른 나무가 잘 자라지 못하는 해변가에서 잘 자란다.

② 수백 개의 열매 중 하나가 결실하며 나무가 정교하고 섬세하고

---

170) 『고급편』, 54.
171) 『고급편』, 54.

품질이 아주 우수하여 성전 기둥으로 쓰이기도 했다.

③ 또 올리브기름이 많이 나서 사람들에게 유익을 주며

④ 특히 이 기름은 상처가 난 곳에 바르면 아주 좋다고 한다.

이와 같은 특성을 가진 감람나무를 하나님의 사람에다가 비유한 것이다.

(2) 주 앞의 두 감람나무

하나님은 역사 가운데 사명자를 꼭 둘씩 보냈다. 그런데 두 감람나무 역사도 시대의 두 감람나무가 있고 당세의 두 감람나무가 있다. 모세와 엘리야 같은 시대의 두 감람나무와 다윗 솔로몬 같은 당세의 두 감람나무가 있다.

1) 시대의 두 감람나무

시대별로 두 감람나무가 나타났다.

① 구약의 두 감람나무

> 저희가 권세를 가지고 하늘을 닫아 그 예언을 하는 날 동안 비 오지 못하게 하고 또 권세를 가지고 물을 변하여 피 되게 하고 아무 때든지 원하는 대로 여러 가지 재앙으로 땅을 치리로다(계11:6).

권세를 가지고 하늘을 닫아 그 예언하는 동안 비 오지 못하게 한 사람이 누구인가? 엘리야였다. 그리고 권세를 가지고 물을 변하여 피 되게 하고 아무 때든지 원하는 대로 여러 가지 재앙으로 땅을 친 사람이 누구인가? 모세였다. 그러므로 구약시대 대표적인 두 사람만 뽑으라고 한다면 엘리야와 모세이다. 이와 같이 요한계시록 11장 5~6절은 구약의 두 감람나무였던 물의 종 모세와 불의 종 엘리야에 대한 이

야기를 요약해서 기록하였다. 모세는 육적 지도자였고, 엘리야는 영적 지도자였다.[172)

② 신약의 두 감람나무

> 저희가 그 증거를 마칠 때에 무저갱으로부터 올라오는 짐승이 저희로 더불어 전쟁을 일으켜 저희를 이기고 저희를 죽일 터인즉 저희 시체가 큰 성 길에 있으리니 그 성은 영적으로 하면 소돔이라고도 하고 애굽이라고도 하니 곧 저희 주께서 십자가에 못 박히신 곳이라 백성들과 족속과 방언과 나라 중에서 사람들이 그 시체를 사흘 반 동안을 목도하며 무덤에 장사하지 못하게 하리로다(계11:7~9).

〈증거를 마칠 때〉란 모세와 엘리야를 중심으로 구약의 모든 증거를 마칠 때 곧 구약 역사가 마칠 때를 이야기하는 것이다. 말라기 선지자 때까지 증거를 마쳤다. 〈무저갱 기간〉은 말라기 선지자 이후 무선지자 기간을 말하며, 선지자가 없으니 사탄들이 영적 전쟁을 일으킨다는 것이다.[173) 그리고 신약 시대와 연결이 된다.

> 이 두 선지자가 땅에 거하는 자들을 괴롭게 한 고로 땅에 거하는 자들이 저희의 죽음을 즐거워하고 기뻐하여 서로 예물을 보내리라 하더라 삼 일 반 후에 하나님께로부터 생기가 저희 속에 들어가매 저희가 발로 일어서니 구경하는 자들이 크게 두려워하더라 하늘로부터 큰 음성이 있어 이리로 올라오라 함을 저희가 듣고 구름을 타고 하늘로 올라가니 저희 원수들도 구경하더라 그 시에 큰 지진이 나서 성 십분의 일이 무너지고 지진에 죽은 사람이 칠천이라 그 남은 자들이 두려워하여 영광을 하늘의 하나님께 돌리더라(계11:10~13).

---

172) 『고급편』, 55~56.
173) 『고급편』, 56.

여기서 예수님과 세례요한에 대한 이야기가 나온다. 세례요한은 물의 종으로, 예수님은 하나님의 아들로 나타나서 역사를 했다. 그런데 예수님과 세례요한 둘 다 죽임을 당했다. 〈사흘반〉은 축소시킨 한때 두때 반때를 말한다. 본문에서 〈7,000명이 죽었다〉는 것은 불신자들이 영적으로 다 죽었다는 말이다. 그래서 예수님 시대 때 영적으로 다 죽었기 때문에 이스라엘 나라에 영적인 시체들이 가득했다는 것이다.[174]

이와 같이 계시록 11장 10절은 신약의 두 감람나무였던 육적인 세례요한과 영적이신 예수님의 이야기를 최고로 축소시켜 말씀하신 것이다. 세례요한은 육적인 지도자였고, 예수님은 영적인 지도자였다.[175]

2) 당세의 두 감람나무
① 구약시대

하나님을 주(主)로 볼 때 모세와 여호수아가 하나가 되어 하나님 역사를 이루었다. 아합 왕 때 엘리야와 엘리사, 사사시대 때 삼손과 기드온, 통일왕국 때 다윗과 솔로몬, 포로귀환 때 스룹바벨과 여호수아, 성전재건 때 느헤미야와 에스라….

② 신약시대

신약시대에도 하나님 앞의 두 감람나무가 있다. 하나님을 주로 볼 때 세례요한과 예수님이다. 세례요한은 외적으로 증거하고 예수님은 내적으로 증거한다. 그리고 예수님 앞의 두 감람나무는 세례요한과 베드로이다. 베드로는 내적, 세례요한은 외적이었다. 부활생애 때에 예수님 앞에는 베드로와 사도 바울이 두 감람나무였다. 사도 바울은 내적인 증거, 베드로는 외적인 증거를 하게 했다. 종교개혁 때는 루터와

---

174) 『고급편』, 56~57.
175) 『고급편』, 57.

칼빈이었다.

　③ 성약시대

　성자를 중심으로 전자(외적 증거)와 후자(내적 증거)가 있다.[176] 그리고 성자분체(정명석–필자 주) 앞에 두 증인이 있다. 외적 증거자는 '혈통' 중에 한 사람을 세우고, 내적 증거자는 '신앙의 혈통'에서 세운다.[177]

(3) 두 감람나무의 원리와 이치

1) 두 감람나무의 이원 구조

　스가랴가 본 묵시의 두 감람나무는 그 당시 시대 상황을 보면, "여호와의 전을 건축하라"(학1:1)는 하나님의 명령을 받은 유다총독인 스룹바벨과 대 제사장 여호수아이다. 하나님은 시대마다 내적(영적)인 지도자와 외적(육적)인 지도자를 보내셔서 섭리하셨다. 영적인 세계와 육적인 세계가 하나 되면 완성된 섭리사를 이룰 수 있게 되는 것이다.[178]

2) 둘씩 보내는 이유

　그러면 하나님께서 각 시대마다 둘씩 둘씩 보내셔서 역사하시는 이유가 무엇인가?

　① 역사가 망하지 않게 하기 위하여서이다.

　한 마디로 둘씩 보내는 목적은 역사가 망하지 않게 하고 뜻을 이루기 위한 것이다. 한 사람으로서는 뜻을 이룰 수 없으나 두 사람으로서는 뜻을 이룰 수 있다.

　　두 사람이 한 사람보다 나음은 저희가 수고함으로 좋은 상을 얻을 것임이라 혹

---

176) 여기서 전자(외적 증거)는 통일교를, 후자(내적 증거)는 JMS를 말한다.
177) 『강의안』, n.d. 329
178) 『고급편』, 60.

시 저희가 넘어지면 하나가 그 동무를 붙들어 일으키려니와 홀로 있어 넘어지고
붙들어 일으킬 자가 없는 자에게는 화가 있으리라 두 사람이 함께 누우면 따뜻하
거니와 한 사람이면 어찌 따뜻하랴 한 사람이면 패하겠거니와 두 사람이면 능히
당하나니 삼겹줄은 쉽게 끊어지지 아니하느니라"(전4:9~12).

② 한 줄은 약하지만 두 겹줄은 강하다.

외줄의 역사는 약하여 가다가 끊어질지라도 겹줄의 역사는 바통 잡
고 뛰는 릴레이경기처럼 역사가 연속되기 때문에 끝까지 바통을 쥐고
달려서 목적지까지 갈 수 있다. 하나님은 엘리야와 엘리사를 보내서
그 시대를 감당케 했다. 종교개혁 때도 루터만 보내면 구시대에 흡수
될 수 있기 때문에 칼빈을 보내어 반세기 간의 종교개혁을 통해서 다
시금 역사를 펴가니 기독교가 탄생하게 되었다.

③ 역사가 뭉치고 하나 되면 절대로 무너질 수 없다.

한 사람이면 천을 쫓고 두 사람이면 만을 쫓는다고 하였다. 정신적
인 지도자와 육적인 지도자가 하나 되면 힘이 생겨서 넘어지는 일이
없다는 것이다.

그들의 반석이 그들을 팔지 아니하였고 여호와께서 그들을 내어 주지 아니하셨
더면 어찌 한 사람이 천을 쫓으며 두 사람이 만을 도망케 하였을까(신32:30).

(4) 두 감람나무 원리의 적용
1) 현실 속의 두 감람나무

열두 제자를 부르사 둘씩 둘씩 보내시며 더러운 귀신을 제어하는 권세를 주시
고(막6:7).

> 이 후에 주께서 달리 칠십 인을 세우사 친히 가시려는 각동 각처로 둘씩 앞서
> 보내시며(눅10:1).

예수님도 제자들을 보낼 때 둘씩 보내셨다. 1차 세계대전 중에 한 독일 공군 장교가 "어찌 한 사람이 천을 쫓으며 두 사람이 만을 도망케 하였을까"(신32:30)에서 힌트를 얻어 비행 전술에 두 대씩 보내 공중전을 치른 결과 대승을 거둘 수 있었다고 한다.

상대성의 세계가 하나 되면 이상세계가 일어나게 된다. 유전자도 정자와 난자가 하나 되면 사람이 만들어진다. 식물도 암술과 수술이 하나 되면 열매 맺는 일이 생긴다. 사람의 영육이 서로 겹줄이 될 때 개인천국이 일어나게 된다.

2) 두 감람나무와 상대성의 세계
두 감람나무는 종교 세계뿐만이 아니라 모든 세계에 다 해당된다. 세상 만사가 다 짝으로 이루어져 있으며 전후자(전자, 후자)로 다 돌아간다. 동맥과 정맥, 수술과 암술, 자전과 공전, 남자와 여자 등 수많은 예가 있다.

(5) 전역사와 후역사의 특성
두 감람나무 가운데 먼저 나타난 사명자를 전자(前者, 제1감람나무, 전역사)라 하고, 나중에 나타난 사명자를 후자(後者, 제2감람나무, 후역사)라 한다.

1) 전역사와 후역사의 등장
두 감람나무가 나타나는 것도 한꺼번에 같이 나타나는 것이 아니다. 반드시 한 사람이 가야만 다음 주자가 선상에 나타난다. 이렇게 시간

차를 두고 짝을 맞추어서 나가는데 보통 40년의 기간을 두고 출발시킨다. 여호수아와 모세도 한 40년의 차이를 두고 나타났다.[179]

2) 전역사와 후역사의 섭리적 특징

첫째, 전자와 후자는 사명과 활동 기간이 다르지만 전반전과 후반전의 한 짝의 역사이다.

둘째, 항상 역사는 전초 역사와 본초 역사가 있다.

전역사는 씨를 뿌리고 후역사는 열매를 거두면서 그 사명을 완성하게 된다.

셋째, 전역사보다 후역사가 더 시대적 혜택을 받는다.

넷째, 전자는 후자를 모르지만 후자는 전자를 안다.

다섯째, 여호수아에게 모세의 법을 지키라고 한 것처럼 후자들에게는 항상 전자의 법을 지키라고 명령했다.

결론

하나님과 하나 되고, 시대의 보낸 자와 하나 되고, 형제들과 하나가 되어야 한다. 하나가 되는 것이 두 감람나무의 역사이다.

반증

(1) 감람나무에 대한 오류

정명석은 감람나무의 특성과 증인의 특성이 비슷하여, 증인을 감람나무라고 비유하였다고 하였다. 그러면서 감람나무의 특성을 열거하

---

179) 『고급편』, 69.

였는데, 전혀 맞지 않다. 인터넷에 들어가서 검색만 했어도 거짓말인 줄 금방 알 수 있었을 것이다. 계시를 받았다고 했는데, 도대체 누구에게 계시를 받았는가? 하나님이 주셨다면 틀릴 수가 있겠는가? 하나님이라면 틀릴 수가 없다.

1) 정명석은 감람나무가 해변가에서 잘 자란다고 하였으나, 실상 감람나무는 산야에 잘 자란다. "감람나무(올리브나무)는 다른 나무에 비해 온화하고 평탄한 평지와 구릉지에서 자란다."[180]

감람(올리브)나무 단지의 모습 [181]

2) 정명석은 감람나무 열매 수백 개 중에서 하나만을 결실한다고 하였는데, 하나만 결실하는 것이 아니다. 무슨 열매가 하나만 결실한단 말인가? 이런 엉터리가 어디 있는가? 전혀 사실과 다르다.

180) http://m.blog.daum.net/seogbae1211/8904481 2020년 4월 20일 접속.
181) https://www.bing.com/images/search?view=detailV2&id=E4EB430C3C5A2E
B9492AFC3BEC33A85E036195A8&thid=OIP.RI1QF_cS1XbD1V6JfKZB3AHaE
E&exph=297&expw=540&q=%ec%98%ac%eb%a6%ac%eb%b8%8c%eb%82
%98%eb%ac%b4&selectedindex=22&qpvt=%ec%98%ac%eb%a6%ac%eb%
b8%8c%eb%82%98%eb%ac%b4&ajaxhist=0&vt=0&eim=1

감람나무열매[182]

3) 정명석은 감람나무가 섬세하고 정교해서 성전의 기둥으로 베어다가 썼다고 하였다. 감람나무는 옹이가 많아 기둥으로 쓸 수가 없다. 감람나무는 전혀 섬세하거나 정교하지 않다. 그냥 아무렇게나 생겨 먹었다는 말이 더 적합하다.

감람나무[183]

---

182) https://www.bing.com/images/search?view=detailV2&id=D07E0F7DEA236A
 E3A7F150228411361A1B405890&thid=OIP.dT3NWf-g_BBmTVjOuelr3AHaH
 a&exph=300&expw=300&q=%ec%98%ac%eb%a6%ac%eb%b8%8c%eb%82
 %98%eb%ac%b4&selectedindex=2&ajaxhist=0&vt=0&eim=1

183) https://www.bing.com/images/search?view=detailV2&id=D62F395FE495D2
 160CBC6D8B558185BB7CD345E8&thid=OIP.z2ccMt3sKZzRSqO3cz4dLAHaE
 6&exph=1594&expw=2400&q=%ec%98%ac%eb%a6%ac%eb%b8%8c%eb%
 82%98%eb%ac%b4&selectedindex=11&ajaxhist=0&vt=0&eim=1

4) 정명석은 구약에 짐승의 기름을 머리에 부었다고 하였다. 머리에 짐승의 기름을 부으면 어떻게 되겠는가? 기름이라고 하니까 얼른 생각하기에 동물로 제사 드릴 때니까, 동물의 기름인 줄 알았던 것이다. 그러나 구약시대에 머리에 부은 기름은 순결한 감람유(올리브기름)를 썼다. 정명석은 준비된 원고 없이 설교하거나, 즉흥적으로 직통계시를 받아서 설교하는 경우가 많아서 오류가 많았다. 그 계시를 하나님께 받았다면 오류가 없어야 하는데, 오류가 있다는 것은 하나님의 계시가 아니라는 증거이다.

(2) 두 증인에 대한 오류
1) 전자와 후자
정명석은 두 증인을 전자와 후자로 설명하였다. 그러나 스룹바벨과 여호수아는 동시대 인물이었다. 그런데 무슨 전자와 후자가 있다고 하는가? 두 감람나무, 두 증인이었던 스룹바벨과 여호수아는 전자와 후자가 없다. 정명석은 '모세와 여호수아', '엘리야와 엘리사', '예수님과 사도바울'과 같이 연이어 나온 사람들을 예로 들면서 "문선명과 정명석"을 이 시대의 두 증인으로 설명하기 위해, 전자 후자 개념을 만들어낸 것이다. 정명석은 한동안 문선명을 전자로, 자기를 후자라고 주장하였으나, 나중에 표절시비가 자꾸 불거지게 되자, 연관성을 불식시키기 위해, 나중에는 문선명 이름 자체를 거의 거론하지 않게 된다.

2) 두 증인의 시간 간격은 40년인가?
정명석은 두 증인의 시간 간격은 40년 간격을 두고 나타난다고 하였다. 그리고 세례요한과 예수님을 두 감람나무라고 하였다. 그렇다면 세례요한과 예수님이 40년 차이가 나는가? 그러나 그 차이는 불과 6개월이다. 물론 다윗과 솔로몬같이 40년 간격을 두고 나타난 경우도 있지만, 정명석이 두 감람나무라고 내 세운 사람들이 시간 차이가 다양하다. 루터(1483년)와 칼빈(1509)은 26년 차이다. 이와 같이 동시대 사람들도 있었고, 예수님과 세례요한처럼 6개월 차이 난 사람도 있었고, 문선명(1920년생)과 정명석(1945년생)의 차이도 25년이다. 그경우는 사람들 수만큼이나 다양하다. 그런데 왜 40년이라고 하는가? 딱 40년이라고 못 박을 수 없다.

3) 신약과 성약이 두 감람나무인가?

정명석은 구약과 신약을 두 감람나무라고 하면서 은근슬쩍 신약과 성약을 두 감람나무라 하였다. 신약과 성약이란 두 감람나무는 없다. 신약과 성약을 두 감람나무라고 하는 것은 예수님과 자기를 두 감람나무(초림주와 재림주)라 하는 것이다. 게다가 세례요한과 예수님, 예수님과 사도 바울을 두 감람나무라고도 하였는데, 이것은 예수님을 세례요한이나 바울과 동등하거나 약간 우월한 존재로 비치게 한다. 그러나다른 사람들이 아무리 훌륭해도 예수님의 제자일 뿐, 예수님과 비슷한인물로 동등하게 다루어질 수 없다. 예수님은 인간이기도 하지만 동시에 창조주 하나님이시다. 이에 대하여는 성경이 직접 증거하고 있다.

4) 세상만사가 다 짝으로 존재하는가?

정명석은 '여호와의 책을 읽어보라 그것들이 짝이 없는 것이 없나니…' 라는 성경구절에 의거하여 세상 존재방식이 다 짝으로 되어 있다고 하였다. 세상만사가 음양조화설처럼 다 짝으로 되어 있는 것처럼보일 수도 있다. 그러나 다 그런 것은 아니다. 종교개혁자도 루터와 칼빈 두 사람만 있는 것도 아니다. 셋도 되고 넷도 되고 다섯도 된다.

하나님은 한 분이시다. 정명석 주장처럼 아버지 하나님, 어머니 하나님으로 두 분이 아니시다. 예수 그리스도도 한 분이시다. 정명석의 주장처럼 '초림주는 예수님, 재림주는 정명석' 이렇게 둘이 아니다. 초림주도 예수님, 재림주도 예수님이시다. 재림주는 십자가에 돌아가셨다가 부활승천하신 그 예수님이 다시 오시는 것이다.

입도 하나요, 항문도 하나요, 머리통도 하나요, 해도 하나요, 노아 방주도 하나요, 성막도 하나요, 성막의 문도 하나요, 법궤도 하나요…. 세상만사가 둘씩 존재한다는 것은 어느 부분에서는 맞는 말이다. 그러나 하나님도 두 분, 그리스도도 두 분, 이것은 아니다. 그러므로 세상만물이 상대성(짝)으로만 존재하는 것은 아니다. 아메바는 암수 따로 있지 않고, 자가 수정을 하여 개체수가 늘어난다.[184]

하나님은 유일하신 하나님이다. 하나님도 짝이 있는가? 그것은 유일신을 부정하는 것이고, 이교신론이다. 그리스도는 예수 그리스도뿐이다. "하나님은 한 분이시오, 또 하나님과 사람 사이에 중보자도 한 분이시니 곧 사람이신 그리스도 예수라"(딤전2:5).

(3) "내게 지팡이 같은 갈대를 주며 척량하라"는 무슨 의미인가?

정명석은 〈갈대〉는 말씀, 〈성전과 제단과 그 안에 경배하는 자들〉은 교회 지도자들과 성도들을, 〈성전 밖 마당〉은 이방인들이라고 풀었다. 〈갈대로 척량하라〉는 것은 "말씀으로 심판하라"는 의미라 하였다. 이 말은 자기에게 준 말씀(30개론)으로 교회를 심판하라는 의미이다. 정명석은 본문의 두 감람나무가 자기를 두고 계시한 것이라 한다. 하나씩 살펴보자.

1) <갈대>는 무엇인가? (계11:1)

정명석은 갈대를 말씀이라고 풀었는데, 무슨 말씀인가? 정명석이

184) https://namu.wiki/w/%EC%9E%90%EC%9B%85%EB%8F%99%EC%B2%B4

계시 받았다는 "30개론"인가? 아니면 통일교의 "원리강론"인가? 특히 자기에게 주신 말씀이라고 풀었다. 아니다. 갈대는 척량하는 도구로서 잣대(canon)이다. 잣대는 변해서는 안 된다. 초대교회는 쏟아져 나오는 수많은 거룩한 책들 중에 그 많은 책을 다 신앙의 기준으로 삼을 수는 없었다. 그 중에서 신앙에 기준이 될 만한 책을 선정하였다. 그것을 정경화(canon)과정이라고 한다. 정경화 된 책이 바로 성경이다. 신앙의 기준은 성경(canon)이고, 성경은 오직 예수 그리스도를 증거 한다. 그러므로 갈대는 예수님의 십자가와 부활을 증거하는 복음을 의미한다. 복음은 영원한 말씀이다. 복음을 통하여 믿음의 진위를 가리게 된다.

   2) <척량하라>는 것은? (계11:1)
   정명석은 <성전과 제단을 척량하라>는 것은, 믿는 사람들을 진리의 말씀(30개론)으로 심판하라고 해석했다. 그러나 척량(尺量)은 심판하라는 뜻이 아니라, 보호하라는 의미이다. 원래 척량은 옛날부터 물건이나 토지 등이 자신의 소유임을 확인하는 방법이었다. 척량하라는 것은 교회를 하나님의 것으로 구별하여 보호하시겠다는 의미이다. 극심한 환난 가운데 있는 성도들에게 위로를 주기 위함이었다. <척량하라>는 것은 심판하라는 말이 아니고, 하나님께서 교회를 특별히 <보호하신다>는 말씀이다.

      그가 이같이 사방을 측량하니 그 사방 담 안 마당의 길이가 오백 척이며 너비가 오백 척이라 그 담은 거룩한 것과 속된 것을 구별하는 것이더라(겔43:20).

      한 구역을 거룩한 땅으로 삼아 여호와께 예물로 드릴지라 그 길이는 이만 오척 척이요 너비는 만 척이라 그 구역 안 전부가 거룩하리라(겔45:1).

예루살렘을 측량하여 그 너비와 길이를 보고자 하노라 하고(슥2:2).

(4) 성전 밖 마당과 거룩한 성을 42달 동안 짓밟으리라(계11:2).
1) 성전 밖 마당이란?

성전 밖 마당은 구약에서 이방인의 뜰이라고 불렸던 곳이다. 그곳에 오는 사람들은 몸은 예루살렘에 있어도 이스라엘 백성이 아닌 사람들 즉 여호와 하나님을 믿지 않는 사람들이 와서 구경하는 곳이다. 즉 관광터를 이방인의 뜰이라 했다. 성전 밖 마당이란 거짓 성도들이다. 그리고 이방 사람들이다.

2) 이방인이 거룩한 성을 마흔두 달 동안 짓밟는다는 것은?

거룩한 성은 예루살렘을 지칭한다. 문자 그대로는 성전 밖 이방인들이 예루살렘을 짓밟는다는 의미이다. 이것은 거짓 교회(이방인)가 참된 교회를 핍박한다는 의미이다.

3) 42달 동안은?

42달은 이방인들이 거룩한 성을 짓밟는 기간이다. 42달은 3년 6개월이요, 이것을 날로 바꾸면 1,260일인데, 이것은 또한 요한계시록 11장 3절의 두 증인이 예언하는 천이백육십 일과 동일하다. 그리고 여자가 뱀의 낯을 피하여 광야에서 양육 받는 기간이 천이백육십 일이요(계12:6), 그 기간이 바로 한때 두때 반때(계12:14)라고 하였다.

이 42달 동안은 하나님께서 악에 대해서 결정적인 심판을 내리지 않고 허용하신 일정한 기간을 의미한다. 악을 행해도 허용하신다. 악에 대한 최종적인 심판, 사탄에 대한 최종적인 심판은 예수 그리스도의 재림 때에 이루어진다. 그러므로 악이 허용되는 1,260일, 42달, 3년 6개월, 한때 두때 반때는 모두 예수 그리스도의 초림 때부터 재림 때까지의 기간이다. 42달은 전(全) 교회 시대를 의미한다.[185] 이 기간 동안 교회는 두 증인으로서 증거하기도 하고, 무저갱에서 올라오는 짐승에게 핍박도 받고, 하나님이 척량하셔서 보호함 받기도 한다. 그러다가 마지막 날에 교회는 다 부활하여 하늘로 끌려 올라가 주님을 만나게 된다고 말하는 것이다.

(5) 두 증인은 누구인가? (계11:3)

> 두 증인에게 권세를 주리니 그들이 굵은 베옷을 입고 일천이백육십 일을 예언하리라(계11:3).

두 증인은 누구인가? 여러 가지 설들이 많다. 혹자는, 예를 들면, 두 증인은 신약시대가 끝나갈 무렵 두 개인을 말한다. 마치 모세나 엘리야와 같은 사람들이 나타나 예수 그리스도 재림 이전에 획기적으로 활동하다가 순교를 당하는 사람들일 것이라고 생각한다.

이단들은 자기 교주와 다른 사람을 두 증인이라고 한다. 정명석은 문선명과 정명석을 두 증인이라고 했다. 그리고 축소해서 육적 혈통에서 한 명과 신앙적 혈통에서 한 명을 두 감람나무라고도 했다. 그러나 이런 두 감람나무는 성경과는 아무런 상관이 없다. JMS 상황에 맞추어 성경의 단어로 옷을 입힌 것에 불과하다. 신천지에서는 이만희와 홍종효라고 한다.[186]

두 증인은 과연 두 개인인가? 아니다. 두 증인은 초림과 재림 사이에 그리스도의 복음을 증거하는 교회의 상징이다. 둘은 문자적 의미가 아니라 증거의 효력을 상징하는 숫자이고(신19:15; 눅10:1), 촛대가

---

185) 서철원,『서철원박사 교의신학 VII』, 180.
186) 이만희,『요한계시록의 실상』(과천: 도서출판 신천지, 2011) 201~202.

교회이므로(계1:20) 감람나무도 교회이다. 그러므로 두 증인은 어떤 특정한 인물을 가리키는 것이 아니라 예수복음 증거하는 교회전체를 말한다.[187]

(6) 굵은 베옷을 입고 있다는 것은?(계11:5)

> 만일 누구든지 그들을 해하고자 하면 그들의 입에서 불이 나와서 그들의 원수를 삼켜 버릴 것이요 누구든지 그들을 해하고자 하면 반드시 죽임을 당하리라(계11:5).

이 말은 교회가 증거하는 복음을 믿지 않는 세상을 향해 슬퍼하며 회개할 것을 요구함을 의미한다. 회개하지 않고 도리어 해하려고 하는 자들에게 저희 입에서 불이 나와서 원수를 소멸한다. 이것은 복음을 믿는 자들에게는 구원이 있지만 믿지 않는 자에게는 멸망의 심판이 있게 된다는 것이다.

교회가 증거하는 복음의 말씀을 믿지 않는 자들에게는 복음이 불이 된다는 것이다. 즉 복음을 받아들이지 않는 사람에게 복음은 심판의 불이 된다는 것이다. 복음의 영향력은 비단 말로만 끝나지 않는다. 남북한의 차이를 보라. 경제력에서 40배 이상 차이가 난다. 똑같은 한 나라였었는데, 오히려 북한 지역이 더 잘 살았다는데, 무엇이 이런 차이를 만들었는가? 복음을 저버린 북한과 복음을 받아들인 남한 사이의 이 드라마틱한 결과를 보라! 북한 사람들이 게으른 것도 아니고, 일을 하지 않은 것도 아닌데, 왜 이런 차이가 났는가? 북한은 교회를 해(害)하였기 때문이다. 교회를 해하게 되면 누구든지, 복음은 불이 되어, 그들

---

187) 대한예수교장로회 이단·사이비피해대책조사연구위원회, 『개혁신학 요한계시록 해석』(서울:총회교육진흥국, 2016), 171~172.

을 삼켜버리고 소멸할 것을 말씀하고 있다.

(7) 두 감람나무와 두 촛대는?

1) 두 촛대

그들은 이 땅의 주 앞에 서 있는 두 감람나무와 두 촛대니(계11:4).

두 증인을 두 감람나무와 두 촛대라고 했다. 우선 두 촛대부터 생각해 보자.

요한계시록의 두 감람나무는 두 촛대와 같은 의미로 썼기 때문에 두 촛대가 풀리면 두 감람나무도 풀린다. "이들은 두 감람나무와 두 촛대니"(계11:4).

요한계시록에서 촛대는 교회이다. "일곱 별은 일곱 교회의 사자요 일곱 촛대는 일곱 교회니라"(계1:20). 여기서 "일곱별은 일곱 교회의 사자요, 일곱 촛대는 일곱 교회"라고 해석이 딱 붙어 있다. 이렇게 해석이 딱 붙어 있는 경우는 다르게 해석할 수 없다. 그러므로 촛대가 교회라면, 감람나무도 교회이다.

그렇다면, 두 촛대는 두 교회인가? 두 증인과 두 감람나무와 두 촛대는 다 같은 말인데, 왜 하필이면 둘인가? 구약시대에는 재판할 때에 한 사람의 증언은 받아주지 않았다. 두 사람이 와서 동일한 증언을 하면 받아주었다. 두 증인의 증언은 믿을 만하다는 것이다. 교회가 증거하는 복음은 믿을 만한 진리라는 것이다. 그래서 두 증인은 복음을 증거하는 교회의 상징이다. 교회가 증거하는 복음은 신뢰할 만한 권위가 있는 진리임을 보여주고 있다.

2) 두 감람나무

두 감람나무는 구약의 스가랴서에 나온다. 순금 등대에 기름이 자동적으로 공급되는데 여기서 기름은 성령을 상징한다. 두 감람나무는 당시 대제사장 여호수아와 총독 스룹바벨을 의미한다. 이 여호수아와 스룹바벨은 성령의 도우심으로 성전을 재건한 사람들이다. 하나님께서 말씀하시길, "힘으로도 되지 않고 능으로도 되지 않으나 나의 신은 할 수 있느니라"(슥4:6) 하셨다. 당시 스가랴가 본 두 감람나무의 환상은 성전재건을 하다가 16년 동안 중지되고 있었는데, 스룹바벨을 격려하여 성전재건을 완성하기 위함이었다. 성전건축은 "너희의 힘으로도 능력으로도 안 되지만 나의 신이 역사하면 된다"는 뜻이다. 두 감람나무인 여호수아와 스룹바벨에게 어려움이 와도 하나님의 은총으로 인해 성전을 건축할 수 있다고 위로하신 것이다.

그러나 요한계시록의 두 감람나무는 두 명의 특별한 사람들이 아니다. 요한계시록의 두 감람나무는 바로 뒤에 똑같은 의미로 두 촛대가 반복적으로 붙어있다. "그들은 두 감람나무와 두 촛대니"(계11:4). 그런데 촛대가 교회이므로 감람나무도 교회를 의미한다. "일곱 촛대는 일곱 교회요"(계1:20). 그런 의미에서 계시록의 두 감람나무는 교회가 핍박을 받고 어려움을 당해도 성령이 함께 하신다는 것이다. 사람들로서는 못하나 성령은 하실 수 있다. 성령의 힘으로 교회는 주의 몸된 교회를 완성할 수 있다. 성령께서 도와주신다고 격려하시는 것이다.

구약시대에도 성령이 역사하셨다. 그러면 오순절 이후 신약시대 성령의 역사와 무엇이 다른가? 구약시대에는 특별한 지도자들에게만 성령이 부어졌다. 삼손, 기드온, 모세, 여호수아, 다윗, 솔로몬, 스룹바벨과 같은 사람들에게만 성령이 부어졌다. 하지만 신약시대에는 남녀노소, 빈부귀천에 상관없이 예수 그리스도를 구주로 믿는 모든 사람들에

게 성령이 내주하시고 능력을 부어 주신다.[188] 그래서 스가랴의 두 감
람나무는 스룹바벨과 여호수아라고 할 수 있지만, 요한계시록의 두 감
람나무는 구원받은 성도들, 즉 교회를 말하고 있는 것이다.

(8) 두 증인의 권세 (계11:5~6)

> 만일 누구든지 그들을 해하고자 하면 그들의 입에서 불이 나와서 그들의 원수
> 를 삼켜 버릴 것이요 누구든지 그들을 해하고자 하면 반드시 그와 같이 죽임을 당
> 하리라 그들이 권능을 가지고 하늘을 닫아 그 예언을 하는 날 동안 비가 오지 못
> 하게 하고 또 권능을 가지고 물을 피로 변하게 하고 아무 때든지 원하는 대로 여
> 러 가지 재앙으로 땅을 치리로다(계11:5~6).

두 증인은 권세가 있다. 이 말은 교회에 권세가 있다는 말이다. 교회
된 우리는 하나님의 자녀들로서 하나님의 권세가 있는 사람들이다. 권
세가 능력보다 더 높다. 종의 아들은 아무리 잘 생기고 유능해도 종이
다. 그러나 아들은 못생기고 미련해도 즉 능력이 부족해도 주인의 아
들은 주인이다. 아들은 유산을 상속받는다. 그것이 바로 권세이다.
"권능을 가지고 하늘을 닫아 그 예언하는 날 동안 비가 오지 못하게
하고"(계11:6상). 그런 인물이 누구인가? 엘리야다. 그리고 "권능을
가지고 물을 피로 변하게 하고 아무 때든지 원하는 대로 여러 가지 재
앙으로 땅을 치리로다"(계11:6하). 그런 인물이 누구인가? 모세다. 즉
교회는 엘리야의 권세, 모세의 권세를 가지고 있다는 뜻이다. 그리고
교회는 여호수아와 스룹바벨과 같이 어떤 어려움이 있어도 성령의 도
우심으로 교회를 완성할 수 있다는 말이다.

---

188) 피영민, 『예언자들 Ⅱ』(서울: 검과흙손, 2016), 269.

두 증인에 대한 계시는 '시대마다 이런 두 증인이 있다'고 말하는 것이 아니라, 교회가 엘리야와 모세같이 권세가 있다는 것이요, 교회가 스룹바벨과 여호수아 때와 같이 성령의 도우심으로 주의 몸된 교회를 완성시킬 것이라고 격려하신 것이다. 교회는 엘리야와 모세의 권세를 갖고 있다. 엘리야는 우상숭배자 850명과의 싸움에서 이겼다. 모세는 지팡이 하나로 애굽 왕 바로를 이겼다. 결국 엘리야와 모세가 이겼듯이, 교회가 이긴다. 우리가 믿는 하나님이 진짜 하나님이시기 때문이다. 음부의 권세가 교회를 이기지 못한다. 로마를 보라. 기독교를 막다가 국교가 되어 버렸다. 그리고 로마는 멸망했어도 교회는 세계적으로 뻗어나갔다.

예수님께서 "내가 세상에 온 것은 양들로 생명을 얻게 하고 더 풍성히 얻게 하려는 것이라"(요10:10) 하였다. 예수를 믿으면 생명도 얻고 삶도 더 풍성하게 된다. 이것에 가장 좋은 예가 남북한이다. 남한은 헌법에 종교의 자유를 명시하여 예수 믿는 나라가 되었고, 북한은 지상천국을 만든다며 교회를 다 폭파하고 기독교인들을 핍박하였다. 북한은 기독교 박해지수 세계1위이다. 북한은 국제오픈도어가 2002년부터 발표해 오고 있는 기독교박해지수에서 부동의 세계1위를 18년째 차지하고 있다.[189] 북한은 세계에서 가장 생지옥의 나라가 돼 버렸다.

남북한은 똑같이 일제로부터 해방되었다(1945년). 그리고 6월25전쟁(1950년)이 발발한 후 70년이 지난 지금 어떻게 되었는가? 북한 총경제가 남한의 한 도시, 전라도 광주시 정도 밖에 되지 않는다.[190] 북한은 배고파서 죽고, 남한은 너무 잘 먹어 다이어트 하느라고 고민이다. 북한은 예수 믿는 사람들을 죽이고 교회를 없애 버리니까 거지나라가 되었다. 남한은 세계에서 가장 가난한 나라였고, 원조 받는 나라

---

189) https://www.christiantoday.co.kr/news/319344
190) http://www.asiatoday.co.kr/view.php?key=436354 2020년 6월 9일 접속.

였으나 지금은 세계경제 10대 강국이고, 원조하는 나라가 되었다. 한강의 기적은 교회와 함께 시작되었던 것이다.

눈을 들어 세계 각국을 보라. 교회를 핍박하는 나라들이 어떻게 사는지? 그런 나라들의 국민들의 인권은 제대로 보호받고 있는지? 가난과 인권탄압으로 지옥 같은 삶들을 살고 있지 않는가? 교회를 세우면 나라가 서고, 교회를 멸하고자 하면 나라가 멸해진다. 두 증인은 어떤 특정한 두 사람이 아니라 복음을 증거하는 교회를 말하는 것이다.

(9) 두 증인에 대한 핍박과 순교 (계11:7~10)

> 그들이 그 증언을 마칠 때에 무저갱으로부터 올라오는 짐승이 그들과 더불어 전쟁을 일으켜 그들을 이기고 그들을 죽일 터인즉(계11:7~10).

1) 증언을 마칠 때에 (계11:7)

두 증인이 증거를 마칠 때가 있다. 정명석은 구약시대가 마칠 때라고 풀었다. 그러나 이 요한계시록은 교회에게 주신 말씀이므로, 이 때는 교회시대가 끝날 때라는 의미이다. 무저갱으로부터 올라오는 짐승은 사탄이다. 이 짐승으로 인해 교회는 큰 환난을 겪게 된다. 예수 그리스도가 재림하기 직전의 시대에 대환난이 있을 것이라는 의미이다.

그리고 역사적으로 보면, 율법주의와 각종 이단들이 공격하는 시대이다. 복음적인 교회는 죽임을 당한다. 종교개혁 이후 복음을 전하던 많은 성도들이 죽었다. 영적인 소돔과 애굽은 타락한 교회를 말한다. 무저갱에서 올라온 짐승은 두 증인을 괴롭히다 죽인다.

2) 소돔과 애굽 (계11:8)

두 증인이 순교를 당한다는 것은, 교회가 순교를 당한다는 것을 의미한다. 그 장소는 주께서 십자가에 못 박힌 곳이라고 하였는데, 예수님께서 어디서 죽으셨는가? 예루살렘이었다. 예루살렘은 영적으로 보면 예수 그리스도를 대적하는 거짓 성도, 거짓 교회를 말한다. 예수님이 오시기 직전에 그런 고통이 있을 것이라는 이야기다. 예수님이 유대교인들에 의해 죽으셨듯이, 순교자들은 거짓 교회에 의해 많이 죽게 될 것이다.

3) 사흘 반 동안 (계11:9)

이 무저갱으로부터 올라오는 짐승으로 인해 교회는 큰 환난을 겪게 된다. 핍박의 강도가 점점 강해지게 된다. 두 증인은 시신이 되어 무덤에 장사지내지도 못한다. 예수 그리스도의 재림 직전에 사탄이 왕성하게 활동해서 교회의 모든 활동이 거의 불가능해질 정도로 악한 세대가 잠깐 올 것이다. 하지만 그 기간은 짧을 것이다. 이 기간이 삼일 반이라고 했다. 이것은 짧은 기간을 의미한다. 악은 잠깐 승리하는 것처럼 보이지만 결국 패배한다는 것을 말하고 있다.

4) 두 증인의 죽음을 기뻐하고 (계11:10)

두 증인의 죽음을 땅에 거하는 사람들이 기뻐한다. 이 말은 교회가 핍박받을 때 세상의 불신자들이 기뻐하고 서로 예물을 보낸다는 말이다. 실제로 오늘날에도 교회가 망하기를 바라는 사람들이 많다. 인터넷에 교회를 비방하는 댓글들이 차고 넘친다. 세상 사람들은 교회가 자기네들을 악하다고 하고 죄인이라고 하기 때문에 괴롭게 한다고 느낀다.

재림 직전이라고 말하는 이유는 7절 전반에 저희가 증거를 마칠 때에 이런 핍박과 환난이 온다고 했기 때문이다. 우리는 세상을 살면서 신앙생활이 어렵더라도 주님이 이기셨기에 우리도 이길 것이라는 믿음으로 살아야 한다. "세상에서는 너희가 환난을 당하나 담대하라 내가 세상을 이기었노라 하시니라"(요16:33).

(10) 두 증인의 부활 (계11:11~13)
1) 그들 속에 생기가 들어가니 (계11:11)
복음이 사라지고 어두워졌을 때 하나님의 생기가 들어간다. 에스겔의 마른 뼈들에게 하나님의 말씀을 대언할 때 생기가 들어가 살아났듯이, 영적으로 죽어 있던 자들에게 복음이 들어가고 성령이 역사하여 신앙이 회복된다. 하나님께서 생기를 불어넣어 부활시킨 두 증인들은 복음을 듣고 구원받은 성도들이다.

2) 구름타고 하늘로 올라가니 (계11:12)
11절에서 13절은 여호와의 날이라 불리는 교회의 최후 승리와 악인에 대한 최후 심판의 날에 대해 말하고 있다. 심판의 날이 오면 교회는 다 부활하고, 불신자들은 심판을 받게 된다. 이것이 동시에 일어나며 두 증인의 부활 즉 교회는 그날 부활하는 것이다. 그리고 하늘로 끌어올려져 영광을 받게 된다. 이단들의 주장처럼 비밀휴거가 아니다. '가족들에게도 말하지 말고, 너만 알아라', '다른 사람들이 눈치 채지 못하도록' 그런 비밀휴거가 아니다. 왜냐하면 사람들, 원수들도 보고 놀라기 때문이다. 하나님의 백성들은 부활하여 하늘로 올라간다. 그래서 이 구절들은 교회의 부활, 성도의 부활을 말하는 것이다.

3) 죽은 사람이 칠천 명이라 (계11:13)
성도가 부활하는 그날, 예루살렘 즉 거짓 교회는 큰 지진이 나서 성 십분의 일이 무너지며 칠천 명이 죽게 된다고 한다. 성은 예루살렘 성이고 이것은 거짓 교회를 상징한다. 예루살렘의 십분의 일이 무너졌다

는 것은 거짓 교회에 대한 심판이 먼저 온다는 상징이다. 칠천 명이 죽
는다는 것은 많은 수가 죽는다는 의미다. 하나님이 제일 먼저 심판하
시는 것은 거짓 교회이다. 거짓 교회가 심판 받을 때에 믿지 않는 거짓
교인들이 벌벌 떨게 된다.[191]

예수 그리스도의 재림은 거짓 교회로부터 심판이 시작되어서 거짓
교회에서 끝나지 않고 두려움에 사로잡힌 세상 사람들, 불신자들에게
도 임하게 된다. 즉 온 세상에 심판이 임하게 된다. 지진이 나서 사람
들이 죽자 남은 자들이 두려워하면서 하나님께 영광을 돌렸다고 한다.
믿음으로 영광을 돌리는 것이 아니라 두려워서 영광을 돌린다. 최후
심판 때에 교회는 부활해서 생명을 얻지만, 거짓 교회와 불신자들은
심판을 받고 멸망하게 된다.

결론

계시록 11장의 두 감람나무는 어떤 특정 개인을 말하는 것이 아니
다. 두 감람나무는 성령께서 역사하는 복음의 교회들이다.

정명석은 자기를 '이 시대의 메시아'라고 주장하는 적그리스도이다.
성경에 적그리스도와 하나 되라는 말은 없다.

요한계시록 11장의 성전은 교회이다. 성전 밖 마당은 이방인의 뜰
로서 가짜 교회(이단)이다. 가짜 교회는 거룩한 성 예루살렘인 교회를
핍박한다는 사실을 알 수 있다. 그 기간은 초림부터 재림 때까지이고,
재림 후에는 가짜 교회들은 심판을 받고 멸망하게 된다는 것을 보여
주고 있다.

교회는 이 기간에 복음도 전하고 양육도 받는다. 그러다가 핍박도
받고 순교도 할 수 있다. 그러나 결국 최후 승리를 할 것이다.

---

191) 피영민, 『넉넉히 이기는 신앙』 (서울: 검과흙손, 2017), 213.

　우리에게는 성전 안에서 예배하는 자가 되어서 하나님의 보호하심 속에서 거해야 한다는 가르침을 주고 있다. 성전 밖 마당에서 교회라는 이름 안에 있으면서도 거듭나지 못하고 구원받지 못한 채 참된 교회를 핍박하는 자가 되어서는 안 된다는 것이다.

　그리스도의 교회는 세상 속에서 복음을 증거하다가 핍박과 고난을 당하더라도 결국은 승리한다는 것이다. 교회는 승리한다. 두 감람나무와 두 촛대는, 복음을 증거하는 교회를 말한 것으로서, 어려움을 당한 교회에게 최후 승리를 믿고 담대하게 살아나가라는 메시지이다. 격려와 위로의 말씀인 것이다.

14
세례요한과 예수님의 관계사명

정통교회에서는 세례요한을 '순교자', '겸손한 사람', '여자가 낳은 자 중에 가장 큰 자'로 알고 있다. 그러나 정명석은 세례요한을 '개죽음 당한 사람', '교만한 사람', '사명 감당을 못한 사람'이라고 주장한다. 한마디로 세례요한이 예수님의 증거자로서 예수님에 대해 제대로 증거하지 못했기 때문에 예수님께서 십자가를 질 수밖에 없었던 원흉이라고 주장한다. 세례요한이 잘했더라면 예수님께서 십자가를 안 지셨을 것인데, 세례요한의 증거 실패로 예수님의 운명이 십자가로 방향이 틀어졌다는 것이다.[192] 정명석의 주장을 먼저 살펴본 후 반증한다. 정명석의 세례요한론은 통일교와 같고, 신천지와도 거의 같다.

정명석의 주장

(1) 유대종교인들은 엘리야가 올 것을 기다리고 있었다(말4:5).
구약성경 말라기 4장 5절에 "보라 여호와의 크고 두려운 날이 이르기 전에 내가 선지자 엘리야를 너희에게 보내리니(말4:5)"라고 하였

---

192) 『고급편』, 43~44.

다. 그래서 유대종교인들은 누구보다도 엘리야를 애타게 기다렸다. 여호와의 크고 두려운 날은 메시아 강림 날이다. 그러므로 엘리야가 먼저 와서 전초 작업을 한 다음에 메시아가 나타난다는 것이다.[193]

그래서 유대종교인들은 메시아를 기다렸지만, 그 못지않게 엘리야가 먼저 출현할 것을 기다렸다는 것이다. 제자들이 예수님께 질문한 것을 보더라도 유대종교인들이 엘리야를 기다리고 있었다는 것을 알 수 있다. "제자들이 물어 이르되 그러면 어찌하여 서기관들이 엘리야가 먼저 와야 하리라 하나이까(마17:10)."

(2) 예수님은 세례요한이 엘리야라고 했다(마11:14, 마17:10).

예수님이 메시아로 인정받으려면 성경의 예언대로 엘리야가 나타나서 예수님을 그리스도라고 증거해야 한다. 예수님께서는 세례요한을 다시 온 엘리야라고 하셨다. 예수님은 설교를 통해서 엘리야가 이미 이 땅 위에 재림하였다고 하늘의 비밀을 선포하셨다. 세례요한은 예수님보다 먼저 나타나서 사명을 시작하였다. 세례요한이 엘리야로 판명되기만 하면, 엘리야가 먼저 와서 주의 길을 예비하리라는 예언구절을 성취할 수 있는 그림이 나온 것이다.

그러나 유대종교인들은 도저히 믿을 수가 없었다. 그때 유대종교인들은 엘리야가 불병거를 타고 하늘로 승천하였기에 승천한 모습 그대로 불병거를 타고 다시 올 것으로 생각하고 있었다는 것이다. 오늘날 기독교인들이 예수님이 구름타고 승천하셨기 때문에 구름타고 오실 것으로 믿고 있는 것과 마찬가지다.

만일 너희가 즐겨 받을진대 오리라 한 엘리야가 곧 이 사람이니라(마11:14).

---

193) 『고급편』, 20.

내가 너희에게 말하노니 엘리야가 이미 왔으되 사람들이 알지 못하고 임의로
대우하였노라 인자도 이와 같이 그들에게 고난을 받으리라 하시니 그제서야 제
자들이 예수께서 말씀하신 것이 세례요한인 줄을 깨달으니라(마17:12~13).

(3) 유대 종교지도자들이 세례요한에게 엘리야냐고 물어보았다.

세례요한은 예수를 증거하였고, 예수는 세례요한을 엘리야라고 증
거하였다. 그렇다면 세례요한이 엘리야이기만 하면 예수는 메시아
라고 인정받을 수 있었다. 예수님은 세례요한과 비교할 때 별로 내세
울 만한 간판이 없었다.[194] 당연히 유대종교지도자들은 예수의 말보
다는 세례요한의 말을 더 중요시할 수밖에 없었다. 세례요한에 대해
서는 사람들이 혹시 그리스도가 아닌가 하고 심중에 생각할 정도였다
(눅3:15). 그러나 예수님에 대해서는 '귀신들린 자', '안식일을 범하는
자', '신성모독을 하는 참람한 사람'이라든지 하면서 부정적인 시각이
많았다.

	예수	세례요한
가문배경	목수의 아들	제사장의 아들
사람들의 인식	귀신 들린 자. 사마리아인. 안식일을 범하는 자. 글도 안 배운 사람. 창녀와 세리의 친구. 참람한 자.	그리스도. 선지자. 천사가 이름까지 지어준 사람.

예수가 세례요한을 엘리야라고 했으니, 세례요한에게 직접 물어보
자는 것이다. 그래서 이 문제를 해결하기 위해 예루살렘에서 공회의를
한 후 지도자들을 세례요한에게 보내 직접 물어보기로 하였다.

---

194) 『고급편』, 23.

(4) 유대종교인들의 질문과 세례요한의 답변.

유대종교지도자들의 입장에서는 예수의 말보다는 세례요한의 말을 더 중요시할 수밖에 없었다. 예수는 세례요한을 엘리야라고 했으나 정작 세례요한은 자기를 뭐라고 할 것인지 그것이 중요했다. 그래서 제사장들과 레위인들을 세례요한에게 보내어 "너는 누구냐?"라고 물어보았다(요1:19, 21, 22). 그때 세례요한이 '나는 엘리야다!'라고만 했다면 되었을 텐데, 엘리야가 아니라고 부인함으로(요1:21) 역사가 깨져버렸다. 그래서 예수께서 세례요한을 엘리야라고 했어도, 세례요한 자신이 엘리야임을 부인함으로 예수님은 위증자가 되고 말았다. 그로 인해 세례요한의 증거는 더 이상 아무런 효력이 없는 것이 되고 말았다.

유대인들이 예루살렘에서 제사장들과 레위인들을 요한에게 보내어 네가 누구냐 물을 때에 요한의 증언이 이러하니라 요한이 드러내어 말하고 숨기지 아니하니 드러내어 하는 말이 나는 그리스도가 아니라 한대 또 묻되 그러면 네가 엘리야냐 이르되 나는 아니라 또 묻되 네가 그 선지자냐 대답하되 아니라 또 말하되 누구냐 우리를 보낸 이들에게 대답하게 하라 너는 네게 대하여 무엇이라 하느냐 나는 선지자 이사야의 글과 같이 주의 길을 곧게 하라고 광야에서 외치는 자의 소리로라 하니라

그들은 바리새인들이 보낸 자라 또 물어 이르되 네가 만일 그리스도도 아니요 엘리야도 아니요 그 선지자도 아닐진대 어찌하여 세례를 베푸느냐 요한이 대답하되 나는 물로 세례를 베풀거니와 너희 가운데 너희가 알지 못하는 한 사람이 섰으니 곧 내 뒤에 오시는 그이라 나는 그의 신발끈을 풀기도 감당하지 못하겠노라 하더라(요1:19~27).

유대종교인들은 예수님의 말보다 세례요한의 말을 더 믿을 수밖에 없었다. 그렇게 했으니 결과는 어떻게 되었겠는가? 예수님은 메시아

가 되기 위해서 세례요한을 엘리야라고 가칭한 것밖에 되지 않았다. 그리고 엘리야도 메시아도 아직 강림하지 않은 것으로 결론 내릴 수밖에 없었다. 세례요한의 말 한마디로 인하여 신약역사가 출발부터 근본적으로 깨져나갔던 것이다.[195]

(5) 세례요한과 엘리야의 관계사명

유대종교인들은 말라기 4장 5절 말씀처럼 하나님과 엘리야가 반드시 나타날 것을 믿었다. 문제는 그들이 기대하지 않은 방법으로 하나님과 엘리야가 온 것이다.

1) 엘리야는 누구인가?

구약에서는 엘리야가 온다고 했지만 당세에는 세례요한으로 나타났다. 죽은 사람이 다시 온다면 그 영인체는 올 수 있어도 그 육인체는 올 수가 없다. 고로 세례요한에게 엘리야가 영으로 와서 심정과 능력으로 상징적, 사명적으로 강림했던 것이다. 옛날에 한 번 죽은 사람이 다시 오는 것이 아니다. 그 시대의 다른 사람이 그 사명으로 온다.[196]

2) 세례요한의 사명

① 세례요한은 증거의 사명이 있었다.

세례요한에게는 예수님을 이스라엘 앞에 그리스도로 증거하는 사명이 있었다. 세상에서 제일 못하는 것이 자기 증거이다. 메시아는 자기를 증거하는 자가 없으면 자기가 스스로 자신을 증거해야 하는 처지에 놓인다. 항상 증거자가 먼저 나타나고 메시아는 나중에 나타난

---

195) 『고급편』, 27.
196) 『고급편』, 28.

다.[197] "저가 증거하러 왔으니 곧 빛에 대하여 증거하고 모든 사람으로 자기를 인하여 믿게 하려 함이라(요1:7)."

② 세례요한은 전초 작업(前哨作業)의 사명이 있었다.

세례요한이 엘리야의 심령과 능력으로 부자간의 문제를 회복시키면서 백성들을 예비한다는 말씀이다. 세례요한은 주의 길을 예비함은 물론이거니와 그 앞에서 길을 평탄케 하고, 백성의 죄를 청산시키며 회복케 하는 사명이 있었다는 것이다.

③ 세례요한은 종신토록 주를 모시고 섬기는 사명이었다.

세례요한의 사명은 평생토록 예수님 옆에 서서 따라다니면서 모시고 섬기는 일이었다. 이것은 요한의 평생의 최대의 사명이었다.[198]

> 종신토록 주의 앞에서 성결과 의로 두려움이 없이 섬기게 하리라 하셨도다 이 아이여 네가 지극히 높으신 이의 선지자라 일컬음을 받고 주 앞에 앞서 가서 그 길을 예비하여 주의 백성에게 그 죄 사함으로 말미암는 구원을 알게 하리니(눅 1:75~77).

세례요한은 예수님이 메시아인 줄 알아보았다. 세례요한도 처음에는 잘 몰랐으나 하나님께서 말씀하시길 세례를 베풀 때 성령이 내려오는 사람이 있는데 그가 메시아라고 가르쳐 주셔서 예수님이 그분인 줄 알게 되었다고 말하였다.

> 나도 그를 알지 못하였으나 내가 와서 물로 세례를 베푸는 것은 그를 이스라엘에 나타내려 함이라 하니라 요한이 또 증언하여 이르되 내가 보매 성령이 비둘기같이 하늘로부터 내려와서 그의 위에 머물렀더라 나도 그를 알지 못하였으

---

197) 『고급편』, 30.
198) 『고급편』, 31.

나 나를 보내어 물로 세례를 베풀라 하신 그이가 나에게 말씀하시되 성령이 내
려서 누구 위에든지 머무는 것을 보거든 그가 곧 성령으로 세례를 베푸는 이인
줄 알라 하셨기에 내가 보고 그가 하나님의 아들이심을 증언하였노라 하니라(요
1:31~34).

감옥에서 세례요한은 자기의 제자들을 예수님께 보내 "오실 그이
가 당신이오니까 우리가 다른 이를 기다리오리까?"(마11:3)라고 질
문하게 한다. 세례요한은 예수님을 증거하러 왔다. 그런데 세례요한
이 이렇게 확신이 없어서야 어떻게, 누가 예수님을 믿고 따를 수가 있
겠는가? 그래서 예수님께서는 세례요한을 흔들리는 갈대라고 하시고
(마11:7), 나로 인해서 실족치 않는 자는 복이 있다고 하셨다는 것이
다(마11:6). 예수님은 세례요한을 "여자가 낳은 자 중에 세례요한 보
다 큰 자가 없다"고 치켜세운 듯하지만, 그가 사명을 감당하지 못하였
기 때문에 "천국에서는 극히 작은 자라도 그보다는 크니라(마11:11)"
고 속내를 말씀하셨다는 것이다. 그것은 심판이었다. 지상에서 가장
큰 자가 왜 천국에서는 가장 작은 자보다도 작다는 말인가? 정명석은,
세례요한이 증거를 못해서 결국 개죽음을 당하고 천국에서는 가장 작
은 자보다 작다고 말함으로써 결국 천국에 못 들어갔다고 말하고 있
는 것이다.

요한이 옥에서 그리스도의 하신 일을 듣고 제자들을 보내어 예수께 여짜오되
오실 그이가 당신이오니이까 우리가 다른 이를 기다리오리이까 예수께서 대답하
여 가라사대 너희가 가서 듣고 보는 것을 요한에게 고하되 소경이 보며 앉은뱅이
가 걸으며 문둥이가 깨끗함을 받으며 귀머거리가 들으며 죽은 자가 살아나며 가
난한 자에게 복음이 전파된다 하라 누구든지 나를 인하여 실족하지 아니하는 자
는 복이 있도다 하시니라 저희가 떠나매 예수께서 무리에게 요한에 대하여 말씀

하시되 너희가 무엇을 보려고 광야에 나갔더냐 바람에 흔들리는 갈대냐 그러면 너희가 무엇을 보려고 나갔더냐 부드러운 옷 입은 사람이냐 부드러운 옷을 입은 자들은 왕궁에 있느니라

그러면 너희가 어찌하여 나갔더냐 선지자를 보려더냐 옳다 내가 너희에게 이르노니 선지자보다도 나은 자니라 기록된 바 보라 내가 내 사자를 네 앞에 보내노니 저가 네 길을 네 앞에 예비하리라 하신 것이 이 사람에 대한 말씀이니라 내가 진실로 너희에게 말하노니 여자가 낳은 자 중에 세례 요한보다 큰 이가 일어남이 없도다 그러나 천국에서는 극히 작은 자라도 저보다 크니라 세례 요한의 때부터 지금까지 천국은 침노를 당하나니 침노하는 자는 빼앗느니라(마11:2~12).

(6) 세례요한의 사명 실패의 원인
세례요한이 메시아를 증거하는 데 왜 실패를 하였는가?

1) 엘리야 사명자로서 세례요한의 무지
세례요한은 자기가 엘리야의 사명으로 온 것을 몰랐다. 자기의 사명도 모르니 주체되는 예수님도 몰라보았던 것이다. 세례요한은 유대종교지도자들의 "네가 누구냐?"는 질문에 이사야 선지자가 말한 바, "주의 길을 예비하는 광야에서 외치는 자의 소리(사40:3)"라고 대답했다. 그때 세례요한은 그들이 '누구를 기다리는가?' 파악을 하고 자신이 엘리야였음을 먼저 깨달아 가르쳤어야 했다. 세례요한은 말라기 4장 5절과 이사야 40장 3절의 구약예언이 세례요한 자신을 두고 상징적으로 예언한 말씀임을 응당 지혜로 깨닫고, 말씀을 서로 연결시켰어야 했는데 그렇게 하지 못했다.

그때 세례요한이 "선지자"라고만 했어도 감히 못 건드렸을 것이다. 세례요한이 자신의 사명을 분명히 알고 외쳐야 했다. 셋 중의 하나라고만 대답했어도 유대인들이 마음대로 할 수 없었는데 위대한 사명을

가지고 바보 같은 대답을 했던 것이다. 그 결과 그리스도도 아니고, 엘리야도 아니고, 선지자도 아니라면 무슨 권한으로 세례를 주느냐며 오히려 책망을 받고 말았다고 주장한다. 이와 같이 세례요한은 자신이 엘리야의 사명으로 온 것을 몰랐기에 예수님이 메시아인 것도 몰랐다는 것이다.[199]

세례요한은 이 지구촌의 그 누구보다도 메시아가 오면 가장 먼저 메시아를 알게 되어 있었다. 요단강에서 세례를 베풀 때 하나님께서 요한에게 분명히 말씀하셨다. "이가 내 사랑하는 아들이라(마3:17)." 그것을 세례요한만이 들었기에 그는 이미 답을 가지고 있었다. 고로, 세례요한은 백성들 앞에서 예수님을 "하나님의 어린 양", "성령 세례자", "하나님의 아들"로 한때나마 일시적으로 증거를 한 적이 있었다(요1:30~34). 그렇지만 예수님이 공적 역사를 할 때 세례요한은 이미 그가 하나님의 아들임을 알고 있었으나 이를 증거하지 않았던 것이다(눅3:21~22).[200]

2)세례요한은 예수님과 하나 되지 않았다.

예수님을 한 번 증거했다고 그것으로 그의 사명이 끝난 것은 아니다. 주를 종신토록 모시고 섬기는 것이 세례요한의 사명이다. 고로, 세례요한은 자신이 제일 먼저 예수님과 철통같이 하나 되어 그 발판이 되어야 했다. 그러나 예수님과 하나 되지 못하고 따로따로 놀았다.

그 때에 요한의 제자들이 예수께 나아와 가로되 우리와 바리새인들은 금식하는데 어찌하여 당신의 제자들은 금식하지 아니하나이까(마9:14).

---

199) 『고급편』, 32~33.
200) 『고급편』, 33.

세례요한이 신앙의 기회를 가지고 자기 제자나 양성하고 주를 따르지 않았다는 말씀이다.

> 저희가 요한에게 와서 가로되 랍비여 선생님과 함께 요단 강 저편에 있던 자 곧 선생님이 증거하시던 자가 세례를 주매 사람이 다 그에게로 가더이다 요한이 대답하여 가로되 만일 하늘에서 주신 바 아니면 사람이 아무것도 받을 수 없느니라 나의 말한 바 나는 그리스도가 아니요 그의 앞에 보내심을 받은 자라고 한 것을 증거할 자는 너희니라(요3:26~28).

세례요한이 누구보다도 먼저 메시아의 수제자가 되어 예수님을 성실히 모시고 위하고 섬기고 받들고 해야 하는데 그렇게 하지 못했다. 예수님을 따라 다니지 않고 오히려 자기 제자들을 따로 만들고서 세례를 주고 돌아다녔던 것이다. 요한이 예수님과 하나 되어 엘리야의 사명자로 유대인들을 세례를 주면서 회개시키고 전초하며 또한 예수님의 굳건한 방패막이가 되어서 증거했다면 역사는 이상적으로 끝났을 것이다.[201]

3) 세례요한은 잘못된 신앙철학을 가지고 있었다.
① 자기를 친구라고 한 점
세례요한은 자기를 신랑의 친구라고 하였다. "신부를 취하는 자는 신랑이나 서서 신랑의 음성을 듣는 친구가 크게 기뻐하나니 나는 이러한 기쁨이 충만하였노라(요3:29)."
세례요한이 예수님의 친구인가?
세례요한은 자기의 사명을 깨닫지 못하여 방관자적인 입장을 취했

---

201) 『고급편』, 33~34.

다는 말이다. 이 세상에서 메시아를 기다리는 자들은 신부 된 입장이고 메시아는 신랑 된 입장이다. 이 세례요한은 구약을 종결짓고 신약의 첫걸음을 내딛는 선지자로서 하늘을 맞이하는 모든 신부들을 지휘하는 중심자였다. 고로, 선지자가 누구보다도 신부 된 입장에서 메시아를 제일 먼저 맞이하고 본을 보여야 함이 마땅한데, 자기를 친구라고 하면서 구원주 앞에서 구경꾼으로 족하고 있었다. 세례요한의 신앙관은 구경꾼에 족한 신앙이요, 철학관은 쳐다만 보는 것이었다. 결국 세례요한 본인이 예수님 앞에 신부 역할을 못하니까 세례요한을 따르던 사람들도 신부 역할을 못하게 되었다.[202]

② 그는 흥하여야 하겠고, 나는 쇠하여야 하리라(요3:30).

세례요한은 "그는 흥하여야 하겠고 나는 쇠하여야 하리라(요3:30)"고 하였다. 이 말은 세례요한을 겸손한 사람이라고 생각하게 한다. 그러나 이것은 오해이다. 세례요한은 예수님은 흥해야 하지만 세례요한 자신은 망해야 한다고 했다. 다 같이 하나님의 사람들인데 둘 다 잘되어야 함에도 어찌하여 하나는 흥하고 하나는 망한단 말인가? 이는 세례요한이 예수님과 하나 되지 못했다는 것이다. 메시아를 위해서 태어난 세례요한이 메시아와 함께 다녔다면 예수님이 흥할 때 자기도 흥할 수가 있었는데, 따로 노니까 망한 것이다. 세례요한의 관(觀)과 예수님의 관(觀)이 달랐다. 세례요한은 잘못된 신앙철학관을 가지고 있었다. 자기가 망하는데 어떻게 남을 위해서 살 수 있겠는가? 오늘날 기독교는 세례요한을 겸손한 자라고 생각한다. 그러나 이것이 겸손 같아도 알고 보면 아첨이었다.[203]

4) 세례요한은 예수님의 말씀을 받아들이지 않았다.

---

202) 『고급편』, 35.
203) 『고급편』, 36.

> 선지자의 글에 저희가 다 하나님의 가르치심을 받으리라 기록되었은즉 아버지
> 께 듣고 배운 사람마다 내게로 오느니라(요6:45).

세례요한은 남을 가르치는 선생은 되었을지라도 자기를 가르치는
선생을 못 만났다. 예수님께 가서 자기가 엘리야냐고 물었다면 얼마나
잘 가르쳐 주셨겠는가? 결과적으로 세례요한이 예수님의 말씀을 제대
로 받아들이지 못했다는 것이다. 예수님의 말씀을 제대로 들었더라면
요한의 신앙철학과 사고가 바뀌었을 것이다.

(7) 세례요한의 실족과 하늘의 심판
1) 세례요한의 예수님에 대한 의심

> 요한이 옥에서 그리스도의 하신 일을 듣고 제자들을 보내어 예수께 여짜오되
> 오실 그이가 당신이오니이까 우리가 다른 이를 기다리오리이까 예수께서 대답하
> 여 가라사대 너희가 가서 듣고 보는 것을 요한에게 고하되 맹인이 보며 못 걷는
> 사람이 걸으며 나병환자가 깨끗함을 받으며 못 듣는 자가 들으며 죽은 자가 살아
> 나며 가난한 자에게 복음이 전파된다 하라(마11:2~5).

세례요한이 예수님을 안 따라다니고 옥에 갇혀 있을 때 자신의 제자
들을 예수님께 보내어 "오실 그이가 당신이오니까?"하고 그때서야 비
로소 물었다. 자기가 옥에 갇히니 곤고해서 예수님께 물어본 것이다.
이 말은 세례요한이 예수님이 하나님이 보낸 자임을 몰랐다는 것이
아닌가? 그때까지도 세례요한은 예수님이 하나님의 보낸 자임을 몰랐

다는 것이다.[204]

그때 예수님은 "내가 그로다."하고 직접 답하지 않고 구약말씀을 인용하여 대답하셨다. 메시아가 오시면 행한다는 구약에 예언된 일들을 예수님이 하고 계셨으니 "이와 같이 내가 구약에 있는 말씀을 이루지 않느냐? 너희는 무엇을 보러 왔느냐? 지금 내가 행하는 일들을 보고서라도 세례요한이 지혜로 스스로 깨달으라"고 말씀하신 것이다.[205]

세례요한이 증거자로서 강하게 증거했더라면 유대종교인들이 얼마나 잘 받아들였겠는가? 그러나 세례요한이 "오실 그이가 당신이오니까 우리가 다른 이를 기다리오리까?"하고 의심하였다. 증거자가 약하니 역사도 약하게 흘러갈 수밖에 없었다.

2) 세례요한의 실족

세례요한은 실족하였다. 그래서 예수님께서 "누구든지 나를 인하여 실족하지 아니하는 자는 복이 있느니라(마11:6)"고 하신 것이다.

이 말씀은 세례요한이 분명히 실족했다는 예수님의 평가이다. 예수님을 쳐다보고 세례요한이 슬그머니 믿다가 실족했다는 것이다. 세례요한은 예수님을 모시고 섬기고 받들고 따라왔어야 했다.

> 저희가 떠나매 예수께서 무리에게 요한에 대하여 말씀하시되 너희가 무엇을 보려고 광야에 나갔더냐 바람에 흔들리는 갈대냐 그러면 너희가 무엇을 보려고 나갔더냐 부드러운 옷 입은 사람이냐 부드러운 옷을 입은 자들은 왕궁에 있느니라 그러면 너희가 어찌하여 나갔더냐 선지자를 보려더냐 옳다 내가 너희에게 이르노니 선지자보다도 나은 자니라 기록된 바 보라 내가 내 사자를 네 앞에 보내노니 저가 네 길을 네 앞에 예비하리라 하신 것이 이 사람에 대한 말씀이니라(마

204) 『고급편』, 36~37.
205) 『고급편』, 38.

11:7~10).

요한의 제자들이 떠난 뒤, 예수님이 제자들에게 "너희는 무엇을 보러 광야에 갔느냐?"하고 책망하여 말씀하셨다. 세례요한이 증거자로서는 제일 큰 자였는데 예수님을 제대로 못보고 증거를 못했던 것이다. 그때 예수님이 메시아라는 사실은 예수님 본인을 제외하고 오직 세례요한밖에 몰랐다. 세례요한이 일편단심의 마음을 가져야 함에도 불구하고 날이 갈수록 믿다가 안 믿다가 흔들리는 갈대처럼 했다는 것이다.[206] 그래서 예수님께서 "너희는 뭘 보러 나갔느냐? 갈대처럼 흔들리는 사람을 보러 나갔느냐?"고 책망하였던 것이다.

3) 천국에서는 지극히 작은 자
세례요한은 천국에서 가장 작은 자보다 더 작은 자가 되어버렸다.

> 내가 진실로 너희에게 말하노니 여자가 낳은 자 중에 세례 요한보다 큰 이가
> 일어남이 없도다 그러나 천국에서는 극히 작은 자라도 저보다 크니라(마11:11).

예수님은 세례요한을 가리켜 여자가 낳은 자 중에 가장 큰 자이나 천국에서는 가장 작은 자도 그보다는 크다고 하셨다. 어찌하여 여자가 낳은 자 중에 가장 큰 자가 천국에서는 어린아이보다 못한 자가 되었단 말인가? 세례요한이 간판 값을 못했다는 것이다. 세례요한은 구약의 마지막 선지자이며 신약의 신인 선지자였다. 구약의 모든 선지자들은 장차 메시아가 올 것을 예언만 하고 기다렸지만, 세례요한은 당세에 살아서 메시아를 맞이하고 직접 메시아를 증거하며 섬기고 모시는

---

206) 『고급편』, 38~39.

사명이 있었다. 그런데 메시아를 모시는 데 있어서 가장 작은 자가 되었다는 것이다.[207]

4) 천국은 침노하는 자의 것

예수님은 세례요한이 침노를 당하였다고 말씀하셨다. "세례요한의 때부터 지금까지 천국은 침노를 당하나니 침노하는 자는 빼앗느니라(마11:12)." 세례요한이 사명을 제대로 수행하지 못하니 그 하늘의 복된 사명과 수제자 자리를 영원히 베드로에게 빼앗기는 신세가 되고 말았다. 섭리사의 주인을 빼앗기니 자동적으로 천국을 빼앗기고, 그때부터 천국은 침노를 당하게 되었다.[208]

> 이 세대를 무엇으로 비유할꼬 비유컨대 아이들이 장터에 앉아 제 동무를 불러 가로되 우리가 너희를 향하여 피리를 불어도 너희가 춤추지 않고 우리가 애곡하여도 너희가 가슴을 치지 아니하였다 함과 같도다 요한이 와서 먹지도 않고 마시지도 아니하매 저희가 말하기를 귀신이 들렸다 하더니 인자는 와서 먹고 마시매 말하기를 보라 먹기를 탐하고 포도주를 즐기는 사람이요 세리와 죄인의 친구로다 하니 지혜는 그 행한 일로 인하여 옳다 함을 얻느니라(마11:15~19).

그리스도를 알아보는 지혜가 없어서 세례요한이 실족했다는 것이다. 이러한 세례요한의 실족은 유대인 전체를 예수님 앞에 갈 수 없게 실족케 만들고 종국에는 섭리 역사가 깨어지는 근본 원인이 되었다.[209]

---

207) 『고급편』, 39~40.
208) 『고급편』, 40.
209) 『고급편』, 41.

(8) 세례요한의 죽음과 십자가 섭리

1) 세례요한의 죽음

세례요한이 왜 죽었는가? 정명석은 세례요한이 순교가 아니라 개죽음을 당한 것이라 하였다.

> 그 때에 분봉왕 헤롯이 예수의 소문을 듣고 그 신하들에게 이르되 이는 세례요한이라 저가 죽은 자 가운데서 살아났으니 그러므로 이런 권능이 그 속에서 운동하는도다 하더라 전에 헤롯이 그 동생 빌립의 아내 헤로디아의 일로 요한을 잡아 결박하여 옥에 가두었으니 이는 요한이 헤롯에게 말하되 당신이 그 여자를 취한 것이 옳지 않다 하였음이라
>
> 헤롯이 요한을 죽이려 하되 민중이 저를 선지자로 여기므로 민중을 두려워하더니 마침 헤롯의 생일을 당하여 헤로디아의 딸이 연석 가운데서 춤을 추어 헤롯을 기쁘게 하니 헤롯이 맹세로 그에게 무엇이든지 달라는 대로 주겠다 허락하거늘 그가 제 어미의 시킴을 듣고 가로되 세례 요한의 머리를 소반에 담아 여기서 내게 주소서 하니 왕이 근심하나 자기의 맹세한 것과 그 함께 앉은 사람들을 인하여 주라 명하고 사람을 보내어 요한을 옥에서 목 베어 그 머리를 소반에 담아다가 그 여아에게 주니 그가 제 어미에게 가져가니라 요한의 제자들이 와서 시체를 가져다가 장사하고 가서 예수께 고하니라(마14:1~12).

오늘날 기독교인들은 세례요한의 죽음을 충성된 순교인 것으로 알고 있으나 오해이다. 메시아가 오면 누구보다도 행복해야 될 세례요한이 어찌하여 감옥에 갇혀 죽게 되었는가? 이는 세례요한이 자기 길로 치우쳐 사명과는 무관한 일에 뛰어들어서 생긴 일이었다. 그때 세례요한은 헤롯왕이 동생의 아내 헤로디아를 취하자 왕의 사랑 문제를 지적하다가 헤롯왕의 미움을 받고 옥에 갇히고 말았다. 헤롯왕은 백성들이 선지자로 여기는 세례요한을 죽이기 위해 고심하다가 헤로디아와

모사(謀事)를 써서 죽였던 것이다.

그의 생일날 헤로디아의 딸을 춤추게 하고 모든 소원을 들어준다고 하였는데 그 아이가 세례요한의 목을 달라고 하자 못 이기는 척하고 그를 죽인 것이다. 누가 보든지 간에 왕은 세례요한을 죽이지 않으려 했지만, 왕명을 지키기 위하여 할 수 없이 죽이게 된 것 같이 모사를 쓴 것이다.[210]

> 누구든지 나를 믿는 이 소자 중 하나를 실족케 하면 차라리 연자 맷돌을 그 목에 달리우고 깊은 바다에 빠뜨리우는 것이 나으니라 실족케 하는 일들이 있음을 인하여 세상에 화가 있도다 실족케 하는 일이 없을 수는 없으나 실족케 하는 그 사람에게는 화가 있도다(마18:6~7).

하나님이 허락하시지 않으면 하나도 되는 것이 없다. 세례요한이 메시아 증거의 사명과 무관한 정치 문제에 관여하고 복음을 증거할 사명을 감당 못하자 하나님이 헤롯왕을 통해서 심판해 버리신 것이다.

결과적으로 보면, 세례요한의 죽음은 책임분담을 못해서 죽은 것이요 나아가서 무지가 자기를 죽였다는 것이다. 겉보기에는 순교의 죽음 같아도 순교가 아니라 실상은 개죽음이요 실족자에 대한 심판이었다는 것이다.[211]

2) 십자가 섭리로의 전환

210) 『고급편』, 41. cf. 정명석은 이런 사실을 어떻게 알 수 있었을까? 정명석은 예수님이 자기에게 가르쳐 준 것으로 성경에도 기록되지 않은 심정세계의 비밀이라고 하였다. 세례요한은 자신이 죽는 순간에도 왜 죽는지도 몰랐다고 하였다.
211) 『고급편』, 43.

요한의 제자들이 와서 시체를 가져다가 장사하고 가서 예수께 고하니라 예수
께서 들으시고 배를 타고 떠나사 따로 빈들에 가시니 무리가 듣고 여러 고을로부
터 걸어서 좇아간지라(마14:12~13).

세례요한이 죽으니 예수님의 증거자가 없어졌다. 오직 메시아를 아
는 자는 요한뿐이었는데 그가 죽었으니 예수님의 심정이 어떠했겠는
가? 여기서 신약역사가 완전히 깨어졌다. 세례요한으로 인하여 역사
가 돌아가게 되었다. 공동운명체이기 때문에 증거자가 망하면 증거 받
는 자도 망하는 것이 법칙이다. 정명석은 만일 세례요한이 예수님을
믿고 사명을 다하여서 증거를 했다면 예수님은 결단코 십자가 고난의
길을 가시지 않았을 것이라고 주장한다.[212]

3) 메시아 섭리 가문의 비극

예수님은 사람들이 몰라봐서 죽은 것이다. 몰라보게 한 사람이 바로
세례요한이다. "이 지혜는 이 세대의 관원이 하나도 알지 못하였나니
만일 알았더면 영광의 주를 십자가에 못 박지 아니하였으리라(고전
2:8)."

세례요한과 예수님은 누구보다도 가장 가깝게 지내야 할 사람이었
다. 세례요한은 예수님보다 6개월 먼저 태어났다. 세례요한은 예수님
의 큰아버지였던 제사장 사가랴의 아들이었으므로 예수님의 사촌형
이었다. 이 얼마나 가까운 관계이고 다윗의 한 혈통으로 얼마나 좋은
구조인가? 그러나 가장 뜻을 두고 하나 돼서 가야 될 자가 하나가 안
되었다. 세례요한과 예수님이 하나 되지 않음으로 구약과 신약이 하나
가 되지 못하고 갈렸다.

---

212) 『고급편』, 43~44.

세례요한의 아버지 사가랴는 세례요한을 낳기 전에 그가 엘리야의 심령과 능력으로 오리라는 소리(눅1:17)를 들었다. 그렇기에 사가랴는 항상 세례요한에게 엘리야라는 것을 가르쳤어야 했다. 그러나 마땅히 해야 할 역사적인 사명을 이루지 못했다. 그때 사가랴가 유대관원으로서 증거했으면 역사는 결코 빗나가지 않았을 것이다. 이를 통하여 바울은 "이 세대의 관원이 하나도 알지 못하였나니 만일 알았더라면 영광의 주를 십자가에 못 박지 아니하였으리라(고전2:8)"고 역사의 비밀을 밝혔다. 결국 몰라서, 무지해서, 사명을 다하지 못해서 빼앗겼다는 것이다.[213]

예수님의 가정도 세례요한의 가정도 증거의 힘이 너무 약했다. 예수님의 아버지 요셉과 세례요한의 아버지 사가랴는 친형제이다. 예수님과 세례요한은 사촌 형제지간이다. 하나님께서 다윗의 혈통 가운데서 의인의 가문을 일으키고서 그 시대 메시아 섭리의 핵심권의 세계를 움직이려고 했던 것이다. 그래서 하나님은 예수님과 세례요한이 태어날 때부터 그 가정에 수많은 징조와 계시를 주셨다. 고로, 유대 땅을 소동케 하는 자식 문제를 두고, 그때 받은 계시를 중심으로 요셉과 사가랴가 서로 상의하고 대처해야만 했다. 그러나 세례요한과 예수님이 사촌이고, 사가랴와 요셉이 형제지간이었지만 사돈보다도 더 멀게 지냈다. 하나님의 계시를 무시하고 또한 형제간에도 각각 놀았으니 잘될 리가 없었다. 결국 세례요한은 목 베임을 당해서 죽고, 사가랴는 돌에 맞아 죽었다. 예수님은 사이비-이단소리를 들으며 돌아다니시다가 결국 십자가에 못 박혀 죽음을 당하고, 요셉은 욕이나 얻어먹으면서 거지처럼 돌아다니다가 죽고 말았다. 가장 영광스러워야 할 메시아의 가문이 가장 불행한 가정이 되어서 비극적으로 싹 망하고 말았다.[214]

213) 『고급편』, 45.
214) 『고급편』, 44~46.

결론

이 시대도 주를 알았다 하더라도 주와 일체되지 아니하면 세례요한 처럼 망한다. 세례요한의 한 번 실수로 하늘의 역사가 깨어져나갔는데 이와 같이 역사 앞에 한 번 실수하면 그 실수는 영원한 실수로 남는다 는 것을 알아야 한다.

반증

(1)구약성경에는 세례요한의 실족(失足)이나 역천(逆天)에 대한 예언이 없다.

세례요한에 관한 예언 중에서, 어느 하나도 실족한다거나 역천행위 를 하리라는 예언이 없다. 그러나 가룟 유다의 배신행위에 대해서는 여러 군데에 정확하게 예언되어 있었다. 예수님께서 가룟 유다가 배신 한 것은 갑자기 그렇게 된 것이 아니라 이미 구약성경에 예언된 바라 고 직접 말씀하셨다(요13:18). "'내 떡을 먹는 자가 내게 발꿈치를 들 었다(시41:9)'한 성경을 응하게 하려는 것이라"고(요13:18). 그리고 그 배신자가 은 30개를 받을 것이고(슥11:12), 그 돈으로 토기장이의 밭을 살 것(슥11:13)이며, 다른 사람이 그 자리를 대신할 것에 대해서 도 "그의 직분을 타인이 취하게 하소서(시109:8)"라고 정확하게 예언 되어 있었다.

그러나 정작 세례요한에 대해서는 어떤 부정적인 예언도 나와 있지 않다.

> 광야에서 여호와의 길을 평탄하게 하라 사막에서 우리 하나님의 대로를 평탄 하게 하라(사40:3).

만군의 여호와가 이르노라 보라 내가 내 사자를 보내리니 그가 내 앞에서 길을 준비할 것이요(말4:1).

그가 아버지의 마음을 자녀에게로 돌이키게 하고 자녀들의 마음을 그들의 아버지에게로 돌이키게 하리라(말4:6).

(2) 신약성경에서도 세례요한의 역천행위를 예언하지 않으셨다.

1) 가브리엘 천사의 세례요한 출생 예고.

가브리엘 천사가 세례요한의 부친 사가랴에게 나타나 세례요한의 출생을 예언할 때에 부정적인 예언이 전혀 없었다.

이는 그가 주 앞에 큰 자가 되며 포도주나 독한 술을 마시지 아니하며 모태로부터 성령의 충만함을 받아 이스라엘 자손을 주 곧 그들의 하나님께로 많이 돌아오게 하겠음이라 그가 또 엘리야의 심령과 능력으로 주 앞에 먼저 와서 아버지의 마음을 자식에게, 거스르는 자를 의인의 슬기에 돌아오게 하고 주를 위하여 세운 백성을 준비하리라(눅1:15~17).

2) 사가랴의 예언

세례요한의 부친 사가랴가 성령의 충만함을 받고, 세례요한에 대하여 "종신토록 주의 앞에서 성결과 의로 주의 앞에서 섬길 것이라"고 예언하였다(눅1:75). 사가랴의 예언은 사가랴의 생각이나 소원을 빈 것이 아니다. 성령의 충만함을 받고, 성령의 감동을 받아서 전한 말씀이었다. 그런데 성령께서 하신 말씀이 틀릴 리가 있는가? 그럴 수 없다.

종신토록 주의 앞에서 성결과 의로 두려움 없이 섬기게 하리라 하셨도다 이 아이여 네가 지극히 높으신 이의 선지자라 일컬음을 받고 주 앞에 앞서 가서 그 길을 준비하여 주의 백성에게 그 죄 사함으로 말미암는 구원을 알게 하리니(눅 1:75~77).

(3) 세례요한은 사명에 실패하지 않았다.

1) 엘리야가 아니라고 했다고 해서 사명에 실패했다고 할 수 없다.

정명석은 예루살렘에서 파견된 종교지도자들에게 세례요한이 "나는 엘리야가 아니다", "나는 선지자가 아니다"고 말함으로써 역사가 깨졌다고 하였다. 세례요한은 당연히 자기가 엘리야라고 대답했어야 하고, 적어도 선지자라고만 말했어도 유대종교인들이 함부로 못 건드렸을 것이라는 것이다. 세례요한이 엘리야나 선지자의 입장에서 메시아를 강하게 증거했다면 자기도 안 죽고 예수님도 안 죽었을 것이라고 말한다.

그러나 세례요한이 엘리야가 아니라고 한 것에 대해서 생각해 보자.

① 엘리야가 아니라고 한 것에 대해서

예루살렘에서 온 종교지도자들이 물은 것은 '네가 불병거 타고 승천했던 엘리야냐?'고 물은 것이다. 세례요한은 그 엘리야가 아니었으므로 당연히 아니라고 한 것이다. 엘리야는 엘리야고 세례요한은 세례요한이다. 그렇다면 예수님께서 세례요한을 엘리야라고 하신 것은 무엇인가? 예수님은 세례요한이 엘리야의 심령과 능력을 가지고 온 것이라고 말씀하신 것이다. 그러므로 이 두 말씀은 결코 모순되는 것이 아니다.[215]

② 그래도 엘리야라고 대답했어야 하지 않았느냐는 의견에 대해서

정명석은 세례요한이 "네가 엘리야냐?"라는 물음에 예(Yes)라고 대답하지 않고, 아니오(No)라고 대답해서 역천자가 되었다고 주장한다.

---

215) 피영민, 『예수, 요한복음으로 아버지의 뜻을 말하다』(서울:걷과흙손, 2012), 59.

그러나 그렇게 대답하지 않았다고 역천자라고 매도할 수 없다. 성경의 다른 인물들도 살펴보자.

a. 모세

모세는 80세 때 광야에서 양들을 치고 있었다. 하나님께서 모세에게 나타나서 "내가 너를 바로에게 보내어 너에게 내 백성 이스라엘 자손을 애굽에서 인도하여 내게 하리라(출3:10)"고 말씀하셨다. 그런데 하나님께서 직접 말씀하셨는데도 모세는 "내가 누구이기에 바로에게 가며 이스라엘 자손을 애굽에서 인도하여 내리이까(출3:11)"고 부정했다. 심지어 모세의 지팡이가 뱀으로 변하고, 모세의 손이 문둥병에 걸렸다가 나았어도 모세는 계속하여 "나는 혀가 뻣뻣하여 말을 잘 못한다(출4:10)", 또 "오 주여 제발 다른 사람을 보내주십시오(출4:13)"라고 애원하다시피 하였다. 모세는 하나님이 직접 말씀하셨는데도 흔쾌히 받아들이지 않고 계속 부인했다. 마침내 하나님께서 모세에게 화까지 내셨다(출4:14). 그렇게 했는데도 모세를 역천자라고 하지 않는다. 그런데 왜 세례요한에게만 역천자라고 하는가?

b. 이사야

이사야는 어떤가? 이사야는 환상으로 하나님을 뵌 후 "화로다 나여 망하게 되었도다 나는 입술이 부정한 사람이요 나는 입술이 부정한 백성 중에 거주하면서 만군의 여호와이신 왕을 뵈었음이로다(사6:5)"고 하였다. 이사야는 자신을 부정한 입술을 가진 사람이라고 하였으나, 하나님께서는 스랍천사를 통해 제단 숯불로 이사야의 입에 대고 "이것이 네 입에 닿았으니, 네 악이 제하여졌다"고 말씀하셨다. 이사야는 자신을 부정한 사람이라고 하였으나, 하나님께서는 악을 제거해서라도 그를 들어 쓰셨다.

c. 예레미야

그리고 예레미야는 어떤가? 하나님께서는 예레미야에게 "내가 너를 모태에 짓기 전에 너를 알았고 네가 배에서 나오기 전에 너를 성별하였고, 너를 여러 나라의 선지자로 세웠노라(렘1:5)"고 하셨다. 그러나 예레미야는 "주 여호와여 보소서 나는 아이라 말할 줄을 알지 못하나이다(렘1:6)"고 대답하였다. 여호와 하나님께서는 "내게 이르시되 너는 아이라 말하지 말고 내가 너를 누구에게 보내든지 너는 가며 내가 네게 무엇을 명령하든지 너는 말할지니라(렘1:7)"고 재차 말씀하셨다. 하나님께서 예레미야에게 선지자라고 말씀하셨어도 예레미야는 자기는 아이라고 하면서 받아들이려고 하지 않았다. 그렇다고 해서 역천자라고 하지 않는다.

d. 아모스

아모스 선지자의 경우는 세례요한과 더 잘 맞아떨어진다. 벧엘의 제사장이었던 아마샤가 아모스에게 말했다. "선견자야 너는 유다 땅으로 도망하여 거기에서나 떡을 먹으며 거기에서나 예언하라(암7:12)." 아모스는, "나는 선지자가 아니며 선지자의 아들도 아니다. 나는 목자요 뽕나무를 재배하는 사람이다(암7:14)"라고 대답했다.

아모스 선지자는 아마샤 제사장이 선견자라고 했어도 자기는 선지자도 아니고 선지자의 아들도 아니라고 했다. 다만 목자요 뽕나무를 재배하는 사람이라고 했다. 정명석의 논리대로 한다면, 아모스는 아마샤가 선견자라고 불렀을 때, 예(Yes)라고 했어야 한다. 선지자라고도 했어야 한다. 적어도 선지자의 아들이라고 했더라면 더 강하게 선지자의 사명을 잘 감당했을 것이다. 그러나 아모스는 자기는 선견자도 아니요, 선지자도 아니요, 선지자의 아들도 아니라고 하였다. 그러나 하나님께서 말씀하라고 하시니 말할 수밖에 없다고 하였다.

아모스는 자기의 사명에 대해서, "사자가 움킨 것이 없는데 어찌 수풀에서 부르짖겠으며, 덫을 땅에 놓지 않았는데 새가 어찌 치이겠으며 잡힌 것이 없는데 덫이 땅에서 튀겠느냐? 사자가 부르짖은즉 누가 두려

워하지 아니하겠느냐 주 여호와께서 말씀하신즉 누가 예언하지 아니하
겠느냐”고 말했다. 그 말은 자기는 비록 목자요, 뽕나무를 재배하는 사
람이지만 하나님께서 말씀하시니 그 말씀을 듣고 예언한다는 말이었
다. 하나님께서 말씀하실 때 그 말을 듣고 예언하는 사람이 있다면, 그
것이 바로 선견자요, 그것이 바로 선지자인 것이다. 아모스가 선지자가
아니라고 말했다고 해서 역천자인가? 아니다. 실제로 그가 지금 하고
있는 일이 선지자의 일이었던 것이다. 세례요한도 마찬가지였다.

유대종교지도자들: 네가 그리스도냐?
세례요한: 아니다.
유대종교지도자들: 네가 엘리야냐?
세례요한: 아니다.
유대종교지도자들: 그러면 네가 그 선지자냐?
세례요한: 아니다.
유대종교지도자들: 그러면 너는 네게 대하여 누구라고 하느냐?
세례요한: 나는 선지자 이사야의 글과 같이 주의 길을 곧게 하라고
광야에서 외치는 자의 소리로라.

세례요한은 그리스도가 아니었다. 그래서 아니라고 하였다. 세례요
한은 실제 엘리야는 아니었다. 그래서 아니라고 했다. 세례요한은 그
선지자가 아니었다. 그래서 아니라고 하였다. 유대종교인들은 세례요
한에게 “네가 선지자냐?(Are you a prophet?)”라고 물은 것이 아니라,
“네가 ‘그 선지자’냐(Are you the Prophet?)”고 물었다(요1:21). “네가
그 선지자냐?”고 왜 물어보았을까? 모세가 자기와 같은 선지자가 나
타나서 하나님의 말씀을 전할 것이라고 말하였기 때문이다(신18:15,
18). 유대교인들은 엘리야뿐만이 아니라, “그 선지자”도 기다리고 있

었다. 그래서 그 선지자냐고 물어보았고, 세례요한은 그 선지자는 아니었기에 아니라고 했던 것이다.

> 네 하나님 여호와께서 너희 가운데 네 형제 중에서 너를 위하여 나와 같은 선지자 하나를 일으키시리니 너희는 그 말을 들을지니라(신18:15).

> 내가 그들의 형제 중에서 너와 같은 선지자 하나를 그들을 위하여 일으키고 내 말을 그 입에 두리니 내가 그에게 명령하는 것을 그가 무리에게 다 말하리라(신 18:18).

2) 자기를 적어도 선지자라고 대답했어야 한다는 주장에 대해서

모세가 말한 '나와 같은 선지자'는 예수님에 관한 예언이었다. 이것은 사도행전 3장 22절에서 확인할 수 있다. 사도들은, 모세가 말한 그 선지자가 바로 예수 그리스도라고 증거하였기 때문이다. 예수님께서 오병이어의 기적을 행하셨을 때도 사람들의 반응은 "이는 참으로 세상에 오실 그 선지자(요6:14)"라 고백하였다. 세례요한은 자기는 그 선지자가 아니었으므로 당연히 아니라고 대답하였다. 무엇이 잘못되었다는 말인가? 세례요한은 정확하고 분명하게 말한 것이다(요1:20). 그런데 정명석은 세례요한이 엘리야가 아니라고 부정한 마당에 최소한 그 선지자라고 대답했어야 한다고 주장하였다. 그러나 그것은 해석학적으로 맞지 않다. 세례요한이 그 선지자라고 시인했다면, 그것은 예수님에 대한 예언을 자기 것으로 도둑질한 것이 되었을 것이다. 세례요한은 정직하고 분명하게 말한 사람이었다.

3) 세례요한은 예수님과 하나로 합쳤어야 했는가?

정명석은 세례요한이 구약의 선지자였지만 신약의 사도로 편입되었어야 했는데 따로 놀았다고 비난하였다. 베드로와 사도들은 구약시대의 사람들이었지만 예수님을 만나 신약시대 사람들이 되었다. 정명석은 세례요한도 그렇게 했어야 하지 않았느냐는 것이다. 그러나 사람이 사도가 되고 구약의 선지자가 되는 것이 사람 맘대로 되는 것이 아니다. 하나님께서 허락하셔야 되는 것이다. 하나님의 뜻은 세례요한이 신약시대로 넘어오는 것이 아니었던 것이다. 세례요한까지 구약시대이다. 그러므로 세례요한과 예수님은 합칠 수가 없었던 것이다. 메시아와 선지자의 노정이 사람 맘대로 되는 것이 아니다. 하나님의 뜻대로 가야 하는 것이다. 그러므로 정명석의 주장은 전혀 성경적이지 않다. 그것을 어떻게 알 수 있는가? 예수님의 말씀을 근거로 해서 알 수 있다. 예수님께서 "모든 선지자와 율법은 세례요한까지"라고 분명히 말씀하셨기 때문에 다르게 해석할 수 없다. 세례요한까지 구약의 인물이었다. "모든 선지자와 율법이 예언한 것은 요한까지니(마11:13)."

  4)세례요한은 잘못된 신앙철학을 가졌는가?
  ① 신랑의 친구라고 한 점에 대해서
  정명석은 세례요한이 구약을 종결짓고 신약의 첫걸음을 내딛는 선지자로서 하늘을 맞이하는 모든 신부들을 지휘하는 중심자였다고 하였다. 정명석은 세례요한이 예수님 앞에 신부 역할을 했어야 했는데 하지 못함으로써 따르던 사람들도 신부 역할을 못하게 되었다고 했다.
  그러나 위에서도 말했듯이, 세례요한의 사명은 예수님 앞에서 모시고 섬기고 하는 사도의 사명이 아니었다. 세례요한은 구약의 마지막 인물로서 신약으로 넘어오는 사명이 아니었다. 세례요한까지 구약이다. 모세는 가나안 땅을 보면서도 가나안 땅을 밟을 수가 없었다. 모세인들 가나안 땅에 들어가고 싶지 않았겠는가? 하나님께서 정하신 뜻대로 가야 한다.

그리고 친구라고 한 점이 비난받을 일인가? 예수님은 사도들에게도 친구라고 하셨다. 친구는 모든 비밀을 공유하는 막역한 사이다. 다윗과 요나단의 예에서도 볼 수 있듯이, 요나단은 아버지 사울 왕에게는 비밀로 하고 친구 다윗에게 알려줘서 다윗의 생명을 살려주었다. 친구는 어떤 때는 부모에게도 말하지 않는 것을 공유하는 사이다.

> 너희는 내가 명하는 대로 행하면 곧 나의 친구라 이제부터는 너희를 종이라 하지 아니하리니 종은 주인이 하는 것을 알지 못함이라 너희를 친구라 하였노니 내가 내 아버지께 들은 것을 다 너희에게 알게 하였음이라(요15:14~15).

예수님께서는 "사람이 친구를 위하여 자기 목숨을 버리면 이보다 더 큰 사랑이 없다(요15:13)"고 하셨다. 예수님도 자신의 희생을 친구를 위한 죽음이라고 말씀하신 것이다. 세례요한이 친구라고 한 것은 절대로 비난받을 일이 아니다.

② 그는 흥하여야 하겠고 나는 쇠하여야 하리라.

세례요한도 세례를 주고 있었고, 예수님의 제자들도 세례를 주고 있었다. 세례요한이 먼저 시작해서 사람들이 처음에는 세례요한을 많이 따랐으나, 예수님께서 본격적으로 사역을 시작하자, 사람들이 예수님께로 더 많이 쏠리게 되었다. 그때 세례요한의 제자가 세례요한에게 이 사실을 언급했을 때에 세례요한이 한 말이었다. "그는 흥하여야 하겠고 나는 쇠하여야 하리라(요3:30)."

이 보다 아름다운 퇴장이 있을까?

사람은 누구나 시기심과 질투가 있기 마련이다. 그러나 세례요한은 "만일 하늘에서 주신 바 아니면 사람이 아무 것도 받을 수 없느니라(요3:27)"고 하였다. 세례요한의 어록을 살펴보면 대략 다음과 같을 것이다. '사람들이 예수님께 많이 가는 것도 다 하나님께서 많이 주셨기 때문이고, 나는 신랑의 친구로서 신랑의 음성만 들어도 기쁘다. 결혼식 때는 신랑만 빛나면 되는 것이지, 신랑 친구가 빛날 필요가 있겠느냐? 나는 구시대의 인물이고, 이제 새 시대가 도래하였고, 예수님께서 신랑으로 오셨으니, 그는 흥하여야 하겠고 나는 쇠하여야 하리라'고 한 것이다. 이게 어떻게 잘못된 신앙철학이란 말인가? 우리 모두가 배우고 따라야 할 신앙의 본을 보여준 것이다. 이단교주들은 예수님은 구시대의 메시아요, 자기들은 새 시대의 메시아라고 주장하는 사람들이다. 그 말은 '예수는 (구시대 메시아니까) 망해야 하고, 나는 (새 시대 메시아니까) 흥하여야 하리라'는 말이다.

아니면, 정명석처럼 '예수도 흥하고, 나도 흥하여야 하리라'고 말을 한다 해도 그 말의 뜻은, 예수님을 이용하여 자기가 흥하고 싶은 야욕을 드러낸 말일 뿐이다.

(4) 예수님의 평가에 대해서

1) 세례요한은 실족하였는가?

요한이 옥에서 그리스도께서 하신 일을 듣고 제자들을 보내 "오실 그이가 당신이오니이까 우리가 다른 이를 기다리오리까?"라고 여쭈어 보았다. 예수님께서는 그리스도라고 즉답은 하시지 않고 구약성경에 예언된 메시아의 사역을 열거하시면서 간접적으로 메시아임을 밝히셨다. 예수님께서는 "누구든지 나로 말미암아 실족하지 아니하는 자는 복이 있도다(마11:6)"고 하셨다. 이 말씀을 이용하여 정명석은 세례요한이 실족하였기 때문에 예수님께서 이렇게 말씀하신 것이라고 하였다. 그러나 과연 이 구절이 세례요한의 실족을 말씀하신 것일까? 성경은 성경으로 해석한다. 누가복음 7장 18~35절의 병행구절을 살펴보자.

누가복음 7장 18절에 보면, "요한의 제자들이 이 모든 일을 그에게 알리니"라는 말씀이 나온다. 그렇다면 여기서 "이 모든 일"은 무엇인가? 예수님께서 기적을 베푸신 일이었다. 누가복음 7장 2~10절에는 예수님께서 백부장의 종을 고친 기적이 나온다. 백부장은 예수님께 자기 집에 오시지 않고도 말씀만 하셔서 자기 하인을 고쳐달라고 했던 사람이다. 예수님께서는 이스라엘에서 이만한 믿음을 만나보지 못하였다고 칭찬하셨다.

또 누가복음7장 11~17절에는 예수님께서 과부의 아들을 살린 기적이 나온다. 과부의 아들이 죽어 장사지내러 가고 있었는데 예수님께서 관에 손을 대시고 "청년아 일어나라" 해서 살린 기적이 나온다. 세상에 이런 기적이 또 있을 수 있을까? 당연히 예수께 대한 이 소문이 온 유대와 사방에 두루 퍼질 수밖에 없었다.

세례요한의 제자들은 예수님께서 행하신 이런 기적들을 세례요한에게 알렸다. 세례요한은 그 말을 듣고, 제자 중 둘을 보내 "오실 이가 당신입니까? 우리가 다른 이를 기다려야 합니까?"하고 물어보았다. 그런데 여기서 세례요한이 이 모든 이야기를 듣고 물어본 이유가 과연 의심해서 였을까? 세례요한이 의심해서라기보다는 자기 제자들에게 확신시키기 위해서 물어보게 했다고 보는 것이 더 타당하다. 평소 세례요한은 예수님을 증거하던 사람이다. 평소에 하던 대로 제자들에게 확신과 믿음을 더하기 위해 물어보라고 한 것이다. '내 말이 맞지 않느냐? 내가 평소에 그는 하나님의 아들이라고 증거하지 않았느냐?'라며. 세례요한은 예수님에 관한 소문을 듣고, 자기의 증거가 헛되지 않았음을 제자들에게 직접 찾아뵙고 확인해보라는 차원에서 보냈던 것이다.

설령 세례요한이 예수님의 사명에 대해서 의심해서 흔들렸다고 치자. 그랬다고 해서 역천자로 매도할 수 없다. 베드로와 모세의 경우와 비교해 보자.

베드로는 예수님께서 "네가 닭 울기 전에 나를 세 번이나 부인하리라"고 하신 경고를 듣고도 부인하였다. 심지어 자기는 절대로 부인하지 않을 것이라고 장담까지 하지 않았던가? 그런데 베드로는 불과 몇 시간 후에 예수님의 이름을 저주까지 하면서 부인하지 않았던가? 그런데도 베드로를 역천자, 배신자라고 하지 않는다. 그의 죽음을 개죽음이라고 폄하하기는커녕 위대한 순교자라고 한다. 왜냐하면 연약하여 잠깐 부인한 것보다는 그가 회개하고 예수님을 증거하며 산 것이 중요하기 때문이다.

모세도 "한 달 동안 고기를 먹게 해주겠다"는 하나님의 말씀을 듣고 의심했다. 이스라엘 백성들이 광야에서 '고기가 먹고 싶다, 애굽에 있을 때가 더 좋았다'고 하자 하나님께서 "내가 고기를 냄새도 싫어하기까지 한 달 동안 먹이리라"고 대답하셨을 때 보인 반응이었다. 모세가 이르되 "나와 함께 있는 이 백성의 보행자가 육십만 명이온데 주의 말씀이 한 달 동안 고기를 주어 먹게 하겠다 하시오니 그들을 위하여 양 떼와 소 떼를 잡은들 족하오며 바다의 모든 고기를 모은들 족하오리까?" 여호와께서 모세에게 이르시되 "여호와의 손이 짧으냐 네가 이제 내 말이 네게 응하는 여부를 보리라"고 하셨다. 모세는 하나님께서 직접 말씀하셨는데도 믿지 않고 "양 떼와 소 떼를 잡은들, 바다의 고기를 다 잡은들 그런 일이 있겠습니까?(민11:20-23)"라고 강한 의구심을 나타냈다. 그렇다고 해서 모세를 역천자, 배신자라고 하는가?

믿음의 조상 아브라함도 아들을 낳게 해주겠다는 하나님의 말씀을 듣고 웃었다. "아브라함이 엎드려 웃으며 마음속으로 이르되 백 세 된 사람이 어찌 자식을 낳을까 사라는 구십 세니 어찌 출산하리요?(창18:17)"

아브라함은 하나님께서 말씀하시는데 웃으면서 "이스마엘이나 하나님 앞에서 살기를 원하나이다(창17:18)"고 하였는데도 성경은 그의 믿음이 흔들려서 역사가 깨졌다거나 역천자가 되었다고 하지 않고 오히려 믿음이 흔들리지 않았다고 평가하고 있다(롬4:18~20). 그 자리에서 순간적으로 확신에 찬 믿음을 보이지 않았다고 해서 역천자, 불신자라고 하지 않는다. 아브라함이 그 약속의 말씀을 들었을 때, 순간 자기도 모르게 안 믿겨져서 웃음이 흘러나왔겠지만, 아브라함은 결국 그 약속을 굳게 믿었고 심지어 이삭을 번제로 바치라고 하셨을 때도, 하나님께서 이삭을 부활시켜서라도 이삭을 통해 자손의 복을 주실 것을 의심치 않았던 것이다. 우리가 어떤 사람을 평가할 때, 그 사람의 말 한마디로 정죄해서는 안 되고, 그의 총체적 삶이 어떠한가로 따져야 공정한 평가가 될 것이다.

그렇다면 예수님의 말씀을 살펴보자.

2) 바람에 흔들리는 갈대냐?

정명석은 예수님께서 세례요한을 흔들리는 갈대라고 생각하셨다는 것이다. 그래서 "너희가 무엇을 보려고 광야에 나갔더냐? 바람에 흔들리는 갈대냐?(What did you go out into the wilderness to see? A reed swayed by the wind?)"고 물으셨다고 했다.

그러나 요단강과 그 주변 광야에는 실제로 갈대밭이 있었다. 그렇다고 그들이 갈대를 보러 광야에 간 것은 아니었다. 그래서 예수님께서 물어본 것이다. "너희가 갈대를 보러 간 것은 아니지 않느냐? (그렇지?!!)"

3) 부드러운 옷 입은 사람이냐?

"그러면 무엇을 보려고 나갔더냐?(If not, what did you go out to see?) 부드러운 옷 입은 사람이냐? 부드러운 옷 입은 사람들은 왕궁에 있느니라.”

세례요한은 약대털옷을 입고 있었다. 그렇기에 부드러운 옷을 입은 사람은 아니었다. 고급스럽고 부드러운 옷을 입은 사람들은 왕궁에 있다. 광야에 갈대를 보러 간 것도 아니고, 옷 잘 입는 사람을 보러 간 것도 아니라면 도대체 무엇을 보려고 나갔느냐?

4) 그러면 선지자를 보기 위함이냐?

> 그러면 너희가 어찌하여 나갔더냐? 선지자를 보기 위함이었더냐? 옳다(Yes). 내가 말하노니 선지자보다 더 나은 자니라. 구약성경에 기록된 바, 보라 내가 내 사자를 네 앞에 보내노니 그가 네 길을 네 앞에 준비하리라 하신 것이 이 사람에 대한 말씀이라 내가 진실로 너희에게 말하노니 여자가 낳은 자 중에 세례 요한보다 큰 이가 일어남이 없도다 그러나 천국에서는 극히 작은 자라도 저보다는 크니라(마11:9~11).

그들은 선지자를 보러 나갔다. 갈대같이 흔들리는 사람을 보러 간 것도 아니었고, 부드러운 옷 입은 사람을 보러 간 것도 아니다. 세례요한은 약대털옷을 입고 있었기 때문에 거친 옷이었다. 부드러운 옷 입은 사람을 보고 싶었다면 왕궁으로 갔어야 한다. 그들은 왜 광야에 갔는가? 선지자를 보러 갔다. 세례요한은 구약성경에 예언된 자로 “주 앞에서 길을 예비하리라”고 했던 큰 선지자였다. 그런데 “여자가 낳은 자 중에 세례요한보다 큰 이가 일어남이 없도다 그러나 천국에서는 극히 작은 자라도 저보다는 크니라”고 하셨는데 이것이 문제가 된다. 정명석은 “지상에서도 큰 자면 천국에서도 커야 하는데, 왜 천국에서는 작은 자인가? 그렇다면 지상에서 클수록 천국에서 작아진다면, 예수님은 지상에서 세례요한보다 더 큰 자였는데, 천국에서는 세례요한보다 더 작아지는가?"라고 반문하였다. 정명석은 세례요한이 여자가 낳은 자 중에 가장 큰 자였음에도 불구하고, 증거의 사명을 이루지 못하자, 여자가 낳은 자 중에 가장 큰 자라고 말씀은 하셨지만, 천국에서는 가장 작은 자라도 그보다는 크다고 말씀하시므로 세례요한을 심판해 버리셨다는 것이다.

그러나 이 말은 세례요한이 증거를 잘못해서 심판하신 말씀이 아니다. 이것을 알기 위해서는 천국에서 '크다, 작다'라는 개념부터 파악해야 한다. 천국에서는 누가 큰 자인가? 예수님의 말씀을 통해 그 해답을 얻을 수 있다.

(5) 천국에서 가장 큰 자와 가장 작은 자는?

1) 겸손한 자가 큰 자이다.

마태복음 18장 1절부터 4절에서, 예수님은 "천국에서 가장 큰 자"에 대해 말씀을 하셨다.

> 그때에 제자들이 예수께 나아와 가로되 천국에서는 누가 크니이까 예수께서 한 어린아이를 불러 저희 가운데 세우시고 가라사대 진실로 너희에게 이르노니 너희가 돌이켜 어린아이들과 같이 되지 아니하면 결단코 천국에 들어가지 못하리라 그러므로 누구든지 이 어린아이와 같이 자기를 낮추는 그이가 천국에서 큰 자니라(마18:1~4).

제자들이 길에서 서로 누가 큰가하고 변론이 일어났다. 제자들은 예수님께 "천국에서는 누가 크니까?" 하고 질문하였다. 예수님의 답변은 제자들이 기대했던 것과 달랐다. 천국에서는 어린아이와 같아야 하고, 어린아이와 같이 자기를 낮추는 사람이 크다고 하셨다.

병행구절인 마가복음에서는 "첫째가 되고자 하면 뭇 사람의 끝이 되며 뭇 사람을 섬기는 자가 되어야 하리라(막9:35)"고 말씀하셨다. 누가복음에서는 "너희 모든 사람 중에 가장 작은 그가 큰 자니라(눅 9:48)"고 하셨다. 예수님의 말씀을 종합해 보면, 어린아이처럼 자기를 낮추며, 종처럼 남을 섬기며, 가장 작은 자가 되어 남을 섬기는 자가 큰 자라는 뜻이리라. 한마디로 겸손한 사람이 큰 자이다.

세례요한은 어떤 사람인가? 그는 시기질투하지 않고, 겸손한 사람이었다. 그는 자기를 따르던 사람들이 자기를 떠나 예수님을 따라가더라도 막거나 비방하지 않았다. 안드레도 원래는 세례요한의 제자였으나 세례요한의 증거를 듣고 예수님을 따르게 되었다. 그리고 안드레는 베드로도 전도하여 형제가 예수님의 제자가 되었다. 세례요한은 그런 것을 보면서도 시기질투하지 않고 오히려 "그는 흥하여야 하겠고, 나는 쇠하여야 하리라"고 하였다. 그는 실로 여자가 낳은 자 중에 가장 큰 자라는 소리를 들을 만했다. 그러나 세례요한이 아무리 큰 자라고 하여도 그도 역시 육신을 가진 사람이었다. 육신을 가진 사람은 누구라도 육신을 갖고 있는 한, 그가 겸손하고 마음이 넓은 사람이라도, 천국 시민들보다는 작다는 의미이다. 천국은 시기질투가 전혀 없고, 교만한 사람도 전혀 없다. 그래서 예수님께서는 세례요한을 통해서 천국의 위대성과 우월성을 표현한 것이다.

2) 천국에서 극히 작은 자라도 세례요한보다 크다는 것은?

천국에서 극히 작은 자는 누구인가? 예수님이 가져오신 새로운 구원시대의 복을 누리는 가장 사소한 사람이다. 세례요한은 비스가 산에서 약속의 땅을 바라보기는 했으나 들어가지는 못했던 모세와 비슷하다. 모세는 전무후무하게 큰 선지자였고, 하나님과 사람처럼 독대하며 대화한 선지자였다. 그 온유함이 온 이스라엘 백성들보다 더 컸다고 하였다. 그렇게 크고 훌륭한 사람이라는 평판은 받았지만, 약속된 가나안 땅을 밟는 복을 누리지는 못했다. 그러나 광야에서 난 2세들은 아무리 작고 사소한 자라도 가나안 땅을 밟았다. 그런 면에서 가장 작은 자라도 모세보다는 크다고 말할 수 있다. 하나님의 나라에서 극히 작은 자가 요한보다 큰 것은 헌신이나 봉사 때문이 아니라 특권 때문이었다. 즉 그들이 하나님을 위해 한 일이 큰 것이 아니라 하나님이 그들을 위해 하신 일이 더 컸다.

예수님은 예언자들과 왕들이 보고 싶어 했으나 허사였던 그것을 제자들이 살아서 보고 듣는다는 이유로, 제자들을 축하하셨다.

> 제자들을 돌아 보시며 조용히 이르시되 너희가 보는 것을 보는 눈은 복이 있도다. 내가 너희에게 말하노니 많은 선지자와 임금이 너희가 보는 바를 보고자 하였으되 보지 못하였으며 너희가 듣는 바를 듣고자 하였으되 듣지 못하였느니라(눅 10:23~24).

제자들이 이런 복을 누린 것은 그들에게 뛰어난 장점이 있기 때문이 아니었다. 그것은 그들이 예수님이 오신 그 시대에 살았고, 하나님 나라의 생명과 섬김에 동참하도록 부름 받았기 때문이었다. 세례요한은 그분의 길을 예비하는 사자와 선지자가 되었지만, 오실 그분의 사역에 동참하여 하나님 나라의 상속자가 되는 엄청난 복을 누리지는 못했다. 요한은 옛 시대의 마지막 선지자로서 그 특권을 미리 보고 예고하는 사명을 맡았던 것이다.

3) 침노를 당했다는 말은?

> 세례요한의 때부터 지금까지 천국은 침노를 당하나니 침노하는 자는 빼앗느니라(마11:12).

정명석은 세례요한이 베드로에게 침노를 당했다고 말하였다.

과연 세례요한이 침노를 당했는가? 천국은 침노하는 자의 것이다? 이게 무슨 뜻인가? 침노한다는 것이 무력은 아닐 테고 노력하고 수고해서 빼앗는 것인가? 정명석은 세례요한이 예수님의 수제자가 되어 예수님을 모시고 섬기며 수종들어야 했는데, 따로 놀다가 베드로에게 그 자리를 빼앗겼다고 말했다. 세례요한은 침노를 당해서 천국을 빼앗겼고, 베드로는 침노를 해서 뺏었다는 말이다. 이런 잘못된 해석은 "침노"라는 단어를 오해해서 발생한 오류이다.

누가복음 16장 16절의 병행구절을 살펴보자. "율법과 선지자는 요한의 때까지요 그 후로는 하나님 나라의 복음이 전파되어 사람마다 그리로 침입하여 들어가느니라(눅16:16)."

마태복음 11장 12절에서는 "침노"라 하였고, 누가복음의 16장 16절에서는 "침입"이라 하였다. 희랍어로는 둘 다 "비아조(βιάζω)"라는 단어이다. 이것은 '강제로 모여 들어가다'는 뜻이다. 누가복음의 구절을 다시 읽어보자. "율법과 선지자는 요한의 때까지요 그 후로는 하나님의 나라의 복음이 전파되어 사람마다 그리로 침입하여 들어가느니라." 구약시대에는 혈통적으로 구원받았다. 아브라함과 이삭과 야곱의 후손들만 하나님의 백성으로 택함 받고 구원받았다. 그러나 세례요한 이후부터는 누구라도 하나님 나라의 복음을 들으면 자기도 하나님의 백성이라고 주장할 수 있게 되었다는 뜻이다. 침노해서 빼앗는다는 것은 약육강식이나 적자생존을 위해 자리싸움하라는 의미가 아니다. 구약시대에는 혈통적으로 구원받았지만, 신약시대에는 누구라도 복음을 받아들이기만 하면 아브라함의 후손이 되었고, 그리하여 자기도 천국백성이라고 권리를 주장하며, 과감하게 침입하여 들어올 수 있다는 말씀이다. 구약시대에는 외면적 이스라엘 백성이 이스라엘 백성이었으나, 신약시대부터는 내면적 이스라엘이 진정한 이스라엘 백성인 것이다. 복음을 듣고 받아들이면 천국을 차지하게 된다는 말씀이었다. 정명석의 주장처럼, 세례요한이 베드로에게 사도 자리를 빼앗긴 것이 아니다. 충성경쟁을 유도하기 위해 '여러분들도 수고하고 노력하여 천국 백성의 권리를 뺏어라'는 분투노력을 요구하는 말씀도 아니다. 천국은 침노(노력)해서 얻는 것이 아니고, 복음을 받아들이면 누구에게라도 은혜로, 믿음으로, 선물로 주시는 것이다(엡2:8).

(6) 세례요한은 실패하지 않았다.
1) 세례요한이 잘못된 신앙관을 가졌는가?

정명석은 "그는 흥하여야 하겠고, 나는 쇠하여야 하리라"는 세례요한의 말을 잘못된 신앙철학이라 하였다. 과연 그도 흥하고 나도 흥하여야 하는 것이 옳은가? 그 말은 일반적으로는 맞는 말일 수도 있다. 그러나 세례요한에게는 맞지 않다. 그는 구약시대 사람이면서 신약시대로 넘어와서 동역하는 사명을 받은 것이 아니었다. 예수님 이전에 나타나서 예수님을 증거하다가 예수님이 나타나시면 사라지는 역할이었다. "모든 선지자와 율법은 요한까지"라고 예수님께서 세례요한까지를 구약시대의 경계선으로 분명히 말씀하셨기 때문이다. 영화기법 중에 지금까지 떠 있던 화면이 서서히 사라지면서(Fade out), 새로운 화면이 뜨는(Fade in) 기법이 있다. 그처럼 세례요한은 한동안 비치다가 예수님의 등장으로 서서히 흐려지며 사라지는 역할인 것이다. 당연히 "그는 흥하고 나는 쇠하여야 하리라"고 하는 것이 옳았다.

세례요한은 항상 자기를 낮추고 예수님을 높이는 데 주력했다. 세례요한은 "나는 그의 신을 들기도 감당하지 못하겠노라(마3:11)"고 하였다.

이런 겸손은 절대적으로 기독교인들이 갖추어야 할 덕목이다. 예수님께서는 "무릇 자기를 높이는 자는 낮아지고 자기를 낮추는 자는 높아지리라(눅18:14)"고 말씀하셨다. 그런데 무엇이 잘못된 신앙철학인 가? 역시 세례요한은 신앙관이 제대로 박힌 사람이었다.

2)세례요한은 증거하는 데 실패했는가?

정명석의 주장대로 세례요한이 증거를 못해서 역사가 깨지고, 예수님의 죽으심이 십자가로 방향이 틀어졌다면, 예수님이나 제자들의 입에서 세례요한에 대한 부정적인 발언들이 나왔어야 한다. 그러나 성경은 처음부터 끝까지 세례요한에 대한 부정적인 평가는 하나도 없고 전부 긍정적인 평가뿐이다. "요한이 의의 도로 너희에게 왔거늘 너희는 그를 믿지 아니하였으되 세리와 창기는 믿었으며 너희는 이것을 보고도 끝내 뉘우쳐 믿지 아니하였도다(마21:32)."

예수님께서는 "세례요한이 의의 길을 보여주기 위해서 왔지만 너희 유대종교인들은 그를 믿지 않았다. 그러나 세리와 창녀들은 믿었다. 그리고 심지어 너희들은 그것을 보고도 끝까지 믿지 아니하였다"고 책망하셨다. 예수님은 세례요한이 증거를 잘못해서 너희가 믿을 수가 없었다고 하시지 않으셨다. 전혀 그런 내용은 없다. 오히려 세리도 믿고 창녀도 믿었는데 너희 유대종교인들이 왜 믿지 않았느냐는 지적을 하셨을 뿐이다. 만일 세례요한이 잘못했다면, '세례요한 때문에 너희가 믿지 못했구나'고 위로하시던지, 세례요한을 우선적으로 비난했어야 한다. 그러나 예수님은 세례요한을 칭찬하셨다. "너희가 요한에게 사람을 보내매 요한이 진리에 대하여 증언하였느니라(요5:33)."

요한복음 5장 33절에서, 예수님은 유대종교지도자들이 세례요한을 찾아갔던 일을 거론하셨다. 그들이 요한에게 사람을 보내 "네가 누구냐?"고 물었을 때의 일이다. 정명석은 그때 세례요한이 "내가 엘리야다"라고 했어야 했는데 "아니다"라고 말하여 증거에 실패했다고 하였다. 그러나 예수님은 "요한이 진리에 대하여 증언하였다"고 말씀하셨다. 정명석의 주장처럼, 세례요한이 잘못했다면, 요한이 비진리를 말하였다고 말씀하셨을 것이다. 분명 유대종교지도자들이 찾아갔을 때 세례요한은 진리를 말하였다고 예수님께서 직접 말씀하셨다. 이 이상의 다른 해석을 구하면 안 된다.

사도 바울의 세례요한에 대한 부분도 마찬가지이다.

> 그가 오시기에 앞서 요한이 먼저 회개의 세례를 이스라엘 백성에게 전파하니라 요한이 그 달려갈 길을 마칠 때에 말하되 너희가 나를 누구라 생각하느냐 나는 그리스도가 아니라 내 뒤에 오시는 이가 있으니 나는 그의 신발끈을 풀기도 감당하지 못하리라(행13:25).

사도 바울이 세례요한에 대하여 부정적인 말한 내용이 없다. 정명석이 말한 대로 개죽음을 당했다거나, 사명을 제대로 감당하지 못했다고 하지 않았다. 바울은 요한이 회개의 세례를 이스라엘 백성에게 전파하였고, 그가 그 달려갈 길을 마쳤다고 하였다. 바울은 세례요한이 "나는 너희가 찾는 그리스도가 아니다. 내 뒤에 오시는 이가 있는데 나는 그의 신발끈을 풀기도 감당하지 못한다"고 하면서 자기 뒤에 오실 예수님에 대해서 증거했다고 하였다.

(7) 세례요한은 개죽음을 당한 것인가?

정명석은 세례요한이 예수님을 증거하는 사명은 소홀히 한 채, 괜히 정치에 관여하여 개죽음을 당했다고 하였다. 과연 그것이 개죽음인가? 선지자가 불의를 보고도 꿀 먹은 벙어리처럼 입 다물고 있는 것이 옳은 일인가? 다윗 왕이 우리아의 아내를 취하고 우리아를 죽였을 때, 나단 선지자가 어떻게 했는가? 나단은 목숨 걸고 다윗 왕의 잘못을 지적하였다. 이것이 무엇이 잘못인가? 아합 왕이 우상숭배를 하자, 엘리야 선지자가 어떻게 했는가? 엘리야는 목숨 걸고 분연히 일어나 아합왕의 잘못을 지적하였다. 이스라엘에 가뭄이 오고 고통이 온 것은 "당신과 당신의 아버지의 집이 여호와의 명령을 버렸고 당신이 바알들을 따랐기 때문이다(왕상18:18)"고 하였다.

원래 참 선지자와 거짓 선지자를 구분하는 가장 기본적인 요소는 죄에 대한 책망이 있느냐는 것이다.[216] 거짓 선지자는 부드러운 말을 하며 긍정적인 말만 한다. 참 선지자였던 미가는 자신의 상태를 다음과 같이 묘사하였다. "그러나 나에게는 주께서 주의 영과 능력을 채워주시고, 정의감과 아울러, 야곱에게 그의 죄를 꾸짖고 이스라엘에게 그의 범죄를 꾸짖을 용기를 주셨다(미3:8 표준새번역)."

다윗의 간음을 꾸짖은 나단 선지자, 아합 왕의 우상숭배를 비난한 엘리야 선지자, 아합 왕의 전쟁을 저지하려 했던 미가야 선지자, 헤롯왕의 간음을 꾸짖은 세례요한, 다른 선지자들이 왕들에게 지적한 것은 다 잘했다고 하면서 왜 세례요한만 개죽음이라고 할 수 있는가? 세례요한이 쓸데없이 정치참여나 하다가 개죽음을 당했다는 말은 선지자의 사역을 전혀 모르고 한 말이다.

(8) 예수님의 십자가는 예정이었다.

정명석은 예수님이 원래 십자가에 죽지 않았어야 한다고 주장한다. 사람들이 몰라서 죽였고, 모르게 된 이유는 세례요한이 증거를 못해서 십자가를 질 수밖에 없었다고 한다. 이런 주장은 성경을 몰라도 정말 모르고 하는 소리이다. 정명석은 자기가 성경을 2,000번 읽고, 기도하면서 예수님께 5,300번씩 물어가면서 성경을 통달했다고 주장하지만,

---

216) O.Palmer Robertson, 『선지자와 그리스도』, 한정건 역(서울: P&R, 2013), 114.

거짓말이라는 것이 명백하다. 왜냐하면 구약성경은 예수님의 십자가에 대해서 분명히 예언하고 있기 때문이다. 예수님도 당신의 죽으심에 대해서 단정적으로 분명히 말씀하셨다. 십자가에 죽으심이 예정이었고, 하나님의 뜻이라는 것은 너무 많은 성경구절들이 증거하고 있지만, 몇 가지만 예를 들어보고자 한다.

  1) 예수 그리스도는 유월절 양이었다.
  구약의 유월절 양은 무엇인가? 하나님께서 이스라엘 백성들에게 애굽을 탈출하기 전 양을 잡아 그 양의 피를 문에 바르라고 하셨다. 양의 피가 발라진 집은 장자가 죽지 않았지만 양의 피가 없는 애굽 사람들은 사람이고 동물이고 초태생은 다 죽는 재앙을 맞았다. 왜 하나님께서는 양의 피를 문에 바르라고 하셨는가? 그렇게 하지 않으면 이스라엘 백성과 애굽 백성을 구분할 수 없어서 그렇게 하라고 하신 것인가? 아니다. 나중에 예수님께서 십자가에 달려 피를 흘리시게 될 때, 그 피의 의미를 깨닫게 하시기 위함이었다.
  유월절 양이 죽어 이스라엘 백성들을 살렸듯이, 예수님이 죽으심은 하나님의 백성들을 사망권세에서 빼내고 해방시키는 사건인 것이다. 이와 같이 예수님은 한 마리 유월절 양과 같이 죽으셨던 것이다. "우리의 유월절 양 곧 그리스도께서 희생되셨느니라(고전6:7)."
  유월절에 양이 안 죽은 집은 사람들이 죽었고, 양이 죽었던 집은 사람들이 살았다. 유월절 양은 예수님 십자가의 예표였다. 예수님이 죽지 않으셨어야 한다고 주장하는 것은 애굽 백성들과 같은 사람들이다. 예수님은 유월절 양과 같이 죽으신 것이다. 그래서 예수님이 돌아가신 후에는 더 이상 유월절 양을 잡지 않는다. 실체가 이루어졌기 때문이다. 그런데 죽지 않으셨어야 한다는 것은 도대체 성경을 조금이라도 알고 하는 소리인가?

2) 예수 그리스도는 속죄양이었다.

세례요한은 예수님을 "보라 세상 죄를 지고 가는 하나님의 어린 양이로다(요1:29)"라고 증거하였다. 모세는 율법에서 죄를 지은 사람들은 양을 잡아 피를 뿌려 속죄를 받아 죽음을 면하라고 하였다. 죄인 대신 양을 죽여 죄인의 죄를 속죄하였다. 이 죄 사함을 대속(代贖), 구속(救贖), 속량(贖良)이라고도 한다. 구약에서 예수님 오실 때까지 죄인들은 수천 년 동안 양을 잡아 피를 흘리게 함으로써 속죄를 받았다. 이 양을 속죄양이라고 한다.

세례요한의 예수님에 대한 "세상 죄를 지고 가는 하나님의 어린 양"이라는 이 한 마디는 구약의 모든 속죄양과 예수님의 십자가의 의미를 연결하는 위대한 선언이었다. 구약시대 사람들도 양의 피로 속죄 받은 것이 아니고, 예수님의 피로 구원받는다는 말이고, 신약시대 사람들도 구약시대 사람들이 양의 피로 속죄 받았듯이, 예수님의 피로 속죄 받는다는 사실을 깨닫게 하였기 때문이었다. 양이 죽지 않으면 죄인의 죄는 사해질 수 없었다. 죄의 값은 사망이고, 생명은 피에 있기 때문에 피만이 죗값을 치를 수 있었다. "육체의 생명은 피에 있음이라 내가 이 피를 너희에게 주어 제단에 뿌려 너희의 생명을 위하여 속죄하게 하였나니 생명이 피에 있으므로 피가 죄를 속하느니라"(레17:11). 피 흘림이 없으면 사하심이 없는 바(히9:22), 예수님이 피를 흘리고 대신 죽어야 죄인들이 사는 것이다. 그런데 예수님이 죽지 않았어야 한다는 주장은 도대체 어디서 나온 발상인가? 사탄의 음성이다.

하나님은 더 이상 동물의 피를 원치 않으셨다. 예수의 피로 근본적인 해결을 원하셨던 것이다. 다윗이 예언하였고(시40:6~8), 예수께서 죽으심으로써 성취되었다. 히브리서 기자가 그 점을 명백하게 밝혔다(히10장). 예수님이 죽으셔서 피를 흘려야 우리의 죄가 온전히 씻김 받을 수 있었다.

그래서 그리스도께서 세상에 오셨을 때에 하느님께서 이렇게 말씀하셨습니다. 당신은 율법의 희생제물과 봉헌물을 원하시지 않았습니다. 그래서 저를 참 제물로 받으시려고 인간이 되게 하셨습니다. 당신은 번제물과 속죄의 제물도 기뻐하지 않으셨습니다. 그래서 제가 말했습니다. 하느님, 저는 성서에 기록된 대로 당신의 뜻을 이루려고 왔습니다.(공동번역 히10:5~7)

예수 그리스도께서는 하느님의 뜻을 따라 단 한 번 몸을 바치셨고 그 때문에 우리는 거룩한 사람이 되었습니다.(공동번역 히10:10)

사탄은 예수님의 죽으심을 평가절하고, 무능하고, 실패한 것으로 만들려고 한다. 그래야 사람들이 예수님을 떠날 수 있기 때문이다. 사람들로 하여금 십자가를 부끄럽게 여기게 하고 그래서 자발적으로 예수님을 버리게 하려고 이간질시키는 것이다. 예수님께서 죽지 않으시고도 죄 사함 받는 길이 있었다면 왜 굳이 십자가를 지셨겠는가? 그 외에는 다른 방법이 없었기에 일부러 그 처참한 십자가를 지신 것이다. 결국 십자가에서 사탄은 패배를 당하고(골2:15), 죄인들은 해방을 얻었다. 그래서 십자가는 하나님의 지혜요, 능력이었던 것이다(고전1:24).

3) 모세의 놋뱀 사건

예수님은 밤에 찾아온 바리새인 니고데모에게 십자가에 대해 말씀하셨다. "모세가 광야에서 뱀을 든 것 같이 인자도 들려야 하리니 이는 그를 믿는 자마다 영생을 얻게 하려 하심이니라(요3:14~15)." 모세가 뱀을 든 것은 무엇인가? 이스라엘 백성들이 광야에서 하나님을 원망했을 때, 불뱀들이 나타나서 이스라엘 백성들을 물어죽이기 시작했다. 백성들이 모세에게 와서 하나님께 기도하여 이 불뱀들을 떠나가게 해달라고 하였다. 하나님께서는 모세의 기도를 들으시고 처방을 내려주셨다. "뱀을 만들어 장대 위에 매달아라. 물린 자마다 그것을 보면 살리라(민21:8)"고 하셨다. 모세가 놋뱀을 만들어 장대 위에 다니 뱀에게 물린 자가 놋뱀을 쳐다본즉 모두 살았다고 하였다. 왜 하나님께서는 그냥 낫게 하시지, 놋뱀을 만들어 매달라고 하셨을까? 예수님께서 니고데모에게 지금 그 놋뱀 사건을 말씀하고 계신 것이다. 모세가 광야에서 놋뱀을 든 것처럼 인자도 들려야 한다고. 그것은 예수님께서 십자가에 달렸을 때 그 의미를 깨닫게 하려는 하나님의 의도 때문이었다. 뱀은 사탄을 상징하고, 뱀에게 물린 자마다 놋뱀을 쳐다보고 살았듯이, 사탄 때문에 사망당하는 자들마다 십자가에 달린 예수님을 보고 영생을 얻으라는 메시지인 것이다.

4) 예수님의 직접적인 언급들

예수님께서는 자기의 목숨을 "많은 사람의 대속물로 주려고 왔다"고 직접 말씀하셨다. "인자가 온 것은 섬김을 받으려 함이 아니라 도리어 섬기려 하고 자기 목숨을 많은 사람의 대속물로 주려 함이니라(마20:28)."

그리고 예수님께서 자신이 예루살렘에 올라가서 고난을 받고 삼일 만에 부활할 것이라고 말씀하시자, 베드로가 항변하며 "주여! 그리 마옵소서"라고 반대하였다. 예수님께서는 베드로에게 "사탄아 물러가라 내 뒤로 물러가라 너는 나를 넘어지게 하는 자로다 네가 하나님의 일을 생각지 아니하고 도리어 사람의 일을 생각하는도다(마16:23)"라고 꾸짖으셨다. 예수님은 왜 베드로를 꾸짖으셨을까? 죽는 것이 하나님의 뜻이었기 때문이다. 베드로가 예수님의 죽으심을 반대하는 것은 제자의 도리로써 당연한 인지상정 아닌가? 선생이 죽겠다고 하는데 어서 죽으라고 떠미는 제자가 있겠는가? 그러나 그것은 사람의 일일 뿐, 하나님의 일도 아니고 하나님의 뜻도 아니었던 것이다.

예수님이라고 죽고 싶었겠는가? 겟세마네 동산에서 땀이 핏방울 되도록 기도하시며 그 죽음의 잔을 옮겨달라고 기도하지 않으셨던가? 그러나 '내 뜻대로 마시고 하나님의 뜻대로 되기'를 원하시며 죽으심으로 순종하셨다. 하나님의 뜻은 예수님을 죽게 하는 것이었고, 예수님은 순종하여 죽으심으로 그 뜻을 이루셨다. 그래서 "내가 다 이루었다"고 선언하셨던 것이다. 이와 같이 하나님께서는 예수님의 십자가를 섭리하시고 예정하셔서 이끌고 가셨던 것이다. 그런데 예수님이 죽지 않았어야 한다고? 그것은 원래 통일교의 주장이었다. JMS가 왜 이단이냐 하면 이와 같이 십자가의 도를 왜곡하고 폄훼하니 이단인 것이다.

예수님이 죽지 않았어야 한다는 정명석의 주장은, 하나님의 사랑을 못 보게 한다. 십자가는 세상을 너무 사랑한 나머지 당신의 독생자까지 내놓았던 하나님 아버지의 사랑이었다. 그리고 본래 하나님이셨으나 사람으로 오셔서 죽기까지 순종하셨던 예수님의 고귀한 희생과 섬김이었다. 그러나 정명석은 세례요한의 실수 탓으로 전가함으로 예수님의 죽으심을 별것 아닌 것으로 치부해 버린다. 그래서 하나님의 사랑을 못 보게 하고, 예수님의 그 보혈을 초라하게 만든다.

(9) 사가랴는 누구인가?

정명석은 세례요한의 부친 사가랴와 예수님의 부친 요셉이 친형제지간이라고 하였다. 당연히 세례요한과 예수님은 사촌지간이라고 하였다. 그리고 제단과 성전 사이의 마당에서 돌에 맞아 죽은 사람이 사가랴라고 하였다. 세례요한이 증거를 잘 못한 것은 사가랴와 요셉 사이에 왕래가 없었고, 세례요한과 예수님 사이도 하나가 되지 않았기 때문이라고 한다. 그래서 세례요한은 참수를 당하고, 사가랴는 돌에 맞아 죽고, 예수님은 십자가에 못 박혀 죽고, 요셉은 돌아다니다가 거지처럼 죽었다는 것이다. 이렇게 메시아의 가문이 풍비박산이 나버렸다고 하였다. 그러나 이런 말은 성경에 얼마나 무지한가를 드러내는 일이다.

1) 사가랴와 요셉이 친형제지간인가?

요한의 부친 사가랴는 제사장이었다. 제사장은 레위지파 사람이다. 레위지파 사람만이 제사장이 될 수 있었다. 누가복음 1장 5절에 "유대 왕 헤롯 때에 아비야 반열에 제사장 한 사람이 있으니 이름은 사가랴요 그의 아내는 아론의 자손이니 이름은 엘리사벳이라"고 하였다. 사가랴는 레위지파 아비야 반열의 제사장이었다.

예수님의 부친 요셉은 유다지파의 사람이었다. 마태복음 1장의 족보에 의하면, 요셉은 유다지파 다윗의 후손으로 나온다. 사가랴는 레위지파의 후손이었고, 요셉은 유다지파의 후손인데, 무슨 친형제지간이라고 하는가? 명백한 거짓말이다. 당연히 세례요한과 예수님도 사촌지간이 아니었다. 정명석은 재림주라고 주장하면서 이렇게 명백한 것도 틀릴 수 있는가? 다른 것도 아니고 성경 이야기인데 말이다. 필자는 그간 부단하게 이해하려고 노력했었다. 그러나 마침내 깨달았다. 그는 가짜라는 사실을.

2) 돌에 맞아 죽은 사가랴가 요한의 부친인가?

돌에 맞아 죽은 사람은 세례요한의 아버지 사가랴가 아니라, 아하스 왕 시대의 제사장 스가랴였다. 마태복음의 사가랴와 역대하의 스가랴는 다른 사람 아닌가? 같은 사람이다. 한글 성경으로는 다른 사람 같으나(사가랴와 스가랴) 영어 성경으로는 스펠링이 똑같은 동일인이다 (Zechariah와 Zechariah).

사가랴는 누구인가? 1) 바라갸의 아들이다. 2)성전과 제단 사이에서 죽었다. 이 사가랴(Zechariah)는 역대하 24장 21절에 나오는 스가랴 (Zechariah)이다.

그런데 마태복음의 사가랴는 바라갸의 아들이고, 역대하의 스가랴 는 여호야다의 아들이지 않느냐는 의문이 생긴다.

> 그러므로 의인 아벨의 피로부터 성전과 제단 사이에서 너희가 죽인 바라갸의 아들 사가랴의 피까지 땅 위에서 흘린 의로운 피가 다 너희에게 돌아가리라(마 23:35).

> 이에 하나님의 영이 제사장 여호야다의 아들 스가랴를 감동시키시매 그가 백 성 앞에 높이 서서 그들에게 이르되 하나님이 이같이 말씀하시기를 너희가 어 찌하여 여호와의 명령을 거역하여 스스로 형통하지 못하게 하느냐 하셨나니 너 희가 여호와를 버렸으므로 여호와께서도 너희를 버리셨느니라 하나 무리가 함 께 꾀하고 왕의 명령을 따라 그를 여호와의 전 뜰 안에서 돌로 쳐죽였더라(대하 24:20~21).

역대하에 나오는 스가랴는 마태복음에서 사가랴로 나왔으며 여호 와의 전 뜰 안에서 죽었다. 뜰 안(대하24:21)은 성전과 제단 사이(마 23:35)의 마당을 말한다.

문제는 마태복음의 스가랴는 '바라갸의 아들'이고, 역대하의 스가 랴는 '여호야다의 아들'이란 점이다. 예수님께서 "바라갸의 아들 사가 랴"라고 할 때 유대인들은 그가 누구인지 헷갈리지 않았다. 여호야다 의 집은 대제사장 가문일 뿐 아니라 다윗 왕조를 구한 유다의 영웅이 며 명문 가문으로 "주께 복 받은 자"란 칭호를 부여받았다. 그래서 여 호야다의 이름이 히브리어로 '주께 복 받은 자'란 뜻이다. 주께 복 받은 자(Barach-Jah)를 그대로 부르면 '바라크-야'가 된다. '야'는 '할렐루야'라고 할 때의 '야'로 하나님이란 뜻이다. 여호야다의 별명이 '바라크야 즉 바라갸'이다. 이는 유대 사회에서 일반적으로 이름을 부를 때 인식하는 방법이다. 바라갸의 아들 사가랴는 역대기 하에 나오는 여호야다(복받은 자-바라크야)의 아들 스가랴이다.[217] 그러므로 성전과 제단 사이에서 돌에 맞아 죽은 사가랴는 요한의 부친 사가랴가 아니고, 스가랴 제사장이었다.

예수님이 "아벨의 피로부터 스가랴의 피까지 너희가 담당하라"고 하신 말씀은 당시 히브리어 구약성경에 최초로 살해된 사람이 아벨이었고, 마지막으로 살해된 사람이 스가랴였기 때문에, 구약성경의 처음부터 마지막까지 의인들의 핏값을 담당하라는 의미로 말씀하셨던 것이다. 사가랴는 역대하의 스가랴였다.

요즘은 교리가 바뀌고 문제가 되는 것은 수정하기 때문에 후반기에 배운 사람들은 '그렇게 안 배웠다'고 주장할 수도 있다. 재림예수라고 하는 분이 성경의 기초적인 이런 사실조차 틀린다는 것은 그가 가짜라는 명백한 증거이다. 정명석은 예수님의 십자가와 세례요한의 죽음을 더 이상 욕되게 하지 말아야 할 것이다. 예수님과 세례요한을 보내주신 하나님께 감사하고, 필자도 잘못된 교리에 미혹되어 그 큰 선지자 세례요한을 무지 가운데 악평했던 것에 대해서 죄송한 마음이 들 뿐이다. 천국에서 만나 뵈면 '그때 몰라서 그랬노라'고 하며 기쁘게 웃을 날을 기대해 본다. [3권에서 계속됩니다]

---

217) http://blog.naver.com/PostView.nhn?blogId=rnrqkd&logNo=221490925482
2020년 1월 14일 접속

참고문헌

1. 국내문헌

김명현 글. 크레마인드 그림. 『대홍수와 노아 방주』. 서울: 성경과
　　　학선교회. 2012.

김의환. 『기독교회사』. 서울: 성광문화사. 1983.

노우호. 『숲도 보고 나무도 보는 성경통독집』. 서울: 도서출판 하
　　　나. 2010.

노희천 글. 임수 그림. 『노아의 홍수 역사적 사실인가?』. 서울: 두란
　　　노. 1992.

노희천 글. 크레마인드 그림. 『대홍수와 노아 방주』

서철원. 『서철원박사의 교의신학 Ⅲ 인간론』. 서울: 쿰란출판사.
　　　2018.

_____ 『서철원박사의 교의신학 Ⅶ 종말론』. 서울: 쿰란출판사.
　　　2018.

양승훈. 『창조와 격변』. 서울: 예영 커뮤니케이션. 2006.

이만희. 『요한계시록의 실상』. 과천: 도서출판 신천지. 2011.

피영민. 『영광스러운 비전』. 서울: 검과흙손. 2014.

_____ 『예언자들 Ⅱ』. 서울: 검과흙손. 2016.

_____ 『예수, 요한복음으로 아버지의 뜻을 말하다』. 서울: 검과흙
　　　손. 2012.

_____ 『넉넉히 이기는 신앙』. 서울: 검과흙손. 2017.

최성희. 『30개론 강의안』. 서울: 명. 2002.

최홍석. 『인간론』. 서울 : 개혁주의신행협회. 2012.

2. 학술문헌 및 기타

기독교복음선교회. 『실제 보는 강의안』. 충남: 도서출판 명. 2012.
       _____. 『강의안』. 미간행. nd.
대한예수교장로회 이단사이비피해대책조사연구회. 『개혁신학 요한
       계시록해석』. 2016.
라형택(편). 『스트롱코드 히·헬 원어사전』 . 서울: 도서출판 로고스.
       2012.

세계기독교통일신령협회. 『원리강론』. 서울: 성화사. 2006.
세계청년대학생MS연맹. 『입문편』 . 서울: 세계청년대학생MS연맹
       기획실. nd.
       _____. 『중급편』 . 서울: 세계청년대학생MS연맹
       기획실. nd.
       _____. 『고급편』 . 서울: 세계청년대학생MS연맹
       기획실. nd.

진용식, "태양아 멈추어라" 강의용 페이퍼. 미간행.
진용식(2020. 5. 7). "예수님은 초림 때의 구원자… 이 시대 구원자는
이만희" 국민일보, 35면.
https://ko.wikipedia.org/wiki

http://terms.naver.com/entry.nhn?docId=2391086&cid=50762&ca

tegoryId=51387

http://kcm.kr/dic_view.php?nid=21014&key=2&kword=&page

http://blog.naver.com/PostView.nhn?blogId=telience92&log
No=221566051708. 2019년 11월 7일 접속

https://100.daum.net/encyclopedia/view/b17a3734b 2020년 3월
18일 접속.

http://m.blog.daum.net/seogbae1211/8904481 2020년 4월 20일 접
속.

https://www.bing.com/images/search?view=detailV2&id=E4EB43
0C3C5A2EB9492AFC3BEC33A85E036195A8&thid=OIP.RI1QF_
cS1XbD1V6JfKZB3AHaEE&exph=297&expw=540&q=%ec%98%
ac%eb%a6%ac%eb%b8%8c%eb%82%98%eb%ac%b4&selectedind
ex=22&qpvt=%ec%98%ac%eb%a6%ac%eb%b8%8c%eb%82%98-
%eb%ac%b4&ajaxhist=0&vt=0&eim=1

https://www.bing.com/images/search?view=detailV2&id=D0
7E0F7DEA236AE3A7F150228411361A1B405890&thid=OIP.
dT3NWf-g_BBmTVjOuelr3AHaHa&exph=300&expw=300&q=%
ec%98%ac%eb%a6%ac%eb%b8%8c%eb%82%98%eb%ac%b4&se
lectedindex=2&ajaxhist=0&vt=0&eim=1

https://www.bing.com/images/search?view=detailV2&id=D62F39
5FE495D2160CBC6D8B558185BB7CD345E8&thid=OIP.z2ccMt3s
KZzRSqO3cz4dLAHaE6&exph=1594&expw=2400&q=%ec%98%
ac%eb%a6%ac%eb%b8%8c%eb%82%98%eb%ac%b4&selectedind
ex=11&ajaxhist=0&vt=0&eim=1

https://www.christiantoday.co.kr/news/319344

http://www.asiatoday.co.kr/view.php?key=436354 2020년 6월 9
일 접속.

http://blog.naver.com/PostView.nhn?blogId=rnrqkd&log
No=221490925482 2020년 1월 14일 접속

https://namu.wiki/w/%EC%9E%90%EC%9B%85%EB%8F%99%
EC%B2%B4 2020년 6월 25일 접속

3. 번역문헌

Berkhof, Louis. 『조직신학』. 권수경· 이상원 역. 서울: 크리스챤다
　　　이제스트. 1995.
　　　　　　　. 『조직신학개론』. 신복윤 역. 서울: 성광문화사.
　　　1992.
Halley, Henry H. 『최신 성서핸드북』. 박양조 역. 서울: 기독교문
　　　서. 2000.

House, Wayne H. 『신학 · 교리도표』. 김원주 역. 서울: 생명의 말씀
사. 1995.

Little, Paul E. 『이래서 믿는다』. 김태곤 역. 서울: 생명의 말씀사.
2008.

Robertson, Palmer O. 『선지자와 그리스도』. 한정건 역. 서울: 개
혁주의신학사. 2013.Sproul, R.C.. 『기독교의 핵심진리
102가지』. 윤혜경 역. 서울: 생명의 말씀사. 2014.

Withcomb, John C.; and Morris, Henry M.; and McCampbll, John
C. 『창세기 대홍수』. 이기섭 역. 서울: 성광문화사. 1992.